产业服务系列丛书

构建与创新

新时代**产业服务**探索与实践

杨掌法　张福军　李飞 ◎ 主编

知识产权出版社
全国百佳图书出版单位

图书在版编目（CIP）数据

构建与创新：新时代产业服务探索与实践/杨掌法，张福军，李飞主编. —北京：知识产权出版社，2019.2

ISBN 978-7-5130-6071-4

Ⅰ.①构… Ⅱ.①杨… ②张… ③李… Ⅲ.①产业—服务业—研究 Ⅳ.①F719

中国版本图书馆 CIP 数据核字（2019）第 022104 号

内容提要

本书从时代背景、行业发展、实践探索三个维度，对产业服务行业的过去、现在和未来进行了分析讨论，为推动行业研究和创新探索抛砖引玉。产业服务作为一个新兴的现代服务业，其定义、内涵、界定等仍有待进一步发掘阐释，其发展壮大需要更多学者、研究机构、企业、社会组织等参与。希望通过本书的初步研究和讨论，能引发更多的行业思考与探索、碰撞与共鸣。

责任编辑：栾晓航　程足芬		责任校对：谷　洋
封面设计：邵建文		责任印制：刘译文

产业服务系列丛书

构建与创新：新时代产业服务探索与实践

主编　杨掌法　张福军　李飞

出版发行：知识产权出版社有限责任公司	网　　址：http://www.ipph.cn
社　　址：北京市海淀区气象路50号院	邮　　编：100081
责编电话：010-82000860 转 8382	责编邮箱：46816202@qq.com
发行电话：010-82000860 转 8101/8102	发行传真：010-82000893/82005070/82000270
印　　刷：北京嘉恒彩色印刷有限责任公司	经　　销：各大网上书店、新华书店及相关专业书店
开　　本：720mm×1000mm　1/16	印　　张：15
版　　次：2019年2月第1版	印　　次：2019年2月第1次印刷
字　　数：280千字	定　　价：68.00元
ISBN 978-7-5130-6071-4	

出版权专有　侵权必究
如有印装质量问题，本社负责调换。

编委会

顾　　问：（排名按姓氏笔画）
　　　　　李海荣　绿城服务集团董事局主席
　　　　　陈　劲　清华大学技术创新研究中心主任
　　　　　陈夏林　浙江杭州未来科技城（海创园）管理委
　　　　　　　　　员会主任
　　　　　赵荣祥　浙江大学工业技术转化研究院院长、浙
　　　　　　　　　江大学国家大学科技园管委会主任
　　　　　魏　江　浙江大学管理学院院长、中国科教战略
　　　　　　　　　研究院副院长

主　　编：杨掌法　张福军　李　飞
编委成员：周　坚　陈　昂　陆　昕　吴建明
　　　　　　善孝玺　赵皓佳　徐　菲　余金利
　　　　　　丁　立　鲍碧波　洪博远

序 言

党的十九大报告明确指出，开启全面建设社会主义现代化国家新征程，以新发展理念引领经济强国、科技强国建设，加快创新驱动发展，以供给侧结构性改革为主线，推动经济发展质量变革、效率变革、动力变革，提高全要素生产率，努力实现中华民族伟大复兴的中国梦。产业创新发展是实施创新驱动发展战略、推进供给侧结构性改革的核心内容，是实现"中国梦"的重要抓手。产业园区、特色小镇是产业创新发展的核心阵地，是地方经济转型升级的核心引擎。产业与园区小镇之间是相互联系、相互作用、相互依存、相互成就的关系。站在新时代背景下，能否实现以创新引领产业转型升级，真正发挥园区小镇作为经济转型升级的核心引擎作用，关键在于构建好园区小镇的产业生态圈。

产业生态圈是一种地域产业多维网络体系，其包含了生产维、科技维、服务维、劳动维、公共维、政府维等多个方面。打造与时俱进的新型产业链、构建共生共赢的产业生态圈，对推动园区小镇产业创新发展至关重要。产业服务是产业生态圈的重要组成部分，是一系列为园区小镇建设运营、产业创新发展、企业孵化成长、产城融合发展等服务的专业服务业态的统称，是一个亟待重新定义并上升到重大发展层面的新兴服务业。如何打造完善的产业服务体系，推动园区小镇实现高效运转、企业实现蓬勃发展、员工实现生活所依，已成为当下园区小镇建设及产业发展各方共同面临的新课题。

目前，产业服务部分细分领域已经初步形成了一批优秀的专业服务商，但更多细分领域依然存在服务能力与服务供给之间不匹配的发展矛盾。同时，现有的诸多细分领域服务企业与需要服务的众多中小微企业之间存在难以忽视的供需信息连接断层，无形中增加了企业获取服务的时间和经济成本。可见，构建完善的产业服务体系显得重要并迫切，它不仅能直接解决企业面临的资金需求、市场信息、政策扶持、技术支撑、公共服务等"瓶颈"问题，也能帮助园区小镇等产业发展载体优化提升自身服务能力，使企业发展的外部环境得到彻底改善。

新经济时代，需求是创新的起点，也是创新的动力源。只有聆听时代发展的声音，回应产业创新发展的服务呼唤，直面园区小镇发展面临的重大而紧迫的痛点，才能真正把握住产业服务发展的历史脉络，找到发展规律，探索出产业服务生态的构建之路，进而为推动园区小镇实现创新发展找到新路径。为此，由浙江大学中国科教战略研究院产业创新研究中心和绿城服务集团联合，通过理论研究与服务实践相结合，共同撰写了这本探讨中国产业服务行业发展的研究报告，不仅是为了弥补产业服务行业的研究空白，更是为了引发行业各方的思考和参与，以期共同推进产业服务行业快速发展，进而为国家和地区产业创新发展、经济转型升级做出贡献。

  本书是基于新经济时代背景下，如何用市场手段解决产业发展所面临的服务缺失问题，而展开的一次理论与实践相结合的探讨与分析，对推动产业服务行业的重新定义和加速发展具有重要意义。本书从"时代背景、行业发展、探索实践"三个维度，分3个篇章、8个章节，系统探讨与分析产业服务的起源、发展与未来。第一篇重点阐述了产业服务行业发展的时代背景，即产业创新发展的大环境催生了产业服务，空间载体的迭代升级需要产业服务，新兴发展模式需要产业服务补位等。第二篇重点阐释了产业服务的内涵与外延，分析了行业发展现状、发展不足及未来趋势，总结了细分行业现有的一些典型发展路径。第三篇重点论述了"互联网+"产业服务新模式的推进，探讨了新形势下综合性产业服务平台的搭建路径，并对产业服务标准化进行了展望。由于时间仓促，加之编委会人员水平所限，以及关于产业服务行业的文献资料的匮乏，本书内容难免存在一些研究不深刻、体系不健全、观点不到位等问题，敬请广大业内专家学者、行业精英和读者批评指正。

  产业服务的发展不仅关乎行业本身，更关乎地区和国家产业创新发展、经济转型升级。我们对中国产业服务行业未来的发展充满了美好的憧憬，相信未来的产业服务一定会对中国经济的持续健康发展做出重要贡献。我们期待，能有更多的合作伙伴投身中国产业服务发展的大事业。

编委会
2018 年 12 月

目 录

第一篇 源于变革·兴于创新

第一章 产业创新发展催生产业服务 ·············· 002
 第一节 全球产业竞争加剧 / 002
 第二节 新经济时代的产业创新之路 / 005
 第三节 创新驱动下的产业发展"浙江模式" / 007
 第四节 产业服务相关政策解读 / 011

第二章 产业新空间呼唤产业新服务 ·············· 014
 第一节 产业园区升级换代 / 014
 第二节 特色小镇浪潮袭来——浙江模式 / 020
 第三节 众创空间遍地开花 / 029

第三章 园区新建设亟待产业服务补缺 ·············· 040
 第一节 园区小镇PPP风生水起 / 040
 第二节 产业地产骤然兴起 / 053
 第三节 园区建设与产业服务 / 063

第二篇 百舸争流·热潮涌动

第四章 产业服务行业大势 ·············· 070
 第一节 产业服务内涵特征 / 070

第二节 产业服务行业的界定 / 083

第三节 产业服务行业整体态势 / 091

第五章 产业服务细分领域 ……………………………………………… 101

第一节 重点细分领域发展现状 / 101

第二节 产业服务典型案例研究 / 117

第三篇 顺势而为·探索实践

第六章 "互联网+"产业服务新模式 …………………………………… 138

第一节 产业服务模式革新 / 138

第二节 物联网时代的智慧园区 / 143

第三节 大数据时代的产业服务 / 168

第四节 一站式产业智慧服务平台 / 175

第七章 创新构建产业服务新生态 ……………………………………… 182

第一节 产业服务生态的实践探索 / 182

第二节 园区运营服务推动园区发展 / 186

第三节 企业服务助力企业成长 / 201

第四节 生活服务助推园区产城融合 / 205

第八章 探索实践产业服务标准化 ……………………………………… 209

第一节 现代服务业标准化进展 / 209

第二节 产业服务行业标准化探索 / 214

第三节 争创国家级服务业标准化试点 / 222

参考文献 ………………………………………………………………… 228

第一篇

源于变革·兴于创新

变革是时代的诉求,创新是当今下的潮流,新技术、新业态、新产品、新模式在不断涌现,新产业、新服务、新空间在蓬勃发展。园区小镇作为产业创新发展的主阵地,需要不断提升服务运营水平。企业作为创新主体,需要更为高效便捷的营商环境。新时代下的一系列新变革和新需求,为产业服务行业的发展提供了土壤和水分。产业服务行业正迎来全新发展机遇期。

第一章 产业创新发展催生产业服务

第一节 全球产业竞争加剧

当前，全球竞争格局正在发生重大变化，新兴和发展中经济体在逐步兴起，对世界经济增长的贡献率不断攀升，成为世界经济增长的主要动力。根据《新兴经济体发展 2017 年度报告》，E11 国家（二十国集团中的 11 个新兴经济体，即阿根廷、巴西、中国、印度、印度尼西亚、韩国、墨西哥、俄罗斯、沙特阿拉伯、南非和土耳其）2016 年经济增长率为 4.4%，对世界经济增长的贡献率为 60%。同期，世界经济增长率为 3.1%，欧盟和七国集团的经济增长率分别为 1.9% 和 1.4%，远低于 E11 的经济增长率。同时，全球的需求结构（以进口额计算）在发生显著变化。尽管迄今为止发达国家的进口需求仍占主体地位，但所占份额正逐步下降；而从 20 世纪 70 年代开始，新兴经济体的份额不断上升，尤其是进入 21 世纪以来，新兴经济体进口份额大幅度上升。此外，世界资源消耗也发生着重大的结构性变化。以石油消费为例，21 世纪以来，发达经济体的石油消费量不仅占世界的比重下降，而且消费总量也减少了。根据相关数据显示，2000—2015 年，全球石油消费量增加 23.1%，其中，发达经济体减少 5.3%，而新兴经济体大幅增长 61.1%。[1] 新兴经济体的崛起，正在极大地改变着整个世界的经济格局和产业竞争态势。

中国的加速工业化和迅速崛起，成为全球经济重心东移的巨大引擎。根据联合国数据库的数据计算，1995 年之前，亚洲经济比重上升主要是由于日本经济增长带动；1995 年之后，亚洲经济比重上升的动力更多地来自中国经济增长，其间，中国发挥了抵御亚洲经济更大崩溃的中流砥柱作用。2000 年以后，日本经济不再是亚洲经济中的"一国独大"，中国经济占亚洲比重迅速上升。特别是 2002 年以来，中国进入了新一轮以重化工业为主的经济快速增长时期，在 2010 年超过了日本经济规模，成为仅次于美国的世界第二大经济体。同时，中国经济占亚洲的比重迅速上升，2000—2010 年，中国经济占亚

---

[1] 金碚. 全球竞争新格局与中国产业发展趋势 [J]. 中国工业经济, 2012 (5): 5-17.

洲的比重上升 20 个百分点（从 2000 年的 15.6% 上升到 2010 年的 36.1%），日本经济则下降近 30 个百分点（从 2000 年的 60.7% 下降到 2010 年的 33.7%）。中日经济力量的对比发生了重大转变，中国替代日本成为推动亚洲经济成长为世界第一大经济重心的主导力量。❶

全球正处于新一轮工业革命爆发前夜，以绿色、智能为特征的群体性重大技术变革正在不断加深，加之 2008 年金融危机后发达国家纷纷推出"再工业化"战略，全球产业发展模式正由自动化向智能化转变。"新工业革命"将变革全球要素配置方式、生产方式、组织模式与人们生活方式，同时也会加剧区域经济的分化，改变国家之间的力量对比，抓住机遇的国家与地区，将跻身发展前列，失去机遇可能被对手远远落下。❷ 目前"新工业革命"所涉及的相关技术尚未进入大规模应用阶段，美国、德国和日本等主要的工业强国纷纷进行战略布局，力图抢占先机。世界经济发展的历史表明，每一次科技革命和产业变革时期都是后发国家实现"弯道超车""换道超车"的时间窗口，中国应好好把握这一历史性机遇。经过近 40 年的改革开放，中国已成为全球制造业第一大国，工业体系较为完善，移动支付、电子商务、共享经济、5G、无人机、高铁等诸多新兴技术和产业领先世界。国内创新投入力度也在不断加大，创新能力不断增强，2016 年我国全社会研发支出已位居世界第二。此外，中国具有广阔的国内市场，可以为"新工业革命"提供强大的市场需求动力。这些优势将助力中国引领"新工业革命"浪潮。但机遇也伴随着挑战，人工智能、制造业数字化等技术的广泛应用，将进一步降低劳动力、土地等要素在制造业投入中的比重，从而弱化中国的低要素成本优势。因此，重视人才、信息、科技等要素提升将成为抢占"新工业革命"制高点的关键。

国内经济发展进入"新常态"，产业转型升级势在必行。党的十八大以来，以习近平总书记为核心的党中央审时度势，做出了中国经济发展进入"新常态"的重大论断，以五大新发展理念为引领，加快供给侧结构性改革成为经济社会发展主线。新常态下，我国经济在增速、结构、动能等方面都发生了深刻变化。一方面，经济发展从"高增长"转向"降速提质"。过去五年，国内经济增长速度从两位数的高速增长降到 7% 以下的中高速增长，而经济增长质量显著提升了。2017 年，第三产业增加值占 GDP 比重为 51.6%，比 2012 年提高了 6.3 个百分点，2013—2017 年，第三产业对 GDP 的年均贡献率

---

❶ 金碚. 全球竞争新格局与中国产业发展趋势 [J]. 中国工业经济, 2012 (5)：5-17.
❷ 徐剑锋. 新工业革命的挑战、机遇与应对 [N]. 浙江日报, 2013-03-15.

比第二产业高 10.2 个百分点。传统制造业改造加快，高耗能行业产能有序缩减，2013—2017 年，六大高耗能行业年均增速为 6.4%，比全部工业增速低 0.2 个百分点。显而易见，服务业和工业中的高技术产业在产业结构优化过程中逐步成为国民经济增长的主导力量。同时，经济的就业吸纳能力在增强，2013 年以来，年均吸纳就业超过 1200 万人，使得就业率在经济增速换挡的过程中维持了较高的水平。另一方面，随着国家全面改革进一步深化，部分产业优惠政策或弱化或终结，环境承载能力已经接近上限，生产要素成本持续增加。传统"三驾马车"（投资、出口和消费）都已疲态尽显、后继乏力。而我国实体经济杠杆率依然处于高位，居民部门杠杆率则进一步上升。根据国际清算银行（BIS）的数据，截至 2017 年年中，我国债务已经达到 GDP 的 256%，这不仅超过了新兴市场国家 190% 的整体水平，也超过了美国的 250%。而我国在能源消费方面，2016 年原油消费量已达 5.78 亿吨，成为世界上最大的原油消费国，对外依赖明显。如果给资源、环境、生态带来高昂成本的经济发展模式继续维持，资源短缺和生态承受力的矛盾将越来越凸显。与此同时，原有的供给结构也远落后于居民消费升级。因此，加快培育新动能，借助新制度、新技术、新业态、新主体，推进经济转型升级和供给侧结构性改革，是适应和引领经济发展新常态的关键药方，对突破我国发展的"历史关口"具有重要的战略意义。

当前，全球新一轮科技革命与中国特色社会主义进入新时代和我国经济由高速增长阶段转向高质量发展阶段形成历史性交汇，创新驱动已成为决定我国发展前途命运的关键、增强我国经济实力和综合国力的关键、提高我国国际竞争力和国际地位的关键。在此背景下，国家颁布《国家创新驱动发展战略纲要》，对深入实施创新驱动发展战略作了全面动员和部署，从中央到地方都掀起一股重视创新、激励创新、支持创新的热潮。国家层面相继推出"中国制造 2025""互联网+""大众创业、万众创新"等一系列战略措施以及相关重大创新领域、重点产业发展规划。当前中国经济的多元性和复杂性决定了中国经济的转型发展不能单一地依靠一些前沿创新领域的发展，更需要传统产业在新技术、新理念的推动下全面转型升级焕发青春，使创新思维和先进科学技术扩散渗透到经济社会发展的方方面面，从而使得中国经济的整体效率大大提高。创新发展不仅仅是前沿技术和产业化的突破，还要将这些前沿技术和创新理念传遍中国经济的每个角落，激发每个行业、每个企业的创新细胞。创新是条完整的产业链，包含从孵化器、公共研发平台、风险投资到围绕创新形成的产业链以及产权交易、市场中介、法律服务与物流平台等。❶ 除了创新主体的协同外，还需要建立起完整的创新体系，包括科技创新政策、创新链、创新人才与创新文化等，建立起政府、企业、高等院校、科研机构、投资机构、中介机构六位一体的协同创新机制，这些都对创新服务发展提出了新要求。

第二节　新经济时代的产业创新之路

"新经济"一词最早出现于美国《商业周刊》1996年12月30日发表的一组文章中，是指一种"持续、快速、健康"发展的经济，其兴起的主要动力是第三次科技革命，也就是信息技术和经济全球化的产物。❷ 不同于以制造业为基础建立的"传统工业经济形态"，新经济是以新一代信息技术为基石的"新的科技经济形态"，摒弃了标准化、规模化、模式化、效率化、层次化的特点，追求网络化、个性化、差异化、速度化，其中心活动也不再将多数经济资源用于生产环节，以扩大产能和提高生产效率，而是以研发和服务为中心开展经济活动。新经济也不单单是指高新技术产业经济，还包括一切新技术应用和融合的传统产业经济，尤其是"互联网+传统产业"带来的新兴经济模式。它涉及一、二、三产业，不仅仅是指第三产业中的"互联网+"、物联网、云计算、电子商务等新兴产业和业态，也包括工业制造当中的智能制造、大规模的定制化生产等，还涉及第一产业当中有利于推进适度规模经营的家庭农场、股份合作制，农村一、二、三产业融合发展等。❸ 新经济的覆盖面和内涵极其广泛，不拘泥于特定产业，凡是符合未来趋势并且能够支撑经济持续稳定发展的经济新形态，都可视为"新经济"，例如，创新经济、科技经济、知识经济、服务经济、分享经济、跨界经济等，因此有极大的发展空间。2015年12月，习近平总书记在中央经济工作会议讲话中指出，新一轮科技革命和产业变革正在创造历史性机遇，催生智能制造、"互联网+"、分享经济等新科技、新经济、新业态，蕴含着巨大商机。2016年2月的国务院常务会议上，李克强总理两次谈到了新经济。两会期间，我国首次将"新经济"一词写入政府工作报告，并强调"要培育壮大新动能，大力发展新经济"，政策也

---

❶ 徐剑锋. 新工业革命的挑战、机遇与应对 [N]. 浙江日报，2013-03-15.
❷ 李晓华. "新经济"与产业的颠覆性变革 [J]. 财经问题研究，2018（3）：3-17.
❸ 朱小丹. 正确认识新经济，理性发展新经济 [A]. "决策论坛——企业管理模式创新学术研讨会"论文集（上），2017.

将向新动能、新产业、新业态等方面倾斜。

中国当前的"新经济"是由一系列重大技术创新构成的通用目的的技术集群推动的，可总结为五个技术群：第一，新一代互联网技术群，包括云计算、大数据、物联网、移动互联网、区块链等；第二，新一代信息技术群，包括人工智能、虚拟现实、智能传感器等；第三，先进制造技术群，包括高性能机器人、3D打印等；第四，生命科学技术群，包括基因工程、脑科学等；第五，新材料（以石墨烯为代表）、可再生能源等新技术群。新科技正在从两个维度推动新产业的形成：第一个维度是新科技可以作为一种使能技术（Enabling Technology），以新一代信息技术为代表的新科技在其他产业中的广泛使用会带来产业运作方式的显著改变，从而使旧产品与服务转化为新产品与服务，旧产业重生为新产业。例如，人工智能、移动互联网、激光雷达、毫米波雷达、GPS等技术的使用使传统汽车向无人驾驶汽车快速演进，围绕传统汽车形成的产业生态将会被颠覆。第二个维度是新科技会直接转化为可供销售的产品与服务，当这些产品与服务的规模扩大到一定程度时就形成了新产业。例如，从新一代信息技术发展而来的云计算服务、大数据服务；智能传感器与互联网结合而形成的可穿戴设备、智能家居；生命科技产业化形成的基因测序、精准医疗服务。可见，新科技所形成的新产品、新服务不仅改造了新产业，而且其所属产业本身也以新的运作方式生产、供应和消费。❶

我国现阶段经济发展的特征决定了在"新经济"中除了新产业之外，绝大多数新技术、新模式和新业态都是建立在与传统产业相互融合的基础之上。可以说，不与传统产业有机结合，新经济短期内难以规模化发展；不与新经济融合，传统产业就没有未来。因此，中国式的新经济发展战略，虽然也要促进高新技术产业化，甚至不排斥在某些有基础的高新技术领域实施赶超战略，但其着力点应该是：通过把高新技术引入传统的生产模式，使传统产业得到更高层次的发展，以促进高新技术产业形成与发展。从近几年火热的"新零售""云制造""Fintech（金融科技）"等传统行业新生中我们可以看到，云计算、大数据、互联网（物联网）、人工智能等新技术正在催发新产品、新制程、新商业模式，不断改变传统行业的生态。

新技术对摸索前进中的产业服务行业也将产生深刻的影响。支持移动传输的3G、4G通信网络成为普及型的通信基础设施，卫星通信和卫星定位成本大幅度降低，手机、平板电脑等智能终端的普及率远远超过台式电脑等固定终端，传感器的精度更高且更加智能，软件的功能更加强大，使得通信网络

---

❶ 李晓华."新经济"与产业的颠覆性变革[J]. 财经问题研究，2018（3）：3-17.

更加泛在化,即在任何时间、任何地点实现万物互联成为可能。不但更多的物体被接入互联网,而且通过互联网、传感器和软件将人、设备(产品)、自然资源、生产线、物流网络、资金流等经济和社会生活中的各个方面连接起来,不仅实现了物与物、人与人、人与物的联系,而且实现了人与服务、物与服务、服务与服务的连接。与此同时,随着智能传感器、移动互联网、物联网等技术的发展,数据的产生速度、产生规模出现了爆发式增长,数据低成本的生成、采集、传输、存储成为可能,而大数据、人工智能等技术极大地提高了数据处理效率、降低了处理成本,使海量的、非结构化的数据清洗、分析、使用成为可能。❶借助数据分析能够使得园区/企业客户的需求以及社会服务机构提供的产业服务资源更加匹配,提高产业服务效率。

新的商业模式也在不断助推产业服务发展。在新一代信息技术推动下出现的共享经济,使得社会闲置资源(包括产品、生产设施、能力和时间等)的出让和再利用以及基于互联网的分时租赁成为现实。分享/共享不仅存在于交通出行、住宿等消费性服务业领域及制造业领域,也存在于生产性服务领域。❶通过搭建基于信息技术的分享平台将分散的园区/企业服务需求,以及产业服务机构或大型企业独立的产业服务部门所能提供的服务资源汇集起来,利用大数据、人工智能等技术高效地对供需信息进行检索、匹配,使全社会的产业服务资源得到有效利用。同时,数字化平台提供了产业服务供需双方高效交易的场所,同时由于双边网络效应的存在,需求侧的园区、企业客户数量越多就会对产业服务资源供给侧具有更大的吸引力。具有较大用户基础的平台能够使正反馈机制发挥作用,促进平台两侧用户数量规模进一步快速增长。平台经济使园区、企业在很大程度上摆脱了自身资源和能力的束缚,可以更大程度地利用外部的资源实现发展。

第三节 创新驱动下的产业发展"浙江模式"

浙江工业化发端于以农业为主的经济基础,大多数产业根植于本地,从原始资本积累开始,从家庭工业起步,从小商品生产入手,从小经营发家,经历了从小到大、从弱到强的自我积累、自行生长的历程,其间外部资本和力量介入较少,呈现出明显的内生工业化性质。民本型、内源型的区域经济

---

❶ 李晓华. "新经济"与产业的颠覆性变革 [J]. 财经问题研究, 2018 (3): 3-17.

发展模式彰显了浙江的经济特色，造就了浙江的经济活力。❶浙江改革开放40年的历史，浙江人民解放思想大胆探索，走出了一条具有浙江特点的经济社会发展路子，"浙江模式""浙江经验"不断涌现。浙江模式的重要内涵即是"民办、民营、民有、民享"，浙江人民是经济发展的主体力量，民营企业是最活跃的市场主体，民营经济成为国民经济的重要支柱，全民创业成为浙江经济发展的鲜明特征。

浙江模式本身是由其内部众多的小区域经济构成的，众多小区域经济的建设与探索构成了浙江模式形成的基础和演化的动力。其中温州、萧山、宁波、义乌4个小区域的经济探索实践具有开拓意义，并发挥了较大的区域示范与扩散效应。近500个工业产值在5亿元以上的"产业集群"分布在全省各地，在地理版图上形成块状明显、色彩斑斓的"经济马赛克"，包括宁波的有色金属、金属制品、电气机械、通用设备、电子通信、交通运输设备、化纤、纺织、服装、塑料制品、工艺品、文体用品、农副食品加工，温州的鞋革、服装、塑料、汽摩配、印刷、乐清电器，绍兴的纺丝、织造、印染，诸暨的五金、织布、织袜，嵊州领带、上虞化工，嘉兴的皮革、化纤、纺织、服装，杭州五金机械、富阳造纸、萧山化纤，温岭的泵与电机、鞋帽服装，温岭汽摩、玉环汽摩配、湖州长兴化纤、临海机械电子、玉环阀门等，整体形成了"小商品大市场、小企业大协作、小区块大产业、小资源大制造、小资本大经营、小城市大经济"❷的特色经济。这种大量的中小企业在县域或乡镇的同一行业集聚，抱团形成产业集群发展模式，弥补了规模经济的不足，可以说是浙江经济成功崛起的奥秘。据统计，浙江30个制造业中，销售收入和利润总额均占全国同行10%以上的产业共有17个，依托这部分具有特色优势的产业和区域，浙江形成了一批全国性的制造中心和重要的产业基地。

中小企业在浙江经济发展中扮演着十分重要的角色。作为浙江经济最活跃的主体，中小企业具有生生不息的创业精神和经济活力，在专业市场、民间资本和股份合作制共同构成的土壤上，中小企业呈"铺地板"式高速裂变，成为区域经济的重要组成。目前浙江规模以上中小企业工业总产值占到全省的79%，中小企业从业人员数量达到1200多万人，就业贡献率超过96%。中小企业通常势单力薄，市场竞争力较弱，但浙江中小企业以特色产品为龙头、以专业化分工为纽带、以中低收入消费群为主要市场，辅以健全的社会化服务体系，构筑起细密的分工协作生产体系，形成"无形大工厂"式的区域规

---

❶ 陈一新. 浙江现象·浙江模式·浙江经验·浙江精神 [J]. 政策瞭望，2008（12）：10-13.
❷ 陈一新. 浙江现象·浙江模式·浙江经验·浙江精神 [J]. 政策瞭望，2008（12）：10-13.

模优势,并且不少中小企业做深专业化,成为"专精特新"的"小巨人"企业。这种经济组织方式大大降低了生产的技术难度、企业的管理费用和产品的制造成本,是浙江经济充满活力、在国内外市场具有较强竞争力的重要原因。[1] 而随着制造业在科技革命浪潮下越来越朝着数字化与智能化方向发展,浙江传统产业的生产方式、组织方式与交易方式也产生了重大改变,分布式生产与销售将越来越多地取代集中式生产与销售,浙江产业集群这种集中生产、集中销售与采购(专业市场)的模式将难以适应新的柔性定制生产与就近分布式销售的要求。以规模效应获得生产成本优势的大型制造业企业也受到冲击,尤其是多数大型制造业企业只重视生产经营而忽视技术创新;只关注纵向一体化扩展而忽视与中小企业的紧密分工协作。信息技术、新型材料、人工智能、快速成型等新技术的应用使工厂得以逐渐挥别大批量削减式或模板式生产,进入客户定制化,以更低的成本,灵活地生产少量但多样化的产品,小规模智能化生产服务成为未来发展趋势,生产方式灵活且拥有高新技术的中小企业在经济发展中的主体地位更加凸显。当前,中小企业也是实施大众创业、万众创新的重要载体。因此,中小企业的成长需求应该得到特别的重视。有别于实力雄厚、软硬件设施服务完备的大型企业,中小企业一般囿于自身规模和经营成本控制,在初创期和快速成长期高度聚焦于核心业务,因此非核心业务自给能力建设不全面,在标准化厂房、后勤服务等硬件设施和人才引进、贷款融资、科技服务、公共服务等软件服务方面均迫切需要外部服务支持。

作为东部地区经济强省,浙江在产业载体建设上一直走在全国的前列。从"乡镇经济""块状经济""县域经济",到工业园区、开发区、高新区,再到特色小镇,无不是试图用最小的空间资源达到生产力的最优化布局。从省内第一家产业园区成立至今,浙江的产业园区建设发展已经取得了不俗的成就。据统计,全省77家省级以上经济开发区,以占浙江约7%的土地贡献了全省过半的工业增加值和合同外资、近半的进出口总额、超过30%的税收,已经成为浙江经济的"顶梁柱"。在近几年我国开发区、工业园区迎来爆发性增长的同时,也暴露出园区发展中盲目扩张空间甚至违法占用耕地,不重项目质量效益以至土地闲置,疏于引导产业优化升级造成低水平重复建设,前期比拼优惠政策,而后续园区治理体系及服务能力严重低下以及引发诸多社会群体事件和污染破坏生态环境等一些问题。同时,浙江各类园区发展中也不同程度地出现并存在着招大引强竞争压力加大、行业转型相对缓慢、企业

---

[1] 陈一新. 浙江现象·浙江模式·浙江经验·浙江精神 [J]. 政策瞭望, 2008 (12): 10-13.

经营面临困难等突出矛盾和问题，园区的进一步发展面临重大挑战和抉择。浙江省政府顺势而为，理念上与时俱进地转型升级，路径上集中聚焦于高新产业，目标上加快实现创新驱动，出台了《关于加快高新技术产业园区转型升级的指导意见》（浙政办发〔2012〕66号）、《关于各类开发区整合优化提升的意见》（浙政办发〔2014〕143号）等政策措施，部署了一系列产业园区和开发区整合提升、转型升级工作。在整合提升方面，将"低、小、散"的园区统一"打包"成一个"大"的开发区，统一进行高标准规划建设、招商管理和园区运营，形成"一园多区"协同发展的格局。经过五年三批次的整合提升，辐射带动6000平方千米，占浙江省适宜建设土地资源的30%，整合各类园区300余个，开发区平均面积提升至134平方千米，全省开发区工业总产值增加38%。在园区转型方面，多数园区破旧立新、主动出击，由传统产业集聚区转型升级到高新技术产业集聚区，高耗高污低效型转型升级到集约环保高效型，改变"三高一低"的粗放发展方式，加大高新技术推广应用力度，提高传统产业的技术创新能力，促进产业结构不断趋向合理化和高度化。开发区经过整合提升之后，产业化推动城市化，城市化引领产业化，最终走向产城融合。

"特色小镇"建设是浙江适应和引领经济新常态的重大战略选择。如果说浙江经济的过去主要依靠工业化过程中的"县域经济"和"外向经济"，那么浙江经济的未来需要依赖城市化中的"都市圈经济"和逆城市化中的"乡村经济"。并且有两个发展阶段：第一阶段是"中心城市经济"叠加"特色小镇"；第二阶段是"都市圈经济"叠加"乡村经济"。作为特色小镇概念的诞生地，浙江也是国内特色小镇发展最为成熟的区域。截至2017年6月，浙江已经创建了79个特色小镇，累积投资1200多亿元，集聚企业3.7万家，引进各类创新创业人才1.6万余名。从运行成果来看，2016年第一批小镇完成固定资产投资477亿元，企业部分总的营业收入982亿元，其中特色产业收入占71.6%。浙江省特色小镇建设步伐非常稳健，2015年以来平均每年公开一批新的建设计划，规划所制定的目标与实际成果之间衔接良好。相比之下，部分省市的特色小镇建设显得有点"假大空"，缺乏比较成熟的产业体系支撑。浙江在产业园区和特色小镇建设领域的优异表现，一方面得益于成熟的现代服务业体系，助力园区小镇新兴产业培育、传统产业提升、产业结构转型升级；另一方面还要归功于各级政府超前的治理理念、安商扶商的服务意识和敢为人先的创新精神。

第四节 产业服务相关政策解读

一、与产业服务相关的国家政策

梳理近年来产业服务相关政策,我们发现截至目前尚无专门针对产业服务的专项政策出台,但推动面向园区、企业的产业服务发展,正越来越得到国家和社会各界的重视,各部门也陆续出台了一系列政策,见表1-1。

2011年12月,工信部等五部门联合出台的《关于加快推进中小企业服务体系建设的指导意见》(工信部联企业〔2011〕575号)中提出,要加快中小企业服务机构能力建设,培育、建设一批中小企业服务机构和服务平台,从信息服务、投融资服务、创业服务、人才与培训服务、技术创新和质量服务、管理咨询服务、市场开拓服务、法律服务等多个方面建立专业化服务体系,为中小企业科学、健康发展提供支撑服务。并以税收优惠、财政奖励、补贴等措施,对中小企业服务机构给予扶持。

2014年8月,国务院印发了《关于加快发展生产性服务业促进产业结构调整升级的指导意见》(国发〔2014〕26号)。《指导意见》强调要以产业转型升级需求为导向,引导企业进一步打破"大而全""小而全"的格局,分离和外包非核心业务,向价值链高端延伸,促进我国产业逐步由生产制造型向生产服务型转变。同时还明确现阶段我国生产性服务业重点发展研发设计、第三方物流、融资租赁、信息技术服务、节能环保服务、检验检测认证、电子商务、商务咨询、服务外包、售后服务、人力资源服务和品牌建设。

2014年10月,国务院印发了《关于加快科技服务业发展的若干意见》(国发〔2014〕49号)。《意见》把一些适应现代产业发展、适应现代经济结构的一些科技服务业态梳理了出来,包括研究开发、技术转移、检验检测、创业孵化、知识产权、科技金融、科学普及以及相关业态的综合性服务业。过去虽然提出过技术成果的产业化、成果转化,但是真正把它打造成一个技术转移的业态来看,这还是第一次。目前技术转移整个产业的发展速度非常快,不完全统计全国技术转移交易额超过7千亿元的规模,这也是未来一个非常有发展前景的业态。2017年4月,科技部发布了《"十三五"现代服务业科技创新专项规划》(国科发高〔2017〕91号),进一步考虑落实《关于加快科技服务业发展的若干意见》。

为了有效服务企业创新创业,为企业精细化管理量体裁衣、为各类市场需求提供标准化解决方案,标准化服务业应运而生。据统计,2015年,标准化服务业收入规模突破40亿元,全国从业人员达2.6万人次。2018年,国家标准委等十部门联合印发《关于培育发展标准化服务业的指导意见》(国标委服务联〔2018〕18号),对标准化服务业的发展提出了具体要求。

表1-1 产业服务相关政策

出台机构	出台时间	政策名称
国家标准委等十部门	2018年	关于培育发展标准化服务业的指导意见
科技部	2017年	"十三五"现代服务业科技创新专项规划
国务院	2014年	关于加快科技服务业发展的若干意见
国务院	2014年	关于加快发展生产性服务业促进产业结构调整升级的指导意见
工信部等五部门	2011年	关于加快推进中小企业服务体系建设的指导意见

当前,产业服务在经济发展和企业成长中发挥的作用日益显著,迫切需要一部专项政策,扶持产业服务这一在摸索中不断前行的新兴产业。

二、浙江省产业服务相关政策

浙江省产业服务业处于快速发展阶段。以科技服务为例,2015年,全省规模以上科技服务业企业营业收入超过5100亿元,同比增长25.6%,从业人员达到43.9万人,同比增长2.9%;全省技术市场成交金额达到242.59亿元,"十二五"期间年均增幅达32.08%;省创业投资机构管理资本近500亿元,居全国第3。但总体来说,产业服务还是经济社会发展的一块短板,因此浙江省委省政府出台了一系列产业服务相关政策措施。

2016年3月,浙江省政府办公厅制定发布了《关于加快科技服务业发展的实施意见》(浙政办发〔2015〕126号),将发展科技服务业作为经济增长的新引擎。《意见》明确将研发设计、技术转移转化、检验检测认证、创业孵化、知识产权、科技咨询、科技金融、科学技术普及等作为发展科技服务业的八大重点领域。并且从三个层次明确了发展科技服务业的主要载体:一是培育科技服务龙头企业,引导形成以龙头企业为核心、中小企业协同发展的科技服务产业集群;二是打造公共科技服务平台,鼓励采用政府与社会资本合作模式,支持社会资本参与重大科技创新平台建设;三是建设科技服务业集聚基地和示范区,集聚要素资源,促进优势产业集群互动发展。《意见》从用地、财税、人才三个方面,提出了具体的扶持措施。2016年7月,浙江省科学技术厅制定发布了《浙江省科技服务业"十三五"发展规划》（浙科发社〔2016〕128号），鼓励发展研究开发、技术转移、专业技术、创业孵化、知识产权、科技咨询、科技金融、科学技术普及等服务，涵盖了成果转化、产融合作、创业孵化等产业服务。同时，提出了到2020年全省科技服务业规模达到1万亿元以上，增加值达到4000亿元以上，从业人员达到50万人的发展目标。

另一方面，浙江省产业服务相关政策主要聚焦在科技研发、技术转移、科技金融等科技服务领域，对于人才服务、商务服务、企业服务等领域缺少具体的措施，没有形成覆盖产业服务的政策体系。浙江省无论发展意识还是投资环境一直走在全国的前列，在各地招商引资从拼价格、拼要素转向拼服务的当前，大力扶持产业服务发展成为浙江经济持续健康发展的关键。

第二章 产业新空间呼唤产业新服务

第一节 产业园区升级换代

一、园区的内涵与发展现状

园区一般是指在统一规划的指定区域内,执行一定的特殊政策,聚集某类特定行业和企业,进行统一管理,实现特定要素集聚的一种区域发展形态。❶ 中国园区是改革开放的产物,经历了经济特区—沿海开放城市—内地城市—西部地区的发展历程,园区的类型也日益多样化、多功能化,❷ 除了大家所熟知的工业园区、经济技术开发区、高新技术产业开发区、特色产业园区等类型外,还包括出口加工园区、保税区、边境经济合作区等类型。产业园区作为产业集聚的载体,不但是区域经济发展、产业调整升级的重要空间承载形式,同时还担负着聚集创新资源、培育新兴产业、推动城市化建设等一系列重要使命。

1979 年,我国第一个真正意义上的产业园区,也是第一个对外开放的工业园区——深圳蛇口工业园成立;1984 年,我国第一个国家级产业园区——大连经济技术开发区成立。截至 2017 年年底全国已经批准成立了国家级产业园区 626 家,如图 2-1 所示,其中国家级高新技术产业开发区 156 家、国家级经济技术开发区 219 个,全国省级以上产业园区超过 1700 家。

---

❶ 周全绍. 新常态下上海产业园区转型升级的思考 [J]. 新经济,2016 (27):35-36.
❷ 魏云,李佐军. 中国园区转型发展理论框架与评价体系研究 [A]. 2013·学术前沿论丛——中国梦:教育变革与人的素质提升(下),2013-12-01.

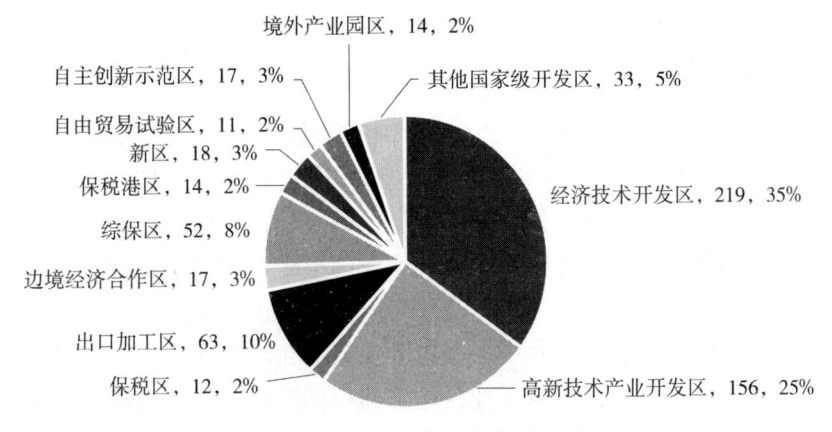

图 2-1 我国产业园区类型分布

产业园区已成为中国经济腾飞的中坚力量，在我国经济版图中起到了"增长极"的作用。全国各省、市、自治区的两类国家级园区分布情况如图2-2所示。2016年全国两类国家级园区（经开区和高新区，下同）GDP总和为170946亿元，超过全国GDP的1/5，达到22.97%；两类国家级园区合计上缴税收为29327亿元，超过全国上缴税收的1/4，达到25.31%；两类国家级园区合计出口创汇为55254亿元，大约占全国出口创汇的2/5。在世界经济艰难复苏和国内经济整体回暖的情况下，两类国家级园区呈现回稳态势，2016年两类国家级园区的GDP同比增加8%，高于全国GDP增速1.3个百分点，其中经开区增速为7.1%，高新区增速为8.9%；两类国家级园区的上缴税收同比增加7.4%，高于全国上缴税收增速2.6个百分点，其中经开区的增速为7.3%，高新区增速为7.5%；两类国家级园区的出口创汇同比下降2.1%，与全国出口增速基本持平。

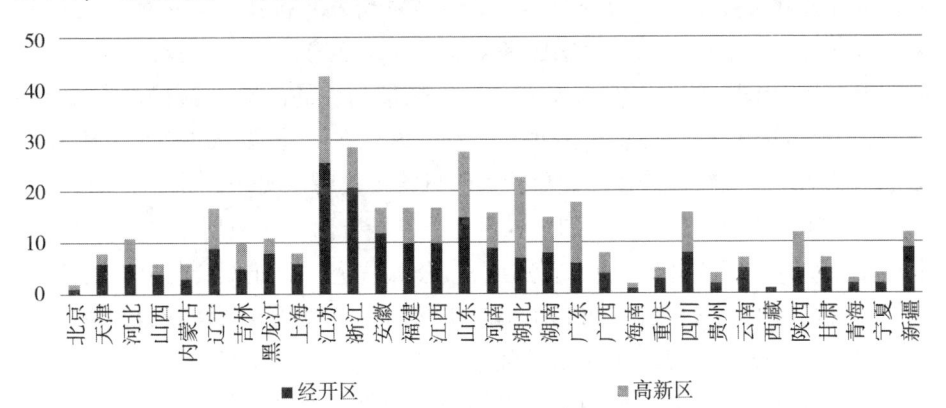

图 2-2 全国各省、市、自治区的两类国家级园区分布情况

二、园区转型的历程

时至今日，产业园区在中国迈向了第 40 个发展年头。四十年来，它从 20 世纪 80 年代初期单一的"租售"模式，到 90 年代以高科技园区为主流、政府与产业主导的模式，再到新千年复合型总部经济的大潮流，以及近十年来以产城融合为导向的生态链综合体模式，大体上走过了四个不同的历史阶段（图 2-3）：

园区 1.0 以中国最早的蛇口工业区为代表，在对外开放初期和国际产业转移背景下，通过提供优惠的土地价格和廉价的劳动力等要素驱动，承接中国香港、中国台湾、日本等国家和地区的外来加工业务，是典型的劳动密集型、资金密集型园区。在"租售型"运营思维下，园区仅通过"三通一平""七通一平""九通一平"等形式进行土地一级开发，为企业提供土地供应，园区服务也仅停留在物业管理、园区安防、卫生、停车等最基本的服务层面。

随着产业不断集聚，产业链配套逐渐延伸，园区 2.0 诞生。园区 2.0 通过在园区或周边布局核心产业上下游配套企业，驱动核心企业发展，实现园区经济的整体提升；技术消化与革新得到重视，产业由低层次加工业向高技术制造业转变。同时，除提供土地经营外，园区还开始进行标准厂房开发和餐饮、酒店等配套设施建设。同时为满足招商需求，也提供行政手续代办、人才招聘、中介咨询等企业基本服务。

随着中国经济从粗放式发展转向集约式发展，产业园区的建设发展也与时俱进，诞生了以苏州工业园为代表的一批园区 3.0。园区 3.0 以服务为驱动，通过搭建公共实验室、信息服务、检验检测、交易展示、行政服务、金融投资等公共服务平台，为企业提供共性技术研发、科技成果转移、人才引培、管理咨询、市场营销、金融服务等企业增值服务，助力企业获得内生发展动力，帮助园区产业朝着高技术含量、高带动性的战略性新兴产业发展。同时，生态园区的建设理念日渐兴起，不仅体现在"花园式"园区的环境建设上，还体现在以绿色产业为定位，追求可持续发展模式。

园区 4.0 代表着目前产业园区的最先进发展方向。从规划建设的角度看，园区 4.0 统筹兼顾工业物业、商务办公、公寓住宅、商业配套与社会综合配套，通过构建 12 小时工作圈和 24 小时生活圈，实现产城一体融合发展。从运营服务的角度看，园区 4.0 创新服务体系，以产业发展服务、智慧环境塑造等手段，打造创新驱动型园区，提供创业孵化、股权投资、公共平台等企业孵化服务，从而使园区获得内生发展动力。从产业生态的角度看，园区 4.0

紧密围绕区域资源禀赋和产业基础,实施一体化的规划、建设、招商、运营,通过物理空间和虚拟空间的双重配套,构建开放共享、资源整合的产业生态圈。

	园区1.0 无产业主题型园区	园区2.0 产业集聚型园区	园区3.0 产业链型园区	园区4.0 产业生态型园区
驱动力	**成本驱动**——在对外开放和国际产业转移背景下,通过提供优惠的土地价格与廉价的劳动力等成本因素,使得园区成为对外开放的窗口	**产业链配套驱动**——通过在园区内或周边布局核心产业上下游配套企业,驱动核心产业发展,实现园区经济的整体提升	**服务驱动**——通过提供综合配套服务,科研、金融、物流等服务型因素驱动,提升园区产业链价值,生产性服务业逐渐凸显	**创新驱动**——创新服务体系,通过提供产业发展服务、营造智慧生态环境等措施,打造创新驱动的产业园区
园区配套	**土地经营**——主要通过"三通一平""七通一平""九通一平"等形势进行土地一级开发,为园区企业提供土地供应	**基础服务**——除土地供应外,开始进行标准厂房开发、餐饮、住宿配套,以及行政手续代办、人才招聘等企业基本服务	**公共服务**——通过搭建融资、技术研发检测、公共检验检测、公共信息等服务平台,以及行政、商业、医疗等为企业提供综合公共配套服务	**产城融合**——从软、硬条件两方面进一步完善生产生活配套,通过生活链接、信息链接、交通链接,将工作和生活融合在一起
园区运营	**园区基本服务**——纯开发商思维,典型"租售模式",因此园区服务仅停留在物业管理、园区安防、卫生、停车等基本服务层面	**企业基本服务**——出于招商需求,为企业提供一系列基本服务,包括企业的行政手续代办、人才招聘、专业咨询服务等	**企业增值服务**——关注企业的成长需求,提供研发、品牌、营销、融资等增值服务,助理企业降低经营风险和成本	**产业孵化服务**——"以时间换空间",为中小企业、创新创业团体提供创业孵化、企业加速、股权投资、公共服务等创业综合生态体系

图 2-3 产业园区的演进路径

三、产业园区发展的痛点

产业园区在地方聚集创新资源、培育新兴产业、推动城市化建设中起着重大作用。经过几十年的发展,园区在取得一系列重大成就的同时,一些弊病也逐渐暴露出来。"产城分离"和"圈地思维"仍是摆脱不了的两个突出问题。根据调研显示,六成产业园区发展情况都不理想。在一些以战略性新兴产业为概念规划的园区,"新兴产业"仅被当作园区地产招商的噱头,在规划失控下园区逐渐被传统的、高耗能、高污染的产业所占据。有的园区由于配套严重滞后、产城分离现象严重,导致晚上几乎成为空城,园区发展后劲不足。在一些新开发园区普遍存在着过于重视基础设施建设,而忽视服务、品牌等软实力的建设,提出"智慧城市""田园城市""总部基地"等各种新概念,设计建造现代化的物业建筑、道路、景观等,将成本都投入到基础设施的规划与建设中。但园区运营的本质还是应当回归到对于目标产业的吸引力上，不仅是具备好的概念规划、物业建筑等，更重要的是软件上的服务。目前，市场上缺乏针对园区服务的专业化企业和机构，一般都是政府或开发商自建的小型运营服务机构，由于缺少规模效应，成本非常高，服务质量不佳。同时，产业园区因其特殊性，受国家政策影响的波动性向来比较大。在实际运营中，政策优惠、土地价格、税收减免等往往也是招商引资最有利的竞争条件，于是造成了多数园区"重外部优惠政策、轻内生动力培育"的倾向。❶

四、园区转型升级的趋势

现有产业园区模式单一，亟需创新模式推进产业园区转型升级。随着我国经济发展常态化，在国际产业转移、区域产业转型升级以及"大众创业、万众创新"的新形势下，产业园区的开发运营模式依然过于依赖土地红利，缺乏产业经营能力，存在"重开发轻运营"问题。新的经济形势下，亟需园区从"租赁型""卖地型"向"管理型""投资型"转变，由单纯的土地运营向综合的"产业开发"和"氛围培育"转变。

产业园区呼唤"以人为本，产城融合"成为产业园区未来发展趋势。传统产业园区的发展"重产业发展轻人居打造""重工业制造轻服务塑造""重土地开发轻氛围营造"，导致产业园区人居环境缺失、商业服务业发展落后、创业氛围显著不足，人本主义严重缺乏。"产城融合"是产业与城市融合发展，以城市为基础，承载产业空间和发展产业经济，以产业为保障，驱动城市更新和完善服务配套，以达到产业、城市、人之间有活力、持续向上发展的模式。

创新型经济快速发展，集聚创新元素是产业园区发展的新动力。2015年6月国务院出台《国务院关于大力推进大众创业万众创新若干政策措施的意见》（国发〔2015〕32号），点燃创新经济的发展。创新是经济增长"发动机"和"加速器"，产业园区要不断在模式、思维、技术和环境上加强创新，促进园区资源的有效配置和产业结构的不断优化。我国互联网新贵的崛起，使得大量创投资本融入TMT（科技、媒体、信息）领域。"互联网+"通过聚集创新资源、让利市场、加强资本流动，强化园区持续发展内生动力，使园区真正成为经济转型的引擎。

综上，未来园区的开发运营必须从产业思维和社区思维出发。一是将产

---

❶ 刘光宇. 当前中国产业园区10大死法 [J]. 安家，2016（6）：22-27.

业发展而非地产经营放在园区开发的首位。从园区开发建设之初就要重视产业发展规划的制定，按照产业发展规划制定园区招商策略。园区经营者必须具备一定的产业服务能力，围绕上下游产业链及企业生命周期可衍生出形式各样的生产性服务需求，通过产业服务增加园区盈利空间，同时增强园区吸引力。二是要注重人的因素，强调社会管理和社会服务的功能，真正营造出工作与生活相结合、产业与城市相结合的氛围（图2-4）。

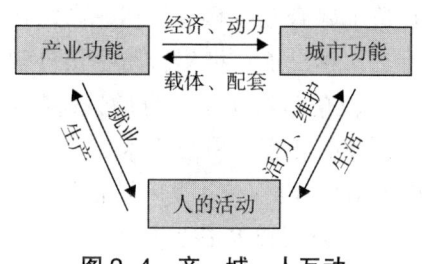

图2-4　产、城、人互动

五、案例

——青岛蓝色生物医药产业园。青岛蓝色生物医药产业园位于青岛国家高新技术产业开发区核心区东北部，距青岛流亭国际机场8公里，距青岛港约18公里。项目总计占地约为1.7平方公里，建设规模约为195万平方米，发展以生命科学为核心的生物医药科技产业。北科建集团和青岛大荣置业有限公司共同出资成立青岛蓝色生物科技园发展有限责任公司，负责园区的规划、开发、建设和营运。为了促进生物医药产业的发展，园内设置了国内最大的专业性孵化中心，同时周边还设有住宅、商业、教育等生活配套设施。其中，产业孵化中心投资8亿元，是目前国内最大的生物医药专业孵化中心之一，配备有符合GMP标准的中试工艺研究实验室以及总价达5000万元人民币的生物医药研发专业实验设备，可以为入驻企业提供新药研究的专业技术服务和新药申报注册等方面的专业咨询服务。同时，园区周边建设了一批独立别墅与高级住宅，居住环境格调高雅，同时配套绿地、商业区、幼儿园、九年制义务教育学校、滨水广场等生活设施以及酒店式公寓、行政中心、物流保税、金融邮电等商务设施。目前园区的孵化中心已吸引83家生物医药创新企业入驻，入驻率超过了70%，创业和稳定吸纳就业人数600余人。成为半岛地区生物医药高端人才聚集的智慧高地和国内生物医药产业的发展范本。

——深圳天安数码城。深圳天安数码城位于深圳市福田区车公庙，西、南、北分别接香蜜湖路、滨河路和深南大道，东邻深圳市高尔夫球场，是深圳市"环 CBD 高端产业带"的一部分。园区占地约 0.3 平方公里，聚集了 1600 家通信及电子设备制造、软件、文化创意和金融服务领域的企业，其中国家、省、市认定的高新技术企业 150 家，上市企业 23 家，总部型企业比例达 70%。天安数码城根据产业、行业、人口形态和人口习惯设计布局，总体上商用物业占 60%~70%，配套民宅开发占 20%~25%，便利性生活配套占 10%~15%，避免出现工业区白天繁华夜晚空城现象。同时顺应中小民营企业的需求，在硬件环境打造上融合写字楼、厂房、高级住宅、公寓、商业及配套设施等多种功能及业态，建设了一批集合写字楼外观标准和厂房功能，具备办公、研发、小型生产、仓储功能于一身的独特物业。在软环境塑造上，天安数码城搭建了一批创业孵化器、科技学术交流平台、公共实验室平台等科技创新平台；先后引进 16 家银行和各类风投私募公司，成立新鸿基天安创新科企基金、中小企业担保公司以及各类与风投银行的交流平台，完善投、融资体系；同时，引进会计事务所、律师事务所、检测认证机构、第三方物流企业等商务配套，超市、药店、邮政、中高低档餐饮等生活配套，形成了产城一体的城市产业综合体。

第二节　特色小镇浪潮袭来——浙江模式

一、特色小镇的内涵与缘起

2016 年 10 月之前，国家层面没有明确提出"特色小镇"的概念，对"特色小镇"的理解有两种：一种是住建部、发改委、财政部三部委联合发布的《关于开展特色小镇培育工作的通知》（建村〔2016〕147 号）中，提出"特色小镇原则上为建制镇（县城关镇除外），优先选择全国重点镇"，其出发点更多在于推动新型城镇化；另一种是特色小镇发展较早的浙江所倡导的"特色小镇是相对独立于市区，具有明确产业定位、文化内涵、旅游特征和一定社区功能的发展空间平台，区别于行政区划单元和产业园区"❶，发展目标在于解决经济转型升级和城乡统筹。

2016 年 10 月 8 日，国家发改委发布《关于加快美丽特色小（城）镇建设的指导意见》（发改规划〔2016〕2125 号），明确提出了特色小镇、小城镇

---

❶ 苏杰芹. 推动中关村特色小镇建设发展的措施建议——浙江等地推进特色小镇发展的启示[J]. 科技中国，2017（10）：15.

的两种形态："特色小镇主要指聚焦特色产业和新兴产业，聚集发展要素，不同于行政建制镇和产业园区的创新创业平台。特色小城镇是指以传统行政区划为单位，特色产业鲜明、具有一定人口和经济规模的建制镇。"从国家层面统一了"特色小镇"的概念：特色小镇非镇非区，是各种特色发展要素的聚集区。同时，特色小镇和小城镇之间又有着密切的联系，二者相得益彰、互为支撑，小城镇是特色小镇发展的主要载体，特色小镇是小城镇中的重要发展主体。

特色小镇是中国城镇化进程中非常重要的部分，对上承接大中城市的功能疏散，对下对接美丽乡村建设，是推进城乡一体化、推动供给侧改革、带动农村经济和社会发展的重要战略措施。新常态下，我国经济建设的主要任务从经济规模的简单扩大和经济总量的快速提升转变为通过区域产业布局优化调整促进各类要素资源高效集约配置，提高经济发展的整体质量，特色小镇建设作为产业园区的升级与补充版，成为各界关注的焦点。发展特色小镇是推进供给侧改革的重要举措，是深入推进新型城镇化的重要抓手，有利于推动经济转型升级和发展动能转换，有利于促进城乡统筹协调发展，发挥城镇化对新农村建设的辐射带动作用。特色小镇的四个发展阶段如图 2-5 所示。

图 2-5 特色小镇的四个发展阶段

2014 年 10 月，时任浙江省长李强首次公开提及"特色小镇"概念，将特色小镇与驱动新经济的七大产业发展相提并论，将特色小镇定位为浙江产业创新的重要载体；2015年4月，浙江省出台了《关于加快特色小镇规划建设的指导意见》（浙政发〔2015〕8号）。同年5月，习近平总书记在考察浙江时，对特色小镇给予充分肯定；在中央经济工作会议上，习总书记大段讲述特色小镇，浙江的梦想小镇、云栖小镇、黄酒小镇等一一被点到；9月，中财办副主任刘鹤到浙江调研特色小镇；11月中财办关于特色小镇的调研报告得到习近平总书记、李克强总理、张高丽副总理的批示。此后，特色小镇模式得到中央领导同志的肯定，特色小镇的培育上升为国家行动。2016年2月6日，国务院出台《关于深入推进新型城镇化建设的若干意见》（国发〔2016〕8号），国家首次提出"加快培育中小城市和特色小城镇"；紧接着2月24日，国家发改委就建设新型城镇和特色小镇召开专场新闻发布会，并推广浙江经验。

住建部公布的第一批和第二批特色小镇名单分别有127个和276个，总共403个。截至2018年年初全国已有20个省份提出特色小镇创建计划（图2-6），总计划数量已超过1500个，结合剩余14个尚未公布计划的省份推算，全国至少将会出现2000多个省级特色小镇，都将成为国家千镇计划的后备军。

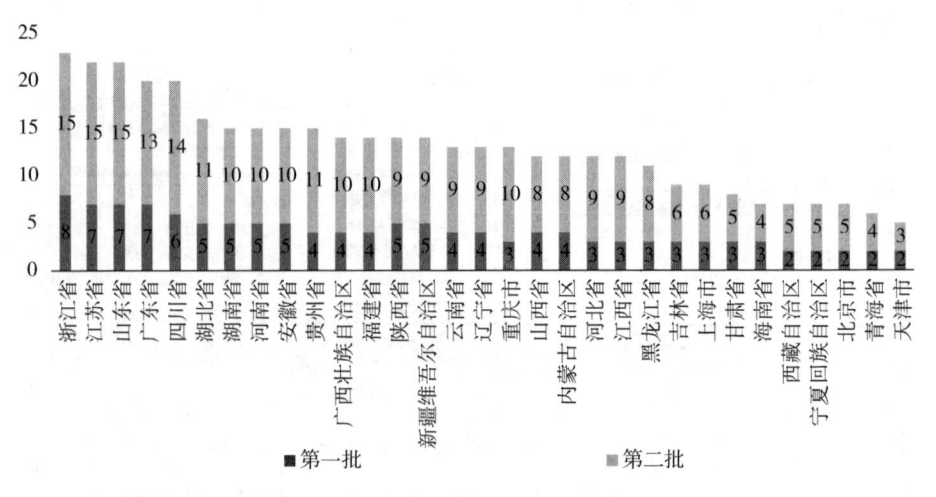

图2-6　全国各省市特色小镇分布

二、特色小镇的特征与分类

特色小镇的特征可以用"产、城、人、文"四位一体来形容（图2-7）。第一，特色小镇的核心是产业，并且其产业应具有一定的创新性和特色性，产业的经济开放性和生产效率较高并且能和周边产业或者自身形成一定长度的产业链。第二，特色小镇规划面积控制在 3~5 平方公里（不大于 10 平方公里），建设面积超出规划面积的 50%，一般控制在 1 平方公里左右，居住人口大约 3~5 万人。旅游聚焦型、旅游+产业型等类型特色小镇，因其地形地势的结构或发展旅游特色的需要，规划面积远远超过 10 平方公里。❶ 第三，特色小镇不仅是产业发展的载体，也是美好的人居社区，应讲求综合产业建设、社区居住、生活服务和生态环境等空间上的功能协调发展，形成一种产业与城镇建设有机互动的发展模式，营造浓郁的生活氛围。第四，文化是特色小镇的内核，区域文化不仅为特色小镇建设提供丰富的文化内核，而且能够助推旅游，提升小镇整体规划，汇聚产业以及扩大小镇的知名度，在促进区域文化传播等方面都发挥着重要价值。

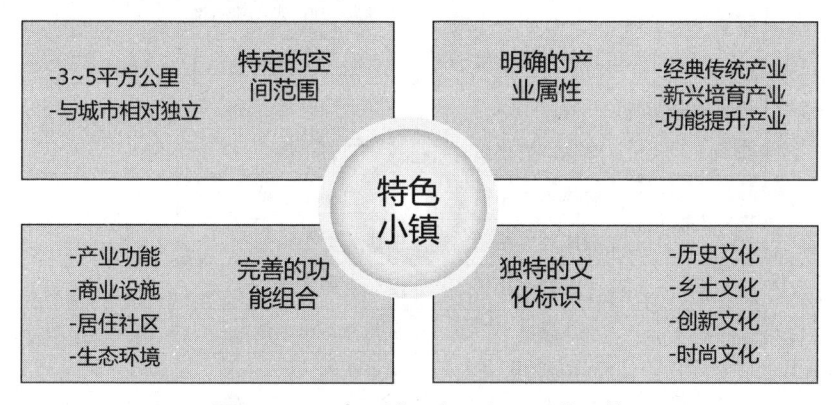

图 2-7 "产、城、人、文"四位一体

关于特色小镇的类型，官方没有给出明确的分类标准和体系。根据特定研究和实际工作的需要，学术界和业界对特色小镇的分类五花八门。我们从小镇的主导产业类型入手，将特色小镇大致分为农业类特色小镇、制造业类特色小镇和服务业类特色小镇三大类型，每个大类分为若干中类，每个中类根据类型的内涵，再细分为若干小类，见表 2-1。但也应该认识到，在特色小镇的实际开发建设中往往是一、二、三产业融合发展，其发展内容不仅仅限于单一的特色业态，如农业类特色小镇，往往会融合一些服务业的业态要素，具备文旅或者生态休闲旅游等功能；体育特色小镇往往也会融合其他文旅产业元素；信息互联网技术往往会贯彻所有特色小镇的运营管理过程等，因此不能因为这个分类否定某一类特色小镇的其他发展内涵和外延。

---

❶ 马能，王昱茹. 生态景观学理念下国内特色小镇建设现状研究 [J]. 建材与装饰，2018 (10): 26.

表 2-1 特色小镇分类

大类	中类	小类	国内典型案例	国外典型案例
农业类特色小镇	农耕体验小镇	—	绿城春风长乐农林小镇	日本小岩井农场小镇
	农业加工小镇	—	山西汾阳杏花村镇	法国格拉斯小镇
	农业科技小镇	—	福山农业互联网小镇	美国纳帕谷
制造业类特色小镇	工艺制造小镇	—	龙泉青瓷小镇	德国瓦德希尔小镇
	高端制造小镇	—	萧山机器人小镇	英国辛芬小镇
	智能科技小镇	—	余杭梦想小镇	瑞士朗根塔尔小镇
服务业类特色小镇	金融特色小镇	基金小镇	上城玉皇山南基金小镇	美国格林威治基金小镇
		互联网金融小镇	西溪谷互联网金融小镇	
		特色产业金融小镇	梅山海洋金融小镇	
	信息产业特色小镇	互联网小镇	西湖云栖小镇	美国硅谷山景城小镇
		知识产权小镇	黄埔知识小镇	
	医疗健康特色小镇	康体养生小镇	小汤山温泉小镇	法国依云（Evian）小镇
		健康颐养小镇	丽水长寿小镇	
		生命健康小镇	瓯海生命健康小镇	
	文旅特色小镇	生态旅游小镇	杭州湾花田小镇	美国卡梅尔艺术小镇
		文创小镇	余杭艺尚小镇	
		民俗小镇	彝人古镇	
		艺术小镇	宋庄艺术小镇	
	体育特色小镇	赛事型体育小镇	宁波北仑国际赛车小镇	英国温布尔登体育小镇
		康体型体育小镇	南京汤山温泉体育小镇	
		休闲型体育小镇	杭州百丈时尚体育小镇	
		产业型体育小镇	莫干山裸心体育小镇	
	商贸物流特色小镇	商贸小镇	白沟特色商贸小镇	—
		电子商务小镇	天津武清区崔黄口镇	
		智慧物流小镇	嘉兴现代物流特色小镇	
	其他特色小镇	教育科技特色小镇	碧桂园科技小镇	马来西亚森林城市

根据对全国特色小镇主导产业的梳理，我们发现超过60%的特色小镇为传统产业升级，如旅游、文化、农林牧渔等，其中以旅游产业为主的小镇占比达到37%，超过三分之一，连同占比16%的文化产业，仅文旅类小镇便占据了特色小镇的半壁江山；高端制造、信息、健康、环保等新兴产业占比不

足 3 成，相对较少。从地域来看，东部沿海地区的特色小镇更聚焦新兴产业培育，主导产业以旅游和各种制造业为主，而中部西部地区重在传统产业提升，更多地依托一产的升级转型。

三、特色小镇的核心

特色小镇建设最重要的前提是要培育特色产业落地发展。产业发展是城镇发展的重要推动力，可以带来人们生产与收入方式的变化，并保障农民离开土地后按照城镇方式生活。中央出台的关于特色小镇的各个政策均高度强调产业是特色小镇建设的核心。以特色产业本身为原点，在纵向维度上，向设计、研发以及应用、营销、管理、服务上下两头延伸；在横向维度上，与旅游休闲、养老养生、教育培训、运动体育等泛旅游产业广泛融合，形成小镇产业结构，从而构成人口与要素集聚的前提和基础。特色小镇与传统的产业园区一样，本质都是培育扶持产业的发展，实现产业的转型升级。两者都关注重视产业发展、聚焦战略新兴产业、重视集约集群、重视研发创新和存在较大利润空间的下游领域等。但和产业园区不同的是，特色小镇同时也是具有多元功能、完善服务、社区认同的居民生活空间。首先，特色小镇是产业与城镇有机互动的发展模式，旨在实现特色产业与新型城镇化、城乡统筹、美丽乡村等结合，强调历史、文化的传承。其次，特色小镇更多针对的是小城镇、城市中的城中村改造，重视产业、居住和服务等空间功能布局的协调；而工业、产业园区大多占地规模大，用地粗放，服务功能不完善，对附近的城市配套设施依赖性强。此外，在运作层面，特色小镇重在运营，不同于过去产业园区"园区搭台，外来企业唱戏"的模式，更加注重自身的长足、协调发展。

但目前一些小镇在建设运营中都暴露出了产业支撑不足、假小镇真地产、政府大包大揽、只管前期申报不管后期发展等问题，暴露出这部分特色小镇强调环境、文化、旅游等构建，却忽视了产业培养。比如，一些旅游小镇本质就是度假小镇，形成集聚的主要是消费而非特色产业，因此到不了特色小镇的层面。此外，有些特色小镇将原本的产业基础进行简单升级后，包装进特色小镇的概念里，这种嫁接形势的特色小镇强调了产业，但低端产业无法产生内生动力和竞争力，导致特色小镇创建失败。而一些新兴产业小镇缺乏产业基础，容易造成概念化，文旅小镇则容易避实就虚，倾向于直接开掘旅游文化资源,忽视与产业的深度结合开发。❶ 根本原因在于投资方有招商经验但缺乏项目运营的经验。针对这样的问题,国家发展改革委、国土资源部、环境保护部、住房和城乡建设部 12 月 4 日发布了《关于规范推进特色小镇和特色小城镇建设的若干意见》,指出"不能把特色小镇当成筐,什么都往里装,不能盲目把产业园区、旅游景区、体育基地、美丽乡村、田园综合体以及行政建制镇戴上特色小镇'帽子'",并且强调严控房地产化倾向,要求各地区要综合考虑特色小镇和小城镇吸纳就业和常住人口规模,从严控制房地产开发,合理确定住宅用地比例,并结合所在市县商品住房库存消化周期确定供应时序;适度提高产业及商业用地比例,鼓励优先发展产业,防范"假小镇真地产"项目。目前进入特色小镇市场的企业虽多,包括各大地产企业,但有能力进行产业运营服务的企业少之又少。特色小镇迫切呼唤专业化的产业服务。

四、特色小镇的浙江实践

作为特色小镇概念的诞生地,浙江也是目前国内特色小镇发展最为成熟的地区。2015 年 6 月 4 日,浙江省公布第一批省级特色小镇创建名单,全省 10 个设区市的 37 个小镇列入首批创建名单。2016 年 1 月 29 日,第二批省级特色小镇创建名单正式出炉,42 个小镇入围。2016 年 5 月 26 日,经省级特色小镇规划建设工作联席会议主任办公会议讨论研究,10 个特色小镇被确定为省级示范特色小镇。2016 年 12 月 5 日,20 个特色小镇入选浙江省首批 20 个特色小镇文化建设示范点。目前,浙江特色小镇的申报已经进入第三轮阶段,发展态势良好。

(一) 典型案例

1. 梦想小镇

梦想小镇(图 2-8)位于杭州余杭区,是浙江省首批特色小镇创建对象,也是 10 个省级示范特色小镇之一。小镇总规划 3 平方公里;分为互联网创业小镇和天使基金小镇,定位信息产业,主攻互联网创新创业,依托浙大、阿里、浙商优势,顺应"互联网+"的发展浪潮,抓住"大众创业、万众创新"的时代机遇,锁定人才和资本两大关键创新要素,确定了"资智融合"的发展路径,加快互联网创业和天使投资互促发展。小镇注重历史遗存和自然生态保护,将现有老街、水田等保留起来,然后按照互联网创业的要求改造提

---

❶ 黄文华,吴忠荟. 赣州特色文化产业发展路径初探——以特色小镇为例 [J]. 农技服务,2017 (10):8.

升存量空间，同时创新构建"政策+服务、孵化+投资、政府+市场"六大关键服务环境特色。在软硬件方面，实施了"万兆进区域、千兆进楼宇、百兆到桌面、WiFi 全覆盖"的网络基础设施建设；与浙大合作，共享浙大实验室和技术平台，共建健康医疗公共技术平台；引进科技文献查询系统和世界专利信息服务平台，购买阿里云服务，向小镇创客免费开放；建成互联网村、天使村和创业集市三个先导区块，完善居住、商业、社交配套功能，基本建成了一个低成本、全要素、开放式、便利化的创业社区。运营两年来，小镇引入创新创业项目 910 多个，服务创业人才 8700 多名，聚集金融机构 620 余家，管理资本 1350 亿元，形成了创新创业生态系统并实现有机循环。

图 2-8 梦想小镇

2. 玉皇山南基金小镇

玉皇山南基金小镇（图 2-9）位于杭州市上城区，规划占地面积 2 平方公里，总建筑面积约 30 万平米，分为八卦田公园、海月水景公园、三角地仓库、机务段四个片区。小镇以打造杭州版的"格林威治小镇"为目标，以股权投资类（创业投资、股权投资、并购投资）、证券期货类（对冲基金、量化基金）、财富管理类投资机构为核心产业，以金融中介服务组织为补充，形成完整的新金融产业生态链。小镇搭建了一系列投融资信息交流与项目对接平台、私募基金研究院、金融家俱乐部、产业母基金引导平台、基金管理人培育平台等，汇聚各类高端金融要素。小镇承吴越、南宋千年历史文化遗韵，融陶瓷文化、铁路文化、现代艺术文化、金融文化为一体。在配套环境打造上，小镇先后建设创投社区服务中心、行政审批服务中心、国际医疗中心、国际学校、基金经理人之家等设施，辅以便利的公共交通和居住环境，形成完整高效的服务体系。截至 2017 年，小镇入驻企业已经达到 2361 家，形成资产管理规模 10455 亿元，年税收总额达到 21.6 亿元。

图 2-9　玉皇山南基金小镇

3. 云栖小镇

云栖小镇（图 2-10）位于杭州西湖区之江新城，规划面积 4.38 平方公里，2015 年 6 月被列为浙江省首批特色小镇创建名单。小镇以打造全国首个云计算产业生态小镇目标，全力扶持云上创新创业的企业和团队，聚焦移动互联网、电子商务、互联网金融、数据挖掘、APP 开发等领域，加快培育创新型科技企业，引进风投创投机构，打造云计算产业链。目前，小镇已引进阿里云计算、华通云、威锋网、云商基金等涉"云"企业近 100 家。2015 年，云计算产业行业盛会——"阿里云开发者大会"正式更名为"云栖大会"，并永久落户云栖小镇，云计算产业发展已取得较好的先发优势。

图 2-10　云栖小镇

(二) 经验启示

总结浙江特色小镇的成功原因，浙江的产业积淀和机制结构是最大的影响因素。

1. 产业基础深厚

浙江拥有众多的块状产业、特色产业，其中规模达到百亿以上的"块状经济"集群就有300多个。例如，慈溪小家电、义乌小商品、南浔木地板、桐乡蚕丝被、诸暨袜子、上虞伞业等，这些块状特色产业规模不大，但是市场占有率很大。聚焦于支撑浙江经济长远发展的信息经济、环保、健康、旅游、时尚、金融、高端装备制造等七大产业，兼顾茶叶、丝绸、黄酒、中药、青瓷、木雕、根雕等经典传统产业，创新地将产业资源堆积在一个小空间，率先建立起一批产业定位明确、产业独特性突出的特色小镇。

2. 制度供给灵活，充分调动小镇建设积极性

在特色小镇建设上，浙江率先在制度、政策等方面做了探讨。实施"创建制"，重谋划、重实效、宽进严定、动态管理，不搞区域平衡、产业平衡，形成"优胜劣汰"的竞争机制。在政策扶持上，从"事先给予"改为"事后结算"，对于验收合格的特色小镇给予土地指标奖励和财政返还奖励；实施"追惩制"，对未在规定时间内达到规划目标任务的，实行土地指标倒扣，确保小镇建设质量。通过政策激励和制度规制，浙江各地创建特色小镇的热情高涨。

3. 平台功能强大，多重要素汇聚

浙江善于利用自身块状经济、山水资源和历史人文等独特优势，将特色小镇打造成了"产、城、人、文"四位一体有机结合的重要功能平台。特别是在资本要素方面，浙江当地社会资本非常雄厚，长期以来浙江的固定资产投资中民间资本占比超过55%，全省60%以上的税收、70%以上的生产总值、80%以上的外贸出口、90%以上的新增就业岗位来自民营经济，具备雄厚的投资基础。

第三节 众创空间遍地开花

一、众创空间的内涵

众创空间是顺应网络时代创新创业特点和需求，通过市场化机制、专业化服务和资本化途径构建的低成本、便利化、全要素、开放式的新型创业服

务平台的统称。❶ "众创空间"并不是一个简单的物理概念，也不能把它与现有的任何一种具体形式画等号。其概念外延与孵化器略有重叠，但应比后者范围更大（图2-11），此外还应包括平台型企业孵化器、创业咖啡、创客空间、创业社区等新型孵化器模式。一方面，众创空间包括那些比传统意义上的孵化器门槛更低、更方便为草根创业者提供成长和服务的平台；另一方面，与传统的"企业孵化器"不同，众创空间不只是提供针对创业指导、创业咨询等单一的内部资源支持，也不只是提供资金、销售产品或人才引荐等零散的外部资源支持。作为新型的创业平台，众创空间不但是创业者理想的工作空间、网络空间、社交空间和资源共享空间，还是一个能够为他们提供创业培训、投融资对接、商业模式构建、团队融合、政策申请、工商注册、法律财务、媒体资讯等内外部资源结合的产业生态资源支撑体系。

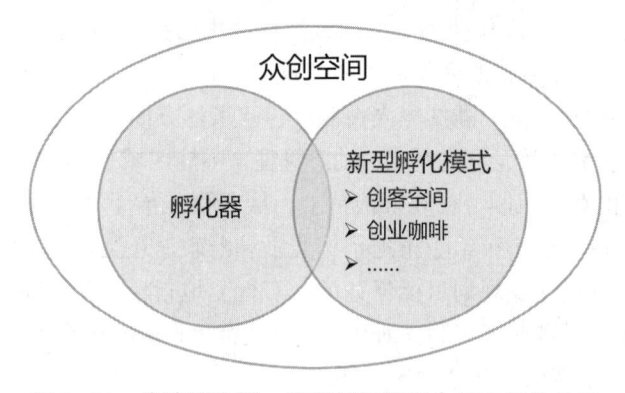

图2-11 传统孵化器、新型孵化器和众创空间的关系

众创空间既要积极打造创业场地、设施等方面的"硬实力"，也要着力增强组织、协调、服务等方面的"软实力"，不断提升服务创新创业活动的综合能力。一是创业承载能力。创业承载能力是指在场地、设施、设备等方面为团队、个人开展创新创业活动提供基本硬件支撑的能力，是众创空间应具备的基本能力。场地可以简陋，但必须有适合年轻人意愿的小环境，有空间、有网络，可以低成本实现"拎包入住"。二是支撑服务能力。支撑服务能力既包括物业、商务等方面的基础服务能力，也包括代办工商税务注册登记、财务记账、招聘人才、纳税申报、知识产权申请等方面的辅助服务能力，是众创空间应积极拓展的能力。创新创业团队、个人的需求具有个性化、多样性、差异化的特点，众创空间具备好的支撑服务能力，就能够帮助创新创业团队、

---

❶ 吴立涛. 我国众创空间的发展现状、存在问题及对策建议 [N]. 中国高新技术产业导报, 2017-02-20.

个人在"创业摇篮"中起步。三是社会协作能力。创新创业是一个艰苦的过程，也是一段孤独求索的经历，更需要公众理解、群体支持、资源支撑。众创空间具有一定的社会协作能力，就能够将一群年龄相仿、目标相近、志向相同的创新创业者凝聚在一起，营造起相互切磋、相互启发、相互鼓励的"社区式"创新创业氛围。在市场化程度不断提高的今天，科研资源、信息资源、社会投资等资源已突破地域限制，呈现出鲜明的流动性特征。众创空间能够在更大范围组织调配资源，就可以为创新创业个人和团队"加油助力"。❶

2015年是中国的众创空间元年，2016年则是中国众创空间的标准年。2015年1月4日，李克强总理探访深圳柴火创客空间，称赞年轻创客们充分对接市场需求，创客创意无限。创客运动受到政府的支持和鼓励，让"创客"们备受鼓舞。为实现"大众创业、万众创新"，创客被寄予厚望。1月28日，李克强主持召开国务院常务会议，研究确定支持发展众创空间推进大众创新创业的政策措施，中央文件第一次提到"众创空间"。2月，科技部发文，指出以构建"众创空间"为载体，有效整合资源，集成落实政策，打造新常态下经济发展新引擎。3月5日，两会的政府工作报告中，李克强再次反复提到"大众创业、万众创新"，并且将其提升到中国经济转型和保增长的"双引擎"之一的高度，显示出政府对创业创新的重视，以及创业创新对中国经济的重要意义。3月，国务院办公厅发"众创空间"纲领性文件——《关于发展众创空间推进大众创新创业的指导意见》（国办发〔2015〕9号），《意见》提出，计划到2020年，形成一批有效满足大众创新创业需求、具有较强专业化服务能力，同时又具备低成本、便利化、全要素、开放式等特点的众创空间等新型创业服务平台。此举为国家层面首次部署"众创空间"平台，支持大众创新创业。2016年2月，国务院办公厅发布《关于加快众创空间发展服务实体经济转型升级的指导意见》（国办发〔2016〕7号），提出要众创空间与"互联网+"行动计划、"中国制造2025"、大数据发展行动等相结合，培育新业态，催生新产业。同时，鼓励龙头骨干企业围绕主营业务方向、院所高校围绕优势专业领域建设众创空间。8月，科技部又出台了《专业化众创空间建设工作指引》（国科发高〔2016〕231号），进一步鼓励发展众创、众包、众扶、众筹等新模式，创建一批拥有创新源头、资源共享基础好、产业整合能力强、孵化服务质量高的专业化众创空间。此后，一系列行业准入标准逐步成形。

---

❶ 闫傲霜. 众创空间，创新创业的新选择［J］. 中国科技奖励，2015（4）：27-28.

二、众创空间发展现状

自国家将"大众创业、万众创新"提升到经济转型和保增长的"双引擎"之一的高度以来，推进众创空间建设已成为国家层面推进"大众创业、万众创新"的重大战略举措。在国家和地方一系列政策的推动下，我国众创空间呈现出快速发展的态势。根据科技部数据，截至 2016 年年底，全国纳入火炬计划统计的众创空间有 4298 家，科技企业孵化器有 3255 家，企业加速器有 400 余家；截至 2017 年年底，全国就有各类众创空间 5500 余家，增速超过 28%，其中科技企业孵化器数量超过 4000 家，增速超过 22%，如图 2-12 所示。科技部认定的国家级众创空间数量从 2015 年 11 月的第一批 136 个，增长到 2016 年 2 月的 362 个，到了 2016 年 9 月，不到一年时间，国家级众创空间已达到 839 个。创业孵化平台当年孵化团队和企业超过 50 万家。

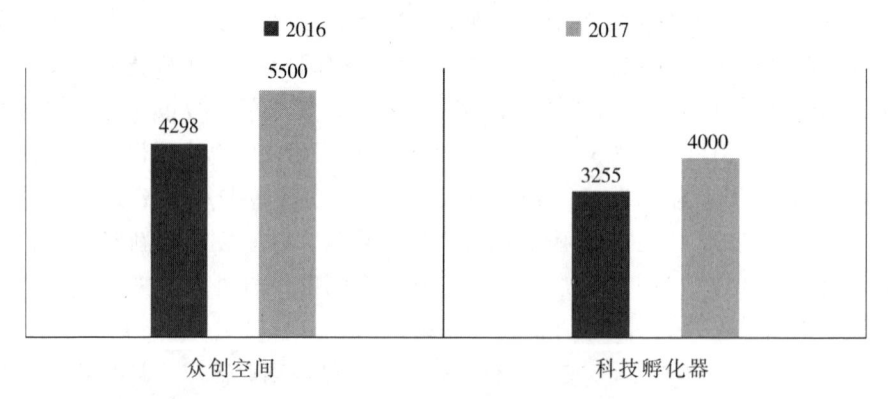

图 2-12　2016—2017 年全国众创空间及科技孵化器增长情况

从运营主体看，行业领军企业、创业投资机构、社会组织等社会力量的主力军作用进一步发挥，众创空间运营主体从原先的政府、企业迅速扩展至高校、地产商、天使投资人、成功企业家、平台型大企业、创业投资机构等社会力量，如图 2-13 所示。各类运营主体践行不同的运营理念，通过灵活、创新的服务形态，汇聚多方资源，实现多赢的目标，起到提高初创企业成功率、创造就业机会、培养高端人才、促进地区经济发展等作用。其中，以政府为运营主体的众创空间主要打造服务于地方经济、树立地方产业品牌的公益性组织；以企业为运营主体的众创空间主要为实现企业内部的创新创业以及与产业链上下游的创业者优势互补，协同发展；以高校为运营主体的众创空间主要为高校科研成果转化提高成功率，实现技术成果的市场化和商品化；以创投机构和中介机构为运营主体的众创空间运营重点在于帮助机构拓展业

务渠道和项目来源；以地产商为运营主体的众创空间则通过建设众创空间来处置闲置的物业，提高物业运营效率。❶

大型企业
实现大型企业内部创新创业。与创业者优势互补、协同发展，实现转型升级

政府
促进地方经济发展，打造重点培育产品品牌

院所高校
为科研成果转化提高成功率，实现市场化、商品化，打造完善的产业链

+众创空间

创投机构
推动地方创业投资市场发展，拓宽创业项目来源，盘活民间资本

中介机构
为财务机构、管理咨询、市场营销等机构拓宽业务渠道

地产商
盘活闲置物业，提高物业运营效率

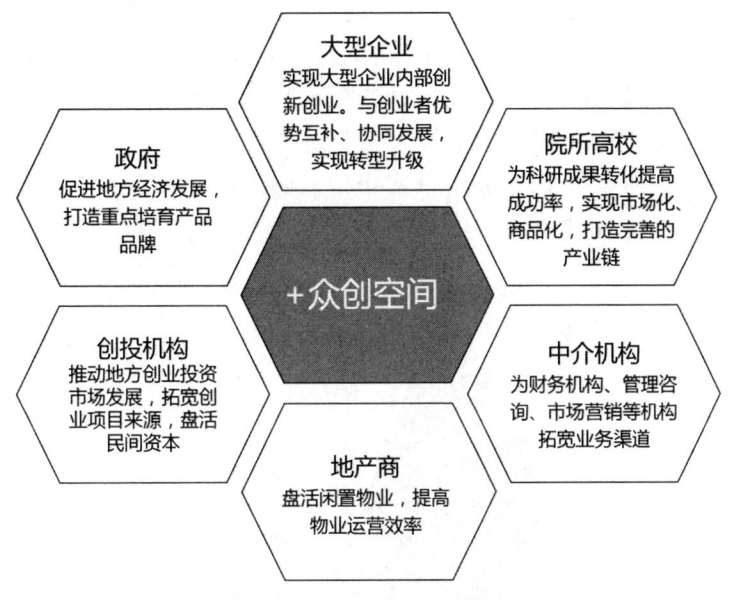

图2-13　众创空间多种运营主体

我国众创空间发展与区域经济发展水平和科教资源分布紧密相关，呈现出以"北上广深"等一线城市为龙头，以"宁杭苏汉蓉"等城市为重点，以科技、产业基础较好的城市为基础的阶梯式分布。从数量上看，广东和江苏两省数量分别达到1071家和952家，合计所占比重达到27%。山东省、浙江省、河北省和福建省依次位列3～6位，众创空间数量均在300家以上，合计所占比重为23%，因此，我国众创空间主要分布在东部地区。从空间密度看，上海市众创空间分布密度最高，北京市密度位居全国第二，江苏、山东、浙江、广东、福建等沿海经济发达省市众创空间面积密度也位居前列。其中，长三角、京津冀和珠三角地区成为我国众创空间建设的主要区域，由于三地产业基础、政策倾斜和其他要素禀赋不一致，也使其众创空间发展模式各不相同。长三角地区作为全国经济最发达的地区之一，依托于其大量科技资源与雄厚的经济基础、发达的商品经济以及成熟的金融体系，投融资服务成为长三角众创空间的服务优势。京津冀地区得益于其大量优质的教育资源与区位优势，创业培训服务已成为京津冀众创空间的发展特色。珠三角地区众创

---

❶ 吴立涛. 我国众创空间的发展现状、存在问题及对策建议［N］. 中国高新技术产业导报，2017-02-20.

空间则非常重视入驻团队的知识获取与项目辅导,帮助其获取创业知识,沙龙活动已成为珠三角地区众创空间服务的亮点。

孵化器和众创空间在全国范围内的高速发展,带动了各地"双创"氛围和相关产业的快速发展,成为吸纳和培养人才、创造社会就业的载体。据统计,纳入火炬计划的众创空间内有 48% 的创业企业是大学生创业团队,位居首位,其次是科技人员创业、连续创业和大企业高管离职创业,分别占 22%、16% 和 8% 的比例;还吸引了超过 5000 多个留学归国创业项目和海外入驻项目,共占总体的 12%,如图 2-14 所示。

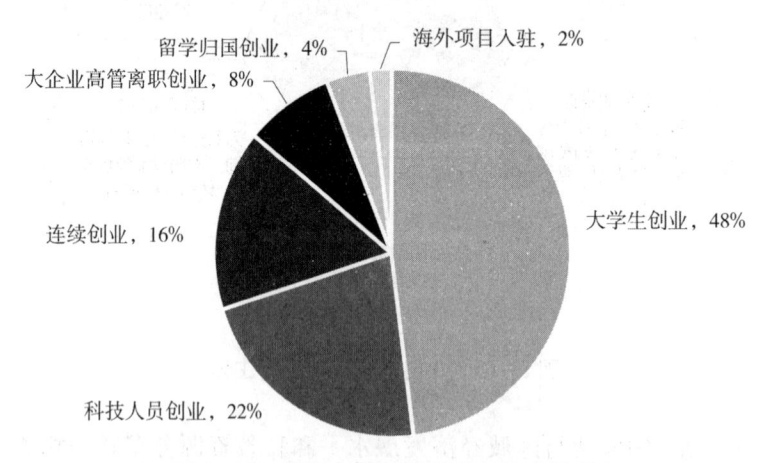

图 2-14 我国众创空间创业者构成情况

从众创空间所提供的主要服务种类数据看,超过 90% 的众创空间在提供办公场地的同时,还为入驻的创业企业提供创业教育培训、创业导师服务、创业投融资服务、技术创新服务、政策落实、创新创业活动等创业能力提升服务,近半的众创空间还为企业提供国际合作机会,全方位促进入驻创业企业健康发展,提高创业成功指数。

三、众创空间的运营模式

随着国家"双创"工作的不断推进,众创空间的创新创业服务核心价值开始逐步凸显,产生了不少创新创业的新模式、新机制、新服务、新文化,集聚融合各种创新创业要素,营造了良好的创新创业氛围。目前,国内众创空间主要可分为六种模式❶:

---

❶ 刘春晓. 创新 2.0 时代:众创空间的现状、类型和模式[J]. 互联网经济, 2015 (8):38-43.

（一）以"天使投资+全方位服务"为特征的创投孵化模式

创投孵化模式下一般由创投机构、天使投资人设立系列化的创业投资基金，并组建专业服务团队，挖掘优秀创业项目，给予早期资金支持，同时为创业团队提供从开放办公空间到早期投资、产品构建、团队融合、创业辅导、市场开拓等全方位的创业服务解决方案。例如，清华厚德创新谷搭建开放式资源聚合平台，建立涵盖"5万~50万元、50万~150万元、150万~600万元"等不同阶段的系列早期投资基金，联合30余位天使投资人，共同开展投资、创业辅导、行业资源支持等服务，与500 startups等国际国内知名机构合作，发掘优秀项目。

（二）以"线上媒体+线下投资"为特征的融资对接模式

融资对接模式的运营主体一般为创业媒体，通过搭建项目展示推广平台，发掘、筛选、推广优秀创业项目，并提供投融资对接与交流服务。例如，以科技创投媒体起家的36氪采用"网络媒体+线下活动"的方式，帮助创业企业推广产品、提供投融资对接与交流。创业邦采取"媒体+创业大赛+创业家俱乐部+基金"的方式，发挥创业导师优势，发掘优秀创业项目。创业家以"媒体+创业大赛+基金"的方式，定期举办"黑马大赛"、创业沙龙、项目展示等活动。

（三）以"创业培训+早期投资"为特征的创业辅导模式

清华大学与清华科技园共同推出的"创业行"，按照"创业培训+早期投资"的方式，将专业投资机构和培训机构的优势结合，为青年人才、大学生创业提供创业培训、创业辅导、早期投资等服务。联想控股与中科院共同推出的"联想之星创业CEO特训班"提供"创业教育+创业投资+创业辅导+创业交流平台"服务，企业家、投资人、教授联合授课和指导。亚杰商会的"摇篮计划"每年邀请十多位科技商业、投资金融界精英人士作为导师，为有潜力的创业家进行一对一、长达两年的免费指导与互动交流，目前已设立种子基金，部分收益将继续用于免费的创业辅导活动。

（四）以"传统地产+创业服务"为特征的联合办公空间、创业社区模式

"联合办公"可以说是国内地产业最火的一种创新模式，其关键词是"空间+生活"，主要特点是交通方便的地段、低租金获取的二手物业、便利的办公空间。这种模式越来越被转型中的房地产企业所关注，有搭建平台做运营商，盘活自己的存量资源或者租赁市面上的存量资源为创业者提高联合办公空间。例如，SOHO 3Q项目，主打"办公室在线短租"。上实集团旗下上实发展，牵手美国柯罗尼资本成立"上海帷迦科技有限公司"，通过对存量物业

的二次开发，采取创新与创业、线上与线下、孵化与投资相结合的方式，为创业者提供全方位创业服务的众创空间及生态体系。

（五）以"交流社区+开放办公"为特征的创业咖啡模式

2012年5月27日，中央电视台《新闻联播》制作了一个7分钟的创业咖啡馆专题片，第一次把咖啡馆作为一个创业服务机构，并授予"创新性孵化器"，一时间，创业咖啡如雨后春笋兴起。创业咖啡通过整合本地创业资源要素，为早期创业者搭建起一个具有共享办公、人才交流、技术分享、市场拓展、项目对接等一站式服务的创新型创业孵化平台，被称为民间版的"创业苗圃"。如知名的车库咖啡通过实体与虚拟相结合的方式，聚集全国各地乃至海外的创业者，提供行业交流、开放办公空间、"技术服务包"、融资对接、产品构建等服务。3W咖啡面向大公司的职业经理人和技术骨干，通过俱乐部聚集优秀创业人才。

（六）以"开放技术平台+产业资源支持"为特征的大企业开放型平台模式

该模式下，平台型企业依托行业领军优势，征集筛选创新项目和团队，提供技术服务平台、种子基金、团队融合、行业资源对接等服务，帮助小企业快速成长。例如，微软创投加速器面向早期创业团队和初创企业，提供为期半年的"开放技术平台+全球技术专家指导+创业辅导"孵化服务，由3位微软研究院副院长和5位美国IEEE院士等22位微软技术专家组成辅导团、16位资深投资人和成功创业者组成创业导师团，为创业者在技术开发、产品构建、资源对接等方面提供专业辅导。国内科大讯飞成立了AI创业孵化器讯飞粒子空间，主要面向AI创业团队提供讯飞独有的技术、运营、资本、产业和合作伙伴资源平台，帮助创业团队迅速接入优质的人工智能技术和上下游产业资源，解决创业者对资金、技术、资源的关键需求，满足创业团队从创意到上市全方位服务。

四、众创空间的问题与挑战

（一）盈利模式单一，严重依靠房屋出租收入

在粗放型发展中，出现了一些"不和谐"的现象。地产思维型和创业辅导型占我国众创空间最多的比例，分别为25%和26%。部分地方的众创空间，功能并不完善，很多只是充当"房东"甚至"二房东"的角色，缺乏对创业者的配套服务，甚至有些地方出现了"拉郎配"的现象，众创空间里进驻的并不是创业项目，甚至出现了以众创空间之名，行商业地产之实的情况。

(二) 缺乏创业生态综合体系

众创空间的核心在于提供全要素、专业化的创业服务，打造开放式的创业生态综合系统。近年来众创空间行业的快速发展，开始出现泡沫化倾向，众创空间数量增长迅速，但水平参差不齐，不少众创空间发展模式雷同，未能充分体现核心优势特色，为今后的可持续发展留下了隐患。产业服务型众创空间因服务形式多样，目前已涌现出 3W 咖啡、北京大学创业训练营、飞马旅、柴火空间等特色明显的众创空间，但大多数众创空间仍缺乏宏观布局思路，处于抄袭和模仿阶段，提供创业服务的专业水平和质量亟待提升。联合办公型及创业社区型众创空间大肆"跑马圈地"抢占发展先机，在老旧厂房、闲置楼宇改造方面进展迅速，但工作重点仍聚焦于硬件，在创业氛围的营造及创业资源的整合方面仍存在较大的不足。❶

(三) 产业结合不紧密

建设众创空间的最终目标在于培育新的产业业态和经济增长点，其发展模式和定位应充分结合所在城市和地区的产业基础及要素禀赋，特别是产业布局与规划。多数众创空间建设时注重运营模式的选择而忽略产业领域的选择，导致不能契合各地产业发展的战略定位，加剧了同质化竞争。目前，国内众创空间主要聚焦互联网、教育、医疗、智能硬件、金融、文化创意等轻资产领域，与地方战略性新兴产业对接深度不够，缺乏面向地方主导产业垂直化细分领域的专业众创空间，总体上对当地优势产业的促进作用不明显。部分地区众创空间专业化能力不足，没有明确的产业定位，主要提供工位、网络、会议室，缺少公共实验室、科研设备，导致入驻项目以电商服务型项目为主，呈现出简单集中而非思维聚合的特点，难以提升创业团队的创新裂变能力，无法吸引从事高成长性研发的团队入驻。❷

五、国内外经典案例

(一) 中关村的云基地系列

中关村的云基地系列比较有优势，它以"基地+基金"为模式构想，聚焦云计算产业链的孵化、产业聚集。这个孵化器带有政府引导的性质，不但提供特定的办公环境、优惠政策和先进的技术平台，还能提供基金扶持，帮助产业链上的优秀企业实现技术落地、产业化发展。借助本身的产业基础、产业聚集，

---

❶❷ 吴立涛. 我国众创空间的发展现状、存在问题及对策建议 [N]. 中国高新技术产业导报，2017-02-20.

注重垂直产业链条的整合，中关村的云基地系列做得有点像前面提到的生态链的概念，如图 2-15 所示。但因为其本身就具有很大的基础优势，又处在北京这样一个信息、文化、政治、商业、人才聚集的城市，因此很难复制。不过，在国家重点培养新兴产业的氛围下，政府与民营资本结合构建垂直产业基地将成为一种趋势，当前聚焦做垂直产业的孵化器可以沿着这个思路去做。

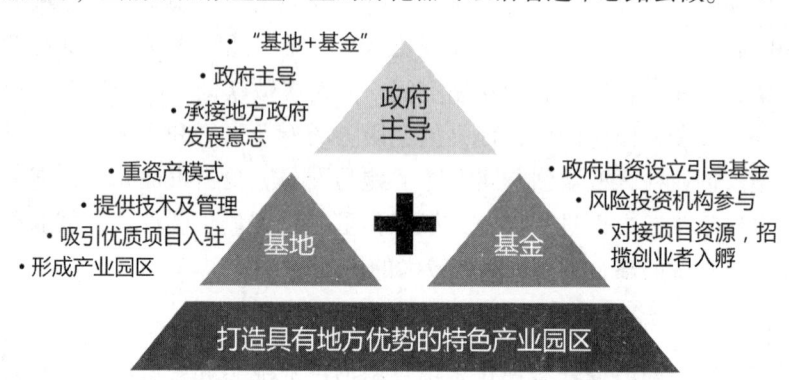

图 2-15 中关村云基地"基地+基金"孵化模式

（二）微软创投加速器

微软的创投加速器是典型的企业主导型孵化器，基于微软自身雄厚的资金实力、技术和人才资源，为创业者提供高效便捷的创新创业服务，如图 2-16 所示。微软的创投加速器做的也是生态系统，更单纯地整合创业链条和创业资源，再借助本身的云计算平台，前期不追求盈利，而关注创业团队的技术创新和突破。像国内阿里、百度、移动也在尝试这样做。

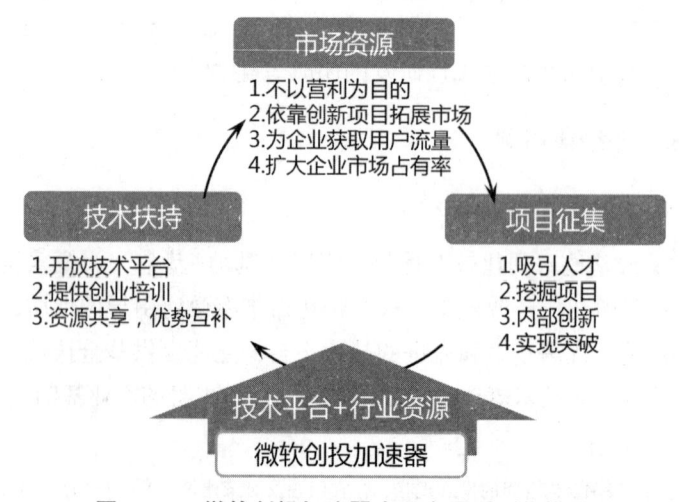

图 2-16 微软创投加速器企业主导型孵化模式

(三) 创业公社

创业公社由京西创业投资基金和北京股权交易中心共同出资设立，于 2013 年 5 月开始运营，总部位于北京市中关村石景山园区，定位于为移动互联网、智能硬件、文化创意和节能环保等新兴领域的团队服务。创业公社累计服务过的团队超过 500 家，目前实际入驻的企业有 100 多家。同时，创业公社受中关村管委会委托，运营"雏鹰计划"优质项目池，符合条件的企业可以获得不超过 30 万元的补贴，目前已有近 60 家雏鹰企业，累计获得融资已超过 7.5 亿元。创业公社提供的服务，除场地的基础运营之外，还包括金融服务（包括股权和债权）、垂直行业领域的导师顾问、企业招聘、法律咨询、知识产权咨询、政策咨询、线下培训，以及定期的分享会、沙盘演练、项目路演，等等。创业公社的盈利模式也是"办公场地租金+增值服务"，于 2014 年实现了微盈利。从 2014 年的情况来看，场地和服务收入的占比大约为 7∶3。从趋势来看，增值服务的部分发展很快，未来几年内服务收入超过办公租金收入将是必然。同时，创业公社用其提供的服务换取了企业 2%~5% 的微股权，目前已获得近 20 家企业的微股权。[1]

---

[1] 众创空间在中国：模式与案例 [J]. 国际融资，2015 (6)：47-51.

第三章 园区新建设亟待产业服务补缺

第一节 园区小镇 PPP 风生水起

为解决政府财政资金紧张与社会经济发展之间的矛盾，国家从 2014 年开始正式推广政府与社会资本合作（PPP）模式，鼓励社会资本积极参与地方公共服务设施的合作开发。园区小镇建设依托其强烈的公共服务属性，对资金投入要求很高，同时建设和服务运营过程需要各种类资源配合完成，对园区建设运营方的能力、专业度、管理、融资能力等要求都较高，而政企合作的 PPP 模式为现阶段产业园区建设发展存在的问题提供了行之有效的解决方案。

一、PPP 模式发展背景

（一）国内 PPP 模式发展历程和现状

PPP（Public—Private—Partnership）模式，是指政府和私人部门之间就公共产品或服务的提供而建立的利益共享、风险共担的长期伙伴关系。私人部门发挥资金、技术、管理优势，按照政府设定的标准建造公共设施、提供公共服务，并通过从政府部门收费或从使用者收费来获取较为稳定的收入；政府部门则负责确定公共服务要求，并进行必要的协助和监管，最终实现以更低成本提供更高质量的公共服务目标。

20 世纪 90 年代，PPP 模式首次被世行及亚行作为一种新型的项目融资方式引入中国，与当时中国政府对外商投资的急切需求不谋而合，掀起了 PPP 在中国的第一轮发展浪潮。特别是在市政公用事业领域开展特许经营模式的试水，是对中国式 PPP 的规范化、专业化及本土化的有益尝试，进而逐渐形成了成熟的项目结构及协议文本。但因立法工作不完善，相关政策法规缺失，导致国内 PPP 发展遭遇困境。2004 年，建设部颁布并实施了《市政公用事业特许经营管理办法》（下称"126 号令"），将特许经营的概念正式引入市政公用事业，并在城市供水、污水处理及燃气供应等领域发起大规模的项目实践。各级地方政府以126号令为模板先后出台了大量地方性法规、政府规章及政策性文件，用于引导和规范各自行政辖区范围以内的特许经营项目开发。自此，国内PPP进入第二轮以实用主义为特征的发展浪潮，一批PPP项目以筹集社会资金为导向把政府缺少财政支持的公共产品或服务推向成长中的市场。但PPP项目在规范性、长期发展等方面仍存在许多问题，2008年金融危机的爆发使PPP被地方政府融资平台取代，PPP项目遭到搁置。2014年，中共十八大明确提出"允许社会资本通过特许经营等方式参与城市基础设施投资和运营"；同年5月，财政部政府和社会资本合作（PPP）工作领导小组正式设立；与此同时，发改委也推出了80个鼓励社会资本参与建设营运的示范项目。2015年4月，发改委等六部委联合发布《基础设施和公用事业特许经营管理办法》，从项目开展范围、操作流程、政府职责、项目机制手续以及融资方式多方面对PPP确立了全面的制度化框架，形成了PPP推进的"基本法"。这一系列的政策措施推动国内PPP的发展加速进入一个崭新的规范化阶段，2014年成为中国式PPP的发展元年。

国内PPP在政策利好的催化作用下迎来了高速发展，政策的支持和引导以及PPP项目成功落地使得政府与社会资本对于PPP模式的热情不断上涨。据财政部PPP中心数据显示，截至2018年3月末，全国PPP项目总投资额达到11.5万亿元，各区域按照累积投资额排序，前三位是贵州、湖南、河南，分别为9749亿元、8876亿元、8763亿元，三地区合计投资额占入库项目总额的23.8%，各地区投资额对比情况如图3-1所示。

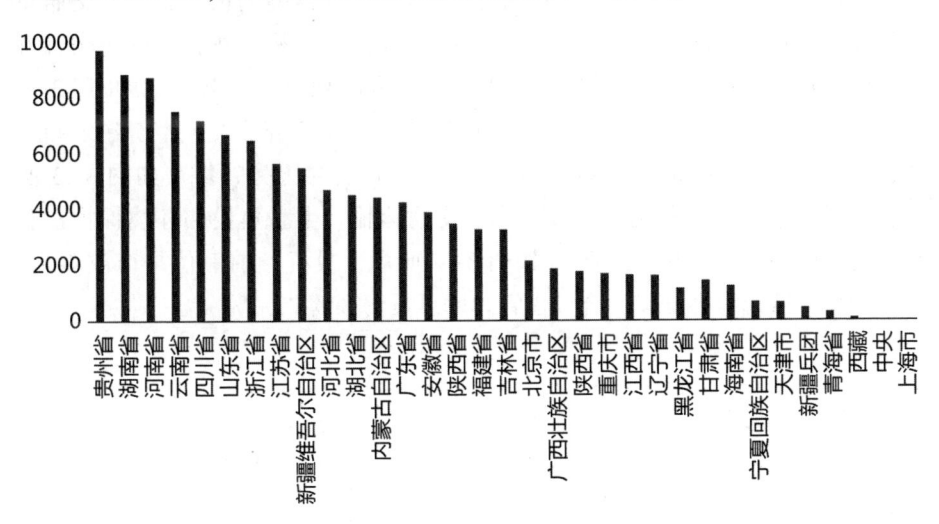

图3-1 2018年3月末各地域累积PPP项目投资额分布对比情况（亿元）

由已签约 PPP 项目数量和 PPP 项目需求来看，PPP 项目在我国地域分布上整体发展不平衡。截至 2018 年 3 月末，全国 PPP 项目数量达到 7270 个，按各区域累计项目数统计，覆盖全国 31 个省（自治区、直辖市）及新疆兵团。河南、山东（含青岛）、湖南等省市的入库项目数量名列前茅，分别为 734 个、609 个、563 个，合计占入库项目总数的 25.7%，而在上海、西藏等地，PPP 发展较为缓慢。各地区项目数量对比情况如图 3-2 所示。

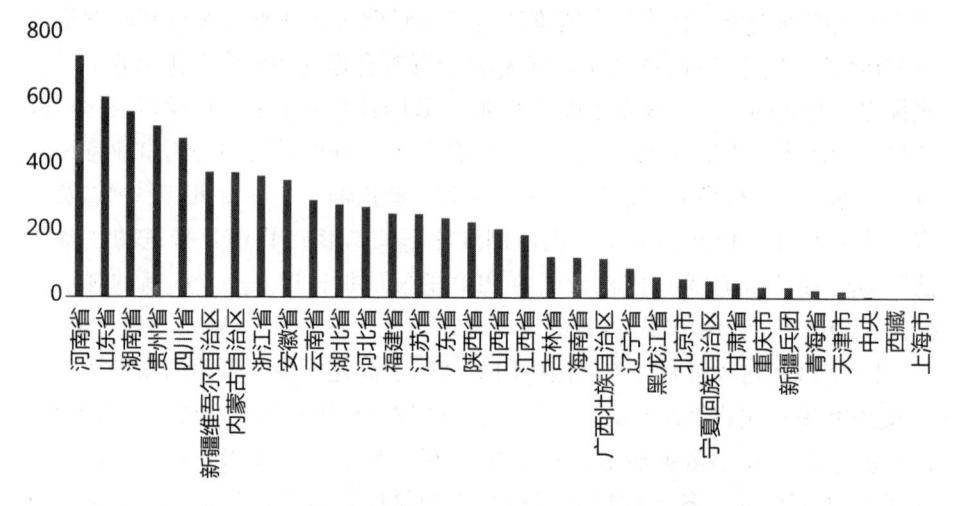

图 3-2　2018 年 3 月末各地域累积 PPP 项目数分布对比情况（个）

目前 PPP 项目的投资热点在高投入、盈利模式清晰的市政工程、交通建设领域；而社会保障、林业、科技、农业等盈利模式不清晰、项目建成后特许经营期难获利的 PPP 项目热度并不高。从入库项目看，截至 2018 年 3 月末，全国 PPP 项目涉及市政工程、交通运输、城镇综合开发、生态建设和环境保护等 19 个行业领域，涵盖重点基础设施和公共服务领域。如图 3-3 所示，项目数量前三位分别是市政工程、交通运输、生态建设和环境保护，合计占管理库项目总数的 60.5%；如图 3-4 所示，投资额前三位是市政工程、交通运输、城镇综合开发，合计占管理库总投资额的 72.3%。

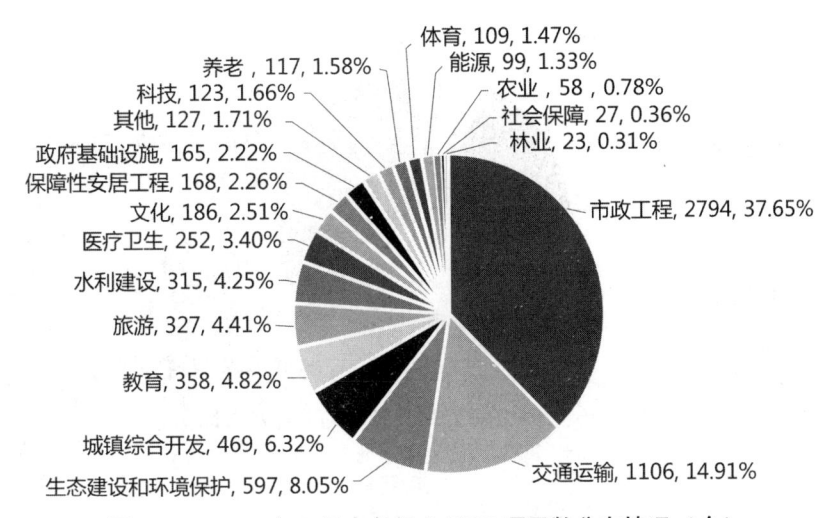

图 3-3　2018 年 3 月末各行业 PPP 项目数分布情况（个）

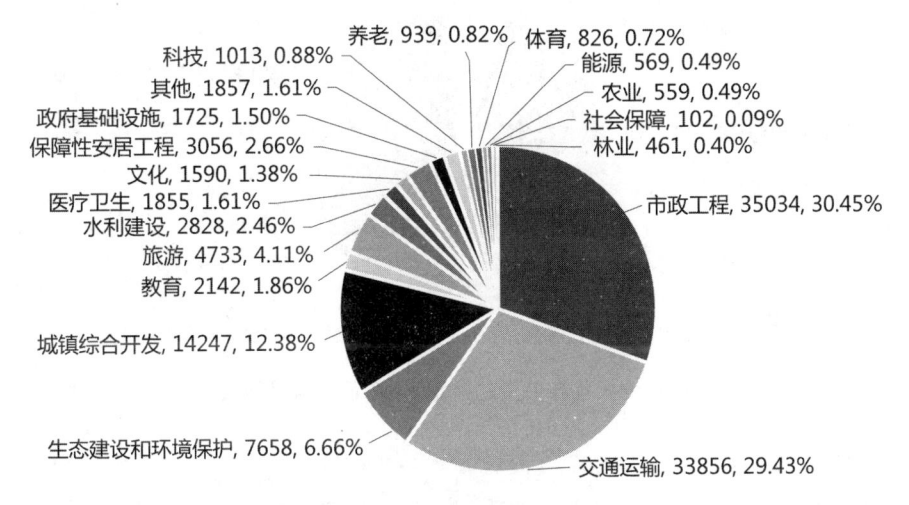

图 3-4　2018 年 3 月末各行业 PPP 项目投资额分布情况（亿元）

从社会资本合作方类型角度看，国有资本占比最大。截至 2017 年 6 月末，495 个落地的国家示范项目包括 283 个独家社会资本项目和 212 个联合体项目，签约社会资本共 785 家。其中国有资本（包括国有独资和国有控股）436 家，占比 55.5%；民营企业（含民营独资和民营控股）291 家，占比 37.1%，此外港澳台 21 家、外商 15 家，还有类型不易辨别的其他 22 家，如图 3-5 所示。民营企业参与的行业领域达 15 个（图 3-6），参与行业领域数有所增加，但民营企业落地项目、市场成交项目自 2015 年年底以来均呈持续下降态势，如图 3-7 所示。总体来看，民企 PPP 参与度在持续下降。

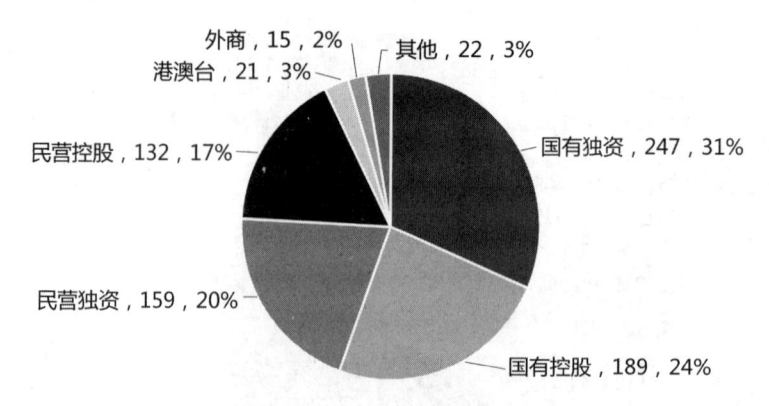

图 3-5　PPP 项目社会资本的分类及占比

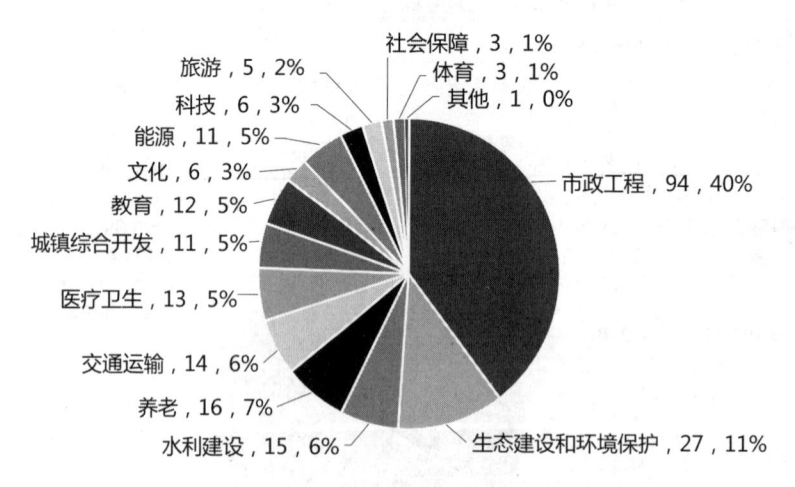

图 3-6　含民营与外资的落地 PPP 示范项目领域分布

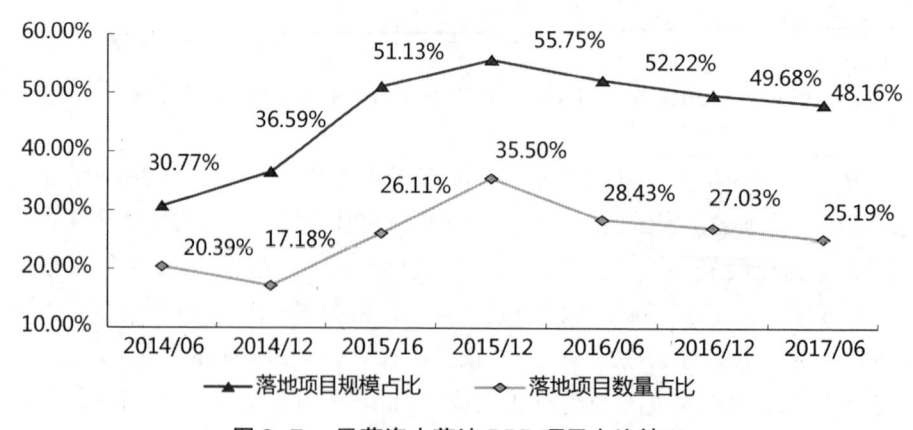

图 3-7　民营资本落地 PPP 项目占比情况

(二) 我国 PPP 的相关政策

PPP 模式是我们在经济新常态下推进新型城镇化建设的必然选择，是地方政府财政压力激增和基础设施建设需求扩张双重作用的结果。十八届三中全会上，中央强调了经济体制改革要不断推进投融资体制改革，处理好政府与市场的关系，利用特许经营、投资补助、政府购买服务等方式吸引民间资本参与经营性项目建设与运营。十八届三中全会传递的精神可以看作是我国 PPP 模式改革的重要信号。此后，国内 PPP 相关政策密集出台，涉及 PPP 模式顶层设计、管理办法、规范化管理等各个环节，这里对 PPP 模式改革推广政策进行梳理（表3-1）。

2014 年 9 月，财政部发布《关于推广运用政府和社会资本合作模式有关问题的通知》（财金〔2014〕76 号），首次在正式文件中提出 PPP 模式这一概念。同年 10 月，国务院发文《国务院关于加强地方政府性债务管理的意见》（国发〔2014〕43 号）（以下称 43 号文），对地方政府债务实行规模控制，严格规范地方政府举债程序和资金用途，提出"借、用、还"相统一的地方政府性债务管理机制，同时明确推广政府和社会资本合作模式，将 PPP 作为地方政府举债融资机制的一种，鼓励地方政府通过 PPP 的模式推进基础设施及公用事业项目建设，合理地将债务逐步 PPP 化。2015 年 4 月，国家发改委、财政部、住建部、交通运输部、水利部、中国人民银行联合发布《基础设施和公用事业特许经营管理办法》，该法规被称作 PPP 推进的"基本法"，从项目开展范围、操作流程、政府职责、项目机制手续以及融资方式多方面对 PPP 确立了全面的制度化框架。同年 5 月，国务院办公厅转发《关于在公共服务领域推广政府和社会资本合作模式指导意见的通知》（国办发〔2015〕42 号），对之前财政部和发改委对 PPP 的探索进行了统一，强调 PPP 对公共管理创新的作用，突出公私双方的平等关系。此后，为进一步完善 PPP 的监管体系，2017 年 6 月，财政部又发布《关于坚决制止地方以政府购买服务名义违法违规融资的通知》（财预〔2017〕87 号），进一步明晰 PPP 模式与政府购买服务的关系，对 43 号文等合法合规文件中已确定的条规内容再次进行确认和改进，同时详细列举了政府购买服务的负面清单。同年 7 月，国务院法制办发布《基础设施和公共服务领域政府和社会资本合作条例（征求意见稿）》，结合我国过去二三十年特别是过去三年实践形成的经验教训，提出要基于解决现实问题的角度分别遵循行政或民事途径去解决 PPP 争议，并强调了政府信用保障问题。

表 3-1　国内 PPP 相关政策

发布时间	发文机关	政策标题
2017 年 9 月	国务院办公厅	《关于进一步激发民间有效投资活力促进经济持续健康发展的指导意见》（国办发〔2017〕79 号）
2017 年 7 月	国务院法制办	《基础设施和公共服务领域政府和社会资本合作条例（征求意见稿）》
2017 年 7 月	财政部	《关于政府参与的污水、垃圾处理项目全面实施 PPP 模式的通知》（财建〔2017〕455 号）
2017 年 6 月	财政部、中国人民银行、证监会	《关于规范开展政府和社会资本合作项目资产证券化有关事宜的通知》（财金〔2017〕55 号）
2017 年 6 月	财政部	《关于坚决制止地方以政府购买服务名义违法违规融资的通知》（财预〔2017〕87 号）
2017 年 5 月	发改委	《政府和社会资本合作（PPP）项目专项债券发行指引》（发改办财金〔2017〕730 号）
2016 年 12 月	发改委联合证监会	《关于推进传统基础设施领域政府和社会资本合作（PPP）项目资产证券化相关工作的通知》（发改投资〔2016〕2698 号）
2016 年 8 月	发改委	《关于切实做好传统基础设施领域政府和社会资本合作有关工作的通知》（发改投资〔2016〕1744 号）
2015 年 4 月	发改委等 6 部门	《基础设施和公用事业特许经营管理办法》（2015 年第 25 号令）
2015 年 3 月	国家发展改革委联合国家开发银行	《关于推进开发性金融支持政府和社会资本合作有关工作的通知》（发改投资〔2015〕445 号）
2014 年 11 月	发改委	《关于创新重点领域投融资机制鼓励社会投资的指导意见》（国发〔2014〕60 号）
2014 年 12 月	发改委	《关于开展政府和社会资本合作的指导意见》（发改投资〔2014〕2724 号）
2014 年 11 月	财政部	《政府和社会资本合作模式操作指南（试行）》（财金〔2014〕113 号）
2014 年 9 月	国务院	《关于加强地方政府性债务管理的意见》（国发 43 号）
2014 年 9 月	财政部	《关于推广运用政府和社会资本合作模式有关问题的通知》（财金〔2014〕76 号）

随着全面深化改革工作稳步推进，财税体制改革、土地制度改革等深入贯彻落实，特别是 43 号文的出台，削弱了地方政府的财政收入，规范和约束

了政府融资渠道和平台，政府在基础设施建设的资金供给能力受到严格的约束和管控。新型城镇化的持续推进以及与之配套的土地制度改革、户籍制度改革带来基础设施建设和公共服务需求日益增长。迅速扩张的基础设施投资和资金缺口成为各地政府需要面对的两难局面。所以，在该经济转型、社会发展、改革推进的新时代背景下，进一步深化社会公共服务供给制度改革，政府与社会资本合作的PPP模式成为我国基础设施建设投、融资改革的重要方向。

二、园区小镇 PPP 的发展现状

当前，产业园区建设中面临的首要问题是土地征收、拆迁安置补偿、土地整理、道路管网、能源供给、污染治理等带来的融资问题。为了解决园区建设所需资金，各地政府纷纷设立国有平台公司作为产业园区的融资主体、开发建设主体和投资合作平台。而产业园区实际发展过程中，出现了产业园区间的同质化竞争，各地政府纷纷突破税收、土地、财政政策底线进行"招商引资"，导致政府从产业园区招商企业身上不仅不能汲取应得的财力，反而因越来越重的"招商成本"而背负巨额债务。而为产业园区而设立的国有平台公司更是债台高筑，以至于形成潜在金融风险。为遏制这种态势的发展，中央政府陆续出台43号文等文件，严格规范地方政府举债程序和资金用途。

PPP模式主要适用于投资规模大、需求长期稳定、价格调整机制灵活、市场化程度较高的公共服务项目，公共性和公益性是PPP模式应用的领域特征。而园区小镇需要为入驻企业提供基础设施和公共服务，同时在运营服务阶段其表现出一定的市场性和经营性，且具有投资规模大、回报周期长等特点。因此，园区小镇开发建设和PPP模式具有很高的契合度。过去政府主导型重资产、大投入、高优惠的开发运营模式已经进入瓶颈期，需要市场化、高效率的社会资本进入这个需要创新和变革的广阔市场。在这样的背景下，中央先后发布了《基础设施和公用事业特许经营管理办法》《关于促进开发区改革和创新发展的若干意见》（国办发〔2017〕7号）、《关于加快美丽特色小（城）镇建设的指导意见》（发改规划〔2016〕2125号）等政策文件，鼓励社会资本进入园区小镇开发领域，探索多元化的园区小镇运营模式。与此同时，我国正处于新型城镇化快速推进阶段，园区小镇是推进新型城镇化的主战场，以城镇化的理念建设园区小镇，走园区产业发展和城镇开发建设相互促进的产城融合之路，不但可以增强园区发展后劲和竞争力，而且可以从城镇化中汲取土地升值的红利，反哺产业培育的资金缺口。社会资本进入产业园区开发可以加快土地的升值进程，创造可观的利润空间，政府只要让渡部分利益给社会资本，即可创造产业园区、社会资本、地方政府多方获利的"共赢"局面。正是由于融资限制、政策驱动、城镇化红利等多方面因素的共同作用，园区小镇PPP才呈现蓬勃发展的势头。

根据全国PPP综合信息平台系统数据统计，截至2018年4月，全国园区小镇开发PPP项目投资总额达到6378亿元，数量达到484个，相较于2016年5月的249个园区开发PPP项目数量，有较为明显的增长。从项目的地域分布来看，安徽省、内蒙古自治区、新疆维吾尔自治区、四川省、山东省、湖南省六个区域的园区小镇PPP相关开发建设项目较多，数量分别为45、39、39、36、36、34，合计占项目总数量比重为47.3%，但单个区域最高占比未超过10%，具体区域分布情况如图3-8所示。

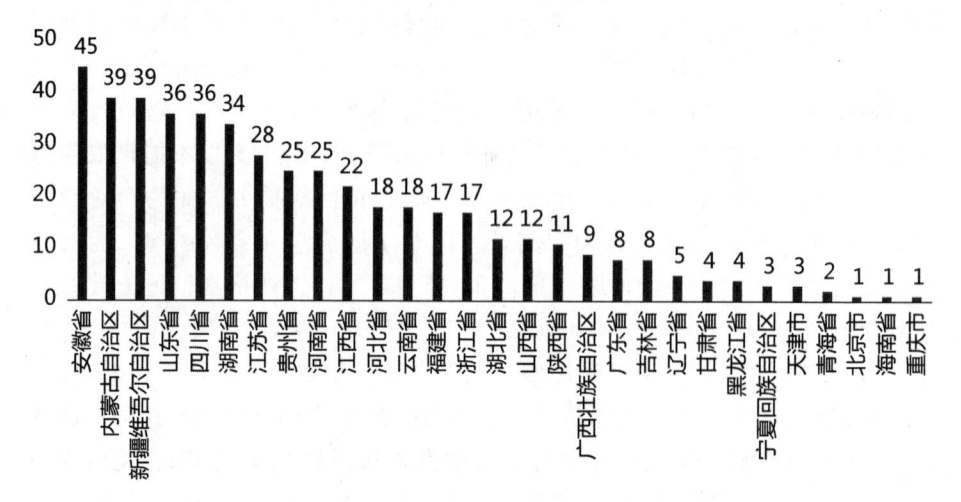

图3-8 园区小镇开发建设PPP项目的区域分布

从园区小镇开发PPP项目实施各阶段情况统计来看，处于识别、准备、采购、执行、移交这五个阶段中的项目数量分别是0、125、152、207、0个，如图3-9所示，大量的项目处于准备、采购和执行阶段，目前还未出现已移交的项目案例。这既表示政府和市场对此类项目的需求旺盛，同时也说明该类项目属于PPP项目中较为新颖的类型，目前尚处于快速成长期。

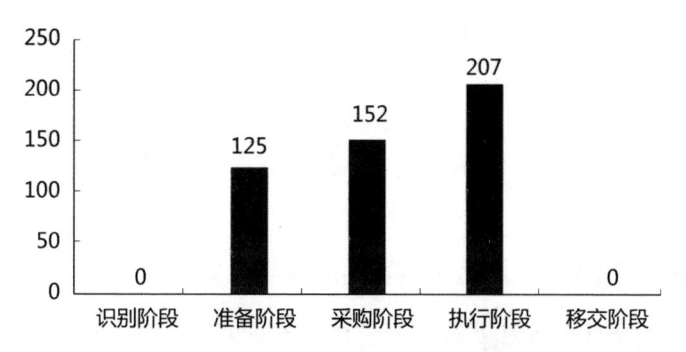

图 3-9　园区小镇开发建设 PPP 项目实施阶段分布

从 PPP 运作方式来看，现有 484 个园区小镇开发 PPP 项目中按 BOT 方式、ROT 方式、TOT 方式、BOO 方式、TOT+BOT 方式、BOT+BOO 方式运作的项目数量分别是 393、4、1、17、10、1 个，以其他方式运作的项目数量为 54 个，如图 3-10 所示。从中我们可以发现，在园区小镇开发建设的 PPP 模式探索中，BOT 成为主流运作方式，占据总项目数量比重的 81.2%。

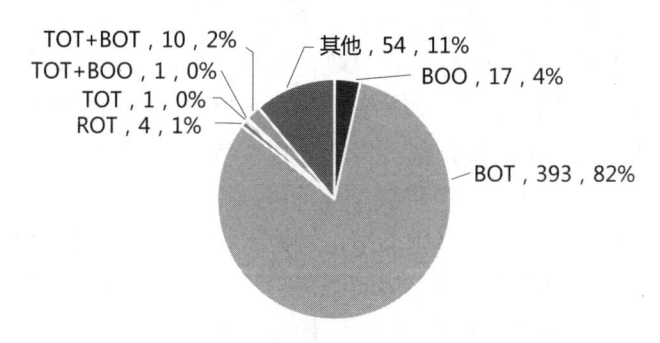

图 3-10　园区小镇开发建设 PPP 项目运作分布

整体来看，园区小镇 PPP 模式未来必将成为园区小镇开发的主流，但目前园区小镇 PPP 模式还处于快速成长阶段，运作方式、项目移交等尚需要大量实践探索。而现阶段发展情况也暴露出一些问题：过于重视一二级土地开发、基础设施建设等重资产建设项目，忽视了对后期运营服务环节的 PPP 模式创新应用。目前国内园区 PPP 项目主要内容包括土地整理和拆迁、基础设施和公共设施建设、规划咨询服务、基础设施项目运营和园区公共服务、产业招商和企业发展服务五个合作内容。但根据统计可以发现，国内的园区 PPP 项目多是建立在土地一级开发或土地一二级联动开发的基础上开展起来的。而随着《关于促进开发区改革和创新发展的若干意见》（国办发〔2017〕7 号）的发布，园区 PPP 模式将重归其本质，明确未来开发区以运营为核心，以投资建设公共服务、基础设施类项目和运营开发区为主。以土地整理和拆迁为主的园区开发 PPP 项目，将不被政府认可和推广。因此，未来园区小镇 PPP 项目中的土地整理和拆迁将逐渐退出，或者不在政府力推园区 PPP 项目范围之内，园区的运营服务将成为未来 PPP 模式社会资本需要重点发展和创新的方向。

三、PPP 模式对于园区小镇发展的重要意义

从国内外大量产业园区 PPP 模式开发建设案例研究发现，通过 PPP 模式进行园区综合开发具有多方面优势。

（一）平滑政府财政支出，解决园区小镇开发建设资金压力

从土地开发、物业开发到产业孵化、产业扶持，园区小镇开发的全过程都离不开资金的推动。PPP 模式本质也是一种融资模式，园区小镇建设投资额巨大，而且运营周期较长，难以在极短时间内收回成本，为了保证项目建设和运营工作的顺利进行，解决资金紧张的问题，运用 PPP 模式成为解决资金缺口大的重要路径。在进行园区小镇建设和运营过程中，对于资金的需求相对较高，传统政府主导型会出现财政资金紧张无法满足现阶段资金需求的问题，由于社会资本的加入，对于资金的筹集就会容易很多。政府通过积极引入社会资本，从而可以发挥社会资本的规模效应，用资金保障园区的开发和运营，同时 PPP 模式促进了投资主体的多元化，使得资金筹集的渠道进一步拓展。在园区小镇建设项目中，不仅需要根据实际情况进行社会资本的引入，还可以根据资金需求设计不同的融资渠道，解决建设资金需求压力大的问题，统筹配置不同融资渠道，实现资本的效益最大化。

（二）优化项目风险分配，提高园区小镇综合开发效率

我国未来经济增长的两大引擎，一是创新，二是公共产品和服务，PPP 模式是两者的混合动力。政府通过公开招标的方式引进综合实力较强的企业参与园区小镇的建设，对投资、建设过程中相关责任边界进行明确划分，基于当前 PPP 模式的推广与成熟，社会资本可以自身先进的技术和灵活的管理经验，通过集约、节约、绿色的发展模式，提高园区小镇建设的效率和效益，扭转各类资源过度向行政等级高的城市中心区集中的局面，从而提高园区小镇的凝集力，吸引更多的人才参与区域经济发展。

（三）提升园区小镇运营服务质量，弥补政府能力不足

现阶段企业选择园区小镇进行扩张发展，主要考虑的不仅仅是园区小镇的硬件配套、地理位置、产业基础等要素，还同时考虑入驻园区后可以得到

的服务，园区小镇开发建设和运行后期运营服务必须"双管齐下"，这样轻重平衡的园区小镇是现阶段企业非常乐意入驻的类型。而且在园区小镇整体开发建设过程中，在前期需要投入大量的资金用于基础设施建设工程，而在运营服务阶段还需要专业的服务机构或团队对园区小镇进行全方面的运营，为入驻企业营造更健康的发展环境，为园区员工创造更舒适的工作环境。这些运营服务的工作单纯依靠政府的力量很难有序地推进，而引入社会资本的人力、企业服务经验和技术等，能够有效促进产业园区运营服务质量的全面提升。社会资本在运营管理方面有非常专业的经验和优势，通过对园区管理制度的改进和升级，整体的服务效率相较于传统政府主导型也会有效提升。现阶段，考虑企业选择产业园区时越来越重视软性配套服务的完善程度以及政府功能相对不全面等因素，引进社会机构与政府合作公共开展园区运营服务、产业服务等工作，确实能够大大提高园区的整体服务和配套水平，为企业员工创造更好的发展环境，已可以将产业服务、运营服务等作为评价园区小镇质量和水平的重要依据。

四、园区小镇 PPP 案例——华夏幸福固安工业园区新型城镇化项目

（一）项目背景

固安工业园区地处河北省廊坊市固安县，与北京大兴区隔永定河相望，距天安门正南 50 公里，园区总面积 34.68 平方公里，是经国家公告（2006年）的省级工业园区。2002 年，固安县人民政府与华夏幸福基业股份有限公司（简称"华夏幸福公司"）签订协议，正式确立了政府和社会资本（PPP）合作模式。

（二）建设内容与规模

固安工业园区 PPP 新型城镇化项目，是固安县政府采购华夏幸福在产业新城内提供设计、投资、建设、运营一体化服务，具体内容见表3-2。

表 3-2　华夏幸福固安工业园区新型城镇化项目建设内容

序号	项目名称	建设内容
1	规划咨询服务	包括开发区域的概念规划、空间规划、产业规划及控制性详规编制等规划咨询服务，规划文件报政府审批后实施
2	土地整理服务	配合以政府有关部门为主体进行的集体土地征转以及形成建设用地的相关工作。2008—2013 年，华夏幸福累计完成土地整理 29047.6 亩，累计投资 103.8 亿元

续表

序号	项目名称	建设内容
3	基础设施建设	包括道路、供水、供电、供暖、排水设施等基础设施投资建设。截至2014年已完成全长170公里新城路网、4座供水厂、3座热源厂、6座变电站、1座污水处理厂等相关配套设施建设
4	公共设施建设及运营服务	包括公园、绿地、广场、规划展馆、教育、医疗、文体等公益设施建设，并负责相关市政设施运营维护。园区内已经建成中央公园、大湖公园、400亩公园、带状公园等大型景观公园4处，总投资额为2.54亿元。目前由北京八中、固安县政府、华夏幸福公司合作办学项目北京八中固安分校已正式开学，按三级甲等标准建设的幸福医院已开工建设
5	产业发展服务	包括招商引资、企业服务等。截至2014年年底，固安工业园区累计引进签约项目482家，投资额达638.19亿元，形成了航空航天、生物医药、电子信息、汽车零部件、高端装备制造五大产业集群

（三）运作模式

固安县政府与华夏幸福公司签订排他性的特许经营协议，设立三浦威特园区建设发展有限公司（简称三浦威特）作为双方合作的项目公司（SPV），华夏幸福公司向项目公司投入注册资本金与项目开发资金（图3-11）。项目公司三浦威特作为投资及开发主体，负责固安工业园区的设计、投资、建设、运营、维护一体化市场运作，并通过资本市场运作等方式筹集、垫付初期投入资金。此外，三浦威特与多家金融机构建立融资协调机制，进一步拓宽融资渠道。固安工业园区管委会履行政府职能，负责决策重大事项、制定规范标准、提供政策支持、制订基础设施及公共服务价格以及质量的监管等，以保证公共利益最大化。

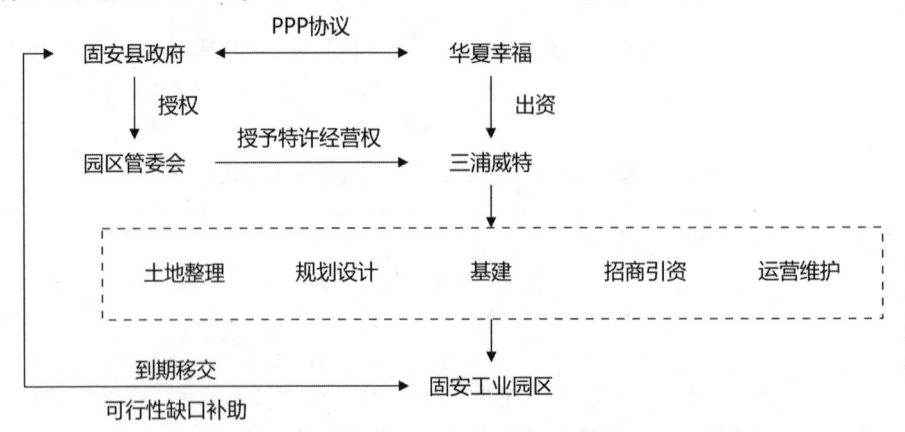

图3-11 华夏幸福固安工业园区新型城镇化项目运作模式

双方合作的收益回报模式是使用者付费和政府付费相结合。固安县政府对华夏幸福公司的基础设施建设和土地开发投资按成本加成方式给予110%补偿；对于提供的外包服务，按约定比例支付相应费用。两项费用作为企业回报，上限不高于园区财政收入增量的企业分享部分。若财政收入不增加，则企业无利润回报，不形成政府债务。风险分担方面，社会资本利润回报以固安工业园区增量财政收入为基础，县政府不承担债务和经营风险。华夏幸福公司通过市场化融资，以固安工业园区整体经营效果回收成本，获取企业盈利，同时承担政策、经营和债务等风险。

(四) 主要创新点及借鉴价值

固安工业园区新型城镇化PPP模式属于在基础设施和公用设施建设基础上的整体式外包合作方式，形成了"产城融合"的整体开发建设机制，提供了工业园区开发建设和区域经济发展的综合解决方案。

整体式外包。在政企双方合作过程中，固安县政府实际上是购买了华夏幸福公司提供的一揽子建设和外包服务。这种操作模式避免了因投资主体众多而增加的投资、建设、运营成本，而且减少了分散投资的违约风险，形成规模经济效应和委托代理避险效应。

"产城融合"整体开发机制。在"产城融合"整体开发机制下，政府和社会资本有效地构建了互信平台，从"一事一议"变为以PPP机制为核心的协商制度，减少了操作成本，提高了城市建设与公共服务的质量和效率。通过整体开发模式，对整个区域进行整体规划，实现公益性与经营性项目的统筹平衡。

工业园区和区域经济发展综合解决方案。政企双方坚持以"产业高度聚集、城市功能完善、生态环境优美"作为共同发展目标，以市场化运作机制破解园区建设资金筹措难题、以专业化招商破解区域经济发展难题、以构建全链条创新生态体系破解开发区转型升级难题，使兼备产业基地和城市功能的工业园区成为新型城镇化的重要载体和平台。

第二节 产业地产骤然兴起

随着国内房地产市场进入调整期，城镇化人口聚集以及产业快速升级，大力发展战略新兴产业并助推产业集群做大做强，叠加产业在区域间转移，产业地产顺应了我国社会经济、产业升级的发展趋势，如雨后春笋般骤然兴起,成为经济转型和产业结构调整的重要载体,肩负着聚集创新资源、培育新兴产业、推动新型城镇化建设的重要使命。

一、产业地产的内涵与发展背景

(一) 产业地产概念与内涵

产业地产是围绕微笑曲线,构建产业价值链一体化的平台,以产业为依托,地产为载体,实现土地的整体开发与运营,可被细分为工业地产、商业地产、物流地产等类型。产业地产将地产资源和产业资源有机整合,以土地开发为跳板,通过营造适宜的生产办公环境,形成产业聚集。产业地产经济效益与社会效益并重,具有超越地理空间的聚集和辐射功能,能够促进区域价值呈几何式增长,从而带动城市产业提升与跨越式发展。

产业地产故名思议是为了产业发展而进行的一种土地开发形式,其核心在于针对目标区域的资源优势导入产业。结合目标区域的现有资源和发展条件,包括区位、城市规划、产业基础、社会资源、人力资源等,对区域进行产业定位,引入符合区域经济产业发展要求的企业,同时为企业打造产业服务性平台,实现产业集群协同发展,是产业地产的一般运作方式。产业地产需要的不仅仅是重资产的物理载体,更需要产业地产为其提供管理、金融、服务、资源、孵化、引导和生态圈构建,因此能够集聚产业园区资源价值的产业运营与服务成为产业地产成功运营的关键因素。产业地产的内涵有以下几点:

1. 以产业导入为核心,地产只是物理载体

产业地产的价值来自助推区域产业发展,根据所在地区的产业规划和经济发展目标,利用相对要素优势,通过招商策略,引进有促进区域目标产业发展的龙头企业和双创型企业,健全产业链上、中、下游企业生态体系,建立协同合作关系的企业网络,形成价值共享的产业生态。产业地产根据需求建设研发、生产制造厂房或者办公写字楼,同时配套相关的商业元素和公共服务,为了更好地推进产业发展,而提供较多与产业发展、园区运营相关的增值服务。

2. 资金投入大,开发周期长

产业地产项目前期开发需要进行大量的产业、城市规划,投入基础设施建设,不论资金投入还是开发周期比传统的房地产开发都多。开发周期更长也意味着项目推进过程中出现的变量因素更多,风险更多,也就造成资金成本更高。产业地产是资本密集型的典型产业,只有有效整合资金、产业、土地等各类要素,才能保证产业项目的稳步推进最终取得成果。

3. 实现产业与城市的融合

产业地产以地产为载体，以产业为依托，最终实现城市竞争力的提升。一个运作良好的产业地产项目应该首先具备满足导入产业发展所需的基本配置，在创造大量就业岗位、税收的同时，还应为由此聚集的人群提供商业、医疗、教育、娱乐等配套服务，打造新型城市。

（二）产业地产发展背景

产业地产发展的根本原动力来自中国产业升级，随着产业经济的快速发展，各地政府逐渐意识到简单的"投资、造城、卖地"模式无法持续发展，"引进产业、扩大就业、增加税收"成为产业新城竞争力的关键。与此同时，社会体制改革也推动着产业地产加快发展，一方面，持续推进的行政审批制度改革使园区管理更加开放，为园区建设、招商、运营以及产业服务的市场化操作打开了通道；另一方面，在新经济时代小微企业成为产业发展和经济结构转型的重要推动力，但同时该类型企业由于体量规模较小，更需要调整传统行政化的园区管理服务模式，提供更加符合时代特征的园区服务运营综合解决方案。尤其自从2014年年底中央提出"大众创业、万众创新"以来，国务院累计发布多个相关实施和落实意见，这些指导性政策意在助推城市经济发展和产业转型升级，"产业地产"作为承载与促进产业发展的载体，在提升土地的产业价值、提升城市产业发展水平、聚集人口与资本等方面有着重要作用，受到政府的高度重视，快速兴起成为我国经济社会发展的新热点。

二、产业地产的现状形势

产业地产行业已进入快速发展期，呈现"百鸟争鸣"的发展态势，多种类型的企业开始涉足产业地产行业，合作、并购等成为各类企业进入产业地产的重要方式。住宅地产和商业地产市场竞争已经到了白热化阶段，房地产企业也逐渐转向多元化发展，产业地产已经被认为是房地产业新的蓝海和热点，将其定为新的战略方向。当然除了房企之外，传统的产业地产企业持续借助其先发优势继续在该领域发力，而各行各业也都开始拥抱产业地产新型城镇化战略，制造企业、电商等产业链上游企业以及金融机构都开始向产业地产延伸业务，涉足产业地产的企业越来越多元化。

（一）产业地产商持续发力，全国范围布局产业地产

这类企业主要以联东、华夏幸福、天安数码城、华南城、亿达控股、百世金谷等产业地产商为主要代表，在产业地产领域已经深耕发展20年，为中国产业升级经济发展取得了丰硕成果的同时，也为行业开拓提供了可借鉴的

商业模式和案例经验。随着产业地产的不断升温，此类企业将利用自身的先发优势和市场资源，在国内外扩展自己产业地产的版图。如华夏幸福在固安成功探索出"园区+地产"的产业新城模式之后迅速开始在全国复制，计划在全国范围内建成50个特色产业新城，规划面积约为960平方公里。联动集团以标准的产业综合体和总部综合体进行复制，已在全国一、二线城市开发了40多个园区，未来5年至10年园区运营数量计划将达100个。而清华科技园、中信集团、宏泰发展、亿达中国、天安数码城等产业地产商也均制订了自身的产业地产发展计划。

（二）政府主导的园区企业积极转型升级，强化产业园区运营

代表企业包括上海张江高科、武汉银湖科技、南京高科、苏州高新等，主要以政府为主导，以物业租赁管理和更为专业的产业专项培育为重要特征，往往通过孵化器的形式为入园企业提供其成长所需帮助，从其中的入园服务、法律服务到政策服务、投融资服务等方面，全面培育孵化未来企业成长。

（三）传统开发商加快拓展产业地产业务，拓展业务增长点

随着房地产调控政策不断深化，市场竞争日益白热化，房企跨界转型成为新常态，国内房地产企业纷纷加速转型步伐，圈地寻求新的业务增长点。产业地产成为房地产企业转型的重要方向，据统计全国百强企业中约有三成企业已不同程度涉足产业地产业务。例如，绿地先后规划启动了哈尔滨国家级广告产业园、大庆绿地大学科技园、西咸新区空港产业城、江西省2.5产业示范基地南昌绿地未来城、南昌小微企业工业园、呼和浩特白塔空港物流园、海口绿地空港产业城等产业地产项目。这些房地产企业紧跟国家创新驱动发展战略，打造企业的新增长板块。

（四）以实体经济为主体的制造企业、电商逐步向产业地产延伸

作为产业地产上游需求方，制造企业、电商等企业主体开始试水产业地产，如三一集团、中集集团、华立集团、正大机电集团等大型制造型企业开始涉足产业地产，还有不少娱乐类、农业、商业贸易企业也开始圈地运作项目，试图在产业地产这个大领域分得一块蛋糕。作为电商的阿里巴巴已经联合复星集团、银泰集团等合作伙伴联合发布"菜鸟网络"计划，在全国范围内广泛拿地，进军物流地产。另外，富士康、华为、中兴、海尔、联想等产业链上游实体企业均有进入产业地产的计划。

（五）金融资本加大产业地产投资力度

金融资本的特点就是敏锐捕捉市场热点进而投资获得回报，也就是哪里有钱赚哪里就有金融资本，随着产业地产大热后，自然少不了金融资本参与

到产业地产中。一方面，产业地产商在资本市场得到充分的重视和认可，如华夏幸福、卓尔发展、五洲国际等产业地产商登陆资本市场后，光大联合、大连亿达、中国宏泰也相继在中国香港上市。另一方面，产业地产领域也得到了私募资金的关注，平安不动产、银证基金、嘉民基金以向专业物流地产商注资的方式或直接投入自持的方式驱动物流园区的发展扩展；以绿野资本、天赋资本、湖北高投为代表的产业投资基金，也正以园区为平台、以投资打造产业集群为最终目的，追求传统地产性收益之外资产证券化的退出方式。

三、产业地产商业模式与盈利模式

（一）产业地产商业模式

近年来，随着产业地产的逐渐升温，传统房企、制造企业、服务型企业都以各自模式纷纷布局产业地产，随着各类企业、各自模式在产业地产领域实践和探索，逐渐发展以产业服务为主要目的的产业地产模式最适应当今时代发展的需要，因为作为产业地产的服务对象——政府和企业，都更加关注"产业"本质和"服务"内容。

相较于住宅地产和商业地产，产业地产的业务范围更广，进入门槛更高，开发难度也更大，而且客户对象是企业和政府的重叠主体，投资决策需更加理性，服务和产品要求也更加严格。产业地产涉及融资、开发、服务、招商、产业培育等众多与产业紧密相关要素，因此成熟的发展模式对于产业地产行业和企业都至关重要。研究各地产企业发现，尽管各家对于产业地产商业模式都有各自的界定，但其背后蕴藏的资本运作逻辑才是产业地产商业模式的核心，总体主要分为四大模式：

1. *以产业物业开发租售为主的地产开发商模式*

地产开发商模式是开发者在工业园区或其他地方获取土地，以整体开发或定制式开发的形式建设产业物业产品，如产业综合体、总部综合体等，然后以租赁、转让或合资等方式进行项目经营和管理，最后获取开发利润的模式。

2. *以 PPP 为主的产业新城开发商模式*

产业新城开发商模式以华夏幸福基业为典型代表，其也是我国在产业地产领域最早实践 PPP 模式的开发商。其商业模式是政府与产业新城开发商就指定区域的产业新城的开发达成合作协议，在规定的委托管理合作年限内，开发商负责地块内基础设施和公共配套设施建设工作，同时提供产业定位、产业规划、招商引资、投资服务、产业升级等产业发展服务工作以及空间规划、建筑设计、物业管理、公共项目维护等基础性服务工作等，委托管理期满之后再转由政府相关部门经营和管理，政府可以分期支付园区各发展阶段企业垫付的成本、利息费用和相关收益分成。

3. 以双轮驱动为主的产业投资商模式

产业投资商以张江高科、清华科技园和湖北高投为主要代表，也是国内最早实行"基地+基金"双轮驱动模式的开发商，与地产开发商和产业新城开发商模式相比，产业投资商不仅投资产业地产项目，还向园区入驻企业投资。首先向社会资本募集园区开发基金，该基金不仅投向产业园区进行土地及产业物业开发，同时还投向具有市场前景的科技型创新企业，用投资的方式吸引大批创新企业入驻，产业投资在实现资本溢价的同时还带动园区资产增值。

4. 以基金运作为主的基金投资商模式

基金投资商模式是国际流行的以 REITs 为核心的轻资产运作的产业地产商业模式，通过发行工业地产基金的形式募集资金，收购合作物业后进行现代化改进并将改造好的物业回租给合作方，或者通过拿地新建工业物业的形式吸引潜在客户入驻，当工业物业的入驻率达到一定水平，每年能够产生可观而稳定的现金流时，通过发行 REITs 的方式对物业进行资本化运作，完成一轮的资本循环，进而从事下一轮投资。

（二）产业地产盈利模式

根据产业地产开发价值链，包括一级土地整理、主体设施开发、配套设施开发和园区运营管理等环节，针对以上各环节中产业地产普遍存在 8 种盈利模式，一级土地整理环节主要是一级土地开发模式，主体设施开发环节包括物业租售模式、定制开发模式、收购回租模式，配套设施开发环节主要是配套设施开发模式，园区运营管理环节包括股权投资模式、基金管理模式、增值服务模式。❶

1. 一级土地开发模式

对土地进行一级开发，主要以土地溢价增值而获取利润。开发商以较低的成本获得土地整改经营权，在完成项目基础设施建设之后，将项目中部分土地转让给入驻企业或转让给其他地产开发商。

2. 物业租售模式

项目完成开发后，通过物业出售、物业出租、物业租售结合的方式实现盈利目的。物业出租是指园区开发运营商向园区企业出租配套服务设施从而获取利润的方式，这种模式可以为产业地产开发商获得持续稳定的租金收益，同时也吸引更多企业入驻，而且通过对物业服务水平提升，可以实现产业地产物业品牌和价值的增值，但是物业出租的方式对开发商要求较高也不是开

---

❶ 向良玉. 产业地产企业盈利模式影响因素分析 [D]. 重庆：重庆大学，2015.

发商擅长的领域，同时物业出资资金回笼较慢，获得利润周期较长，对开发商的资金链会造成一定风险；物业出售是开发商将园区配套硬件设施如厂房、办公楼、写字楼、配套住宅、配套商业等以出售方式转让给入驻企业的盈利方式，这种方式是一次性交易，有利于企业快速回笼资金，降低企业经营风险，但这也对入驻企业提出了更高的资金要求，相应增加了招商压力；租售结合是开发商通过物业出租和物业出售相结合的方式，将园区建设完成的配套设施提供给入驻企业使用的获利模式，这种模式是产业地产企业使用最多的盈利模式，由于该模式的灵活性也就造成该模式下的园区企业入住率相对较高，其中涵盖了资金实力较强的企业，也包括了一些资金相对紧张的企业，一方面通过销售快速回笼部分资金，另一方面也通过持有服务，享受后期物业增值的获利空间。

3. 定制开发模式

根据客户需求，定制开发园区主体设施建设和物业服务项目从而获利。产业地产开发建设商根据客户投资要求和生产研发办公的精准需求，为其"量身打造"建设提供符合其需求的基础硬件设施和服务配套等服务，从而有效降低客户的投资风险和投资成本，促进企业客户快速发展其自身业务。

4. 收购回租模式

收购回租是开发企业通过收购入驻企业或第三方所有的物业，然后通过回租的方式供其使用。这种模式主要针对资金紧张的企业，开发商可以通过收购企业所有的办公场地、硬件配套设施及物业等，以回租方式供其使用，从而为企业发展换取资金，同时保证相应政府、企业和管委会都不受到影响。

5. 配套设施开发模式

园区配套设施主要是指为满足园区运营需要而与主体设施配套建设的各种园区服务性设施，包含基础配套设施和公共配套设施，如娱乐休闲设施、商业设施、配套住宅等。园区配套用地是政府为了补偿开发商主体设施开发环节的利润而特别配置的，虽然面积占比很小，但盈利空间很大。

6. 股权投资模式

对园内企业进行股权投资，即以货币资金、无形资产和其他实物资产直接投资于园内企业，来实现长期收益，比如，天安数码城就通过对园内企业实施"租金换股权"和"现金换股权"的方式实现股权投资。另外，与天安数码城有战略合作的创投公司，新成立全资下属的创新基金，联合政府和其他基金，也会针对入驻企业以物业租金和现金的形式进行股权投资。天安数码城园区有专门针对企业的园区共同基金，通过物业入股、租金入股等灵活的金融手段来投资高成长性企业和培养创业型企业，解决科技型中小企业资金难题。

7. 基金管理模式

企业通过组织投资者募集资金，收购地产，设立基金，并由企业作为基金管理者管理基金以及基金旗下的物业，企业通过收取基金管理费和基金分红获得收益。

8. 增值服务模式

在后期运营阶段，为保障园区基本运转，产业地产开发商会为园区入驻企业提供基本的物业服务，但这部分盈利空间较小。目前，在市场竞争越来越激烈的情况下，针对入园企业的需求，提供丰富多样的增值服务，如代为人才引培、规划咨询、产业公共服务、生活服务、企业服务等增值服务项目，通过对增值服务收取一定的费用，已然成为新的利润增长点和产业地产商建设核心竞争力的关键。

按照以上的罗列，按照开发流程各环节可以总结归纳出产业地产的盈利模式见表3-3。

表3-3 产业地产盈利模式❶

各开发环节	盈利模式		优点	缺点
一级土地整改环节	一级土地开发		资金回笼快，投资收益高，风险较小	对园区管理不利，增加企业入驻成本
主体设施开发环节	物业租售	物业出租	空置率低，能获得稳定租金收益；后期可享受物业增值收益	资金回笼慢，对开发商资金实力要求较高
		物业出售	能较快回笼大量资金，适合滚动开发。客户多为大企业入驻，能提升园区品牌形象；后期管理成本低	客户面窄，招商周期长，空置率高；不能享受物业增值收益，不利于园区长期经营
		租售结合	客户范围广，招商较灵活，资金回笼效率高	租售比例不易控制
	定制开发		一般会收取首付款，减少资金压力；风险较小	收益相对较小
	收购回租		有利于园区入驻企业发展，可享受后期物业增值收益	资金回笼效率低，风险较大，对开发商资金实力有较高要求

---

❶ 向良玉. 产业地产企业盈利模式影响因素分析［D］. 重庆：重庆大学，2015.

续表

各开发环节	盈利模式	优点	缺点
配套设施开发环节	配套设施开发（含基础设施和公共设施）	投资收益率高、风险小	配套设施开发面积占项目总面积比例小
园区运营管理环节	股权投资	收益持续时间长，促进入驻企业发展	投资风险大，投资收益率较低
	基金管理	能促进企业大规模扩张，能获得持续稳定收益	对开发商资金管理能力有较高的要求
	增值服务	运营创新空间大，有利于提高园区品牌形象	对开发商运营管理能力有较高的要求

在新经济、新产业、新科技的社会经济发展新常态下，同时在中国经济新旧动能转变的大背景下，中国产业地产的发展也日益呈现智慧化、专业化、资本化、综合化等趋势。未来，产业地产行业应在智慧化打造产业地产标杆企业、专业化轻资产模式输出、资本化创新突破发展、综合化扩大人才资源利用等方面探索发展模式、运营模式、招商模式、投融资模式、盈利模式等新变化和新趋势，支持产业地产的转型升级，以产业发展为核心，不断推进产业的升级转型。

四、产业地产面临问题

（一）借产业地产之名，行房地产之实

在国家层面鼓励发展产业地产之前，房地产企业已占据了整个产业地产大壁江山，而国家出台一系列产业地产促进措施以及传统地产日益白热化的竞争态势，促使更多的房地产企业跨入产业地产的门槛，但产业地产和房地产的专业程度完全不同。很多房产企业没有"产业"的概念，没有深刻贯彻产业地产是以"服务产业"为核心的，造成不少产业地产项目实际上借产业地产开发之名，行房地产开发之实。产业地产实质是房地产与产业综合提升的产物，将房地产的开发模式结合到了产业服务中的地产开发模式。

（二）项目缺乏规划，市场同质化严重

近几年全国各地政府都在大力推行产业地产项目，同时伴随传统地产项目的政策调控和竞争激烈态势，以及相关产业地产的扶持政策的出台，大量企业纷纷进军产业地产领域。由于产业地产市场的快速过热，加上政府缺乏统一规划和管理，企业在前期产业定位和空间规划不够准确，使得很多产业地产项目的定位和功能雷同，商业模式和运营方式也非常相似，造成严重的同质化竞争现象，浪费有限的土地资源，同时阻碍整个行业发展。

(三) 重资产模式资金压力大

产业地产项目价值链跨度大，前期需要大量资金投入，加之前期策划、土地整理、基础设施建设等周期长，所以整体的资金压力非常大。传统地产开发企业由于拿地成本日益攀升和市场环境逼仄，盈利空间遭到严重侵蚀。地产企业也逐渐意识到重资产模式已不再是园区建设开发的最佳选择，而轻资产模式为其提供了更多选择和方向，产业地产商也纷纷开始摈弃传统"开发、建设、移交"的"重资产"路径，重视和提高园区"轻资产"产业服务、运营服务能力的业务比重，坚持提升"轻资产"服务的核心竞争力，万科、保利地产、世茂房地产等传统房企相继提出"轻资产"发展的战略转型，这也几乎已成为国内各大产业地产开发商公认的未来发展方向。

(四) 缺乏系统有效的产业服务体系

以华夏幸福为代表的产业地产商的崛起，让诸多的传统房企看到了转型发展的新方向，加上住宅用地价格的持续攀升而引发的市场风险加剧，让传统房地产商更加坚定了涉足产业地产的决心。万科、恒大、碧桂园、绿地等房企巨头早已纷纷布局产业地产业务，并取得了一定的发展成绩，为产业地产助力区域产业发展开启了有益探索。随着更多房地产企业的跃跃欲试，产业运营能力缺失，导致产业地产依旧是地产的发展瓶颈尚未有效突破。不可否认，在产业运营能力缺失的情况下，相当一部分房地产企业是冲着产业概念加持下低成本获取土地的目的在推进这项业务。简单的投资开发无法真正为地方经济发展做出长远贡献，也易形成空城、鬼城，造成投资浪费，置企业自身和地方经济于危险之中。

如何发挥房企开发建设能力强的优势，补齐产业招商、创新孵化等产业运营能力短板，真正让产业成为产业地产发展的核心，实现可持续发展是关键所在。补齐产业运营能力的短板有两条路径可选。一条是自建服务能力，学习借鉴张江高科、华夏幸福、宏泰发展等专业产业地产商发展经验，组建专业的产业运营部门，努力集聚一批懂产业、懂园区的专业人才，通过建设运营试点示范项目，强化业务试错和运营实践经验积累，逐渐成长为合格的产业地产商。另一条便是寻求第三方专业的产业运营服务商，通过建立战略合作伙伴关系，以合作成立项目开发运营公司或全权委托运营服务的方式，将产业运营服务交由专业的产业运营商来完成，尽可能地发挥各自优势，以达成快速进入产业地产的发展目标。

第三节 园区建设与产业服务

在园区小镇建设从政府主导走向市场化开发的新时代，以产业地产商为代表的民间力量已成为推动园区小镇繁荣发展的重要动力。然而，无论是政府还是民间力量，在园区小镇快速发展的过程中，皆存在空间载体建设能力强、水平高，产业发展动力弱、水平低，服务配套缺、能力差等发展不均衡现象。纵观全国乃至全球，先进的园区小镇无论是在硬件设施建设，还是软服务环境打造，皆走在行业前列，先进的基础设施和完善的产业服务环境已成为优秀园区的必备。经过多年的实践探索，市场的力量已经在园区空间载体开发建设领域展露无遗，但在产业导入和培育、产业要素聚合、产业服务供给等方面依然乏善可陈。因此，新时代评价一个园区小镇是否优秀，检验一个园区小镇开发运营方是否"名副其实"，必然是从开发建设、综合运营服务两个方面去着手，只有建设和运营"两手都抓、两手都硬"，方能突破现有发展困境，打造出真正符合产业发展需求的园区小镇。

一、从政府主导走向市场化开发

在我国早期的园区开发中，政府一直扮演着园区开发"市场"的绝对主角。政府主导的派出管委会管理模式下，通过垄断的开发运营方式，对园区的资金筹集、土地利用、招商引资等进行统一规划实施，保证园区项目快速启动并尽快达到规模经济。这种模式在园区经济发展初期具有很大的优势与合理性，一是因为园区属于政府土地划拨建设、政府投资开发、政府管理运营，从土地要素到资本投入都需要政府包揽；二是初期园区经济的一大优势就是政策优势，各地政府制定产业扶持政策和招商政策具有一定的灵活性；三是初期园区经济从开发建设到园区运营都没有成熟经验，需要"摸着石头过河"，政府管委会模式亦有着先行先试、试错即纠的必要。

但随着市场要素配置越来越完备、园区开发运营经验越来越成熟，尤其在实施"政府简政放权""发挥市场在资源配置中的关键作用""政府向政服功能转变"等改革不断深化的新形势下，园区开发的政府主导模式不仅不符合市场化发展要求，也不利于行政管理体制改革要求。同时，随着中央政府对地方政府负债以及地方平台公司融资的限制，地方开发建设公司的融资规模受到控制，园区开发面临资金紧张的难题。而在中央政府逐步禁止和取消地方变相的土地优惠和各类补贴、退税之后，各地园区政策的差距逐渐缩小，对于招商资源的竞争愈加激烈；国家创新驱动发展战略实施也使得互联网、新能源、节能环保、新材料、生物技术等新兴产业成为园区发展新的重点，但政府主导模式存在招商机制不灵活、产业集聚和培育新兴产业能力不足等劣势，成为园区经济发展的重要制约。因此，园区要从政府主导转向市场化开发（图3-12），使政府职能回归到行政管理、政策制定、发展调控的本职上去，专业化的园区开发运营机构进入园区建设领域。

在地方政府主导的产业园区建设过程中，一批市场化、专业化运作的国有平台公司勇于探索，在国家出台政策着力盘活存量土地转型发展新兴产业的需求驱动下，成为产业园区开发和运营的新主体之一。这类园区开发商以张江高科、中关村、招商蛇口为代表，在产业园区开发建设上积累了较为丰富的经验，同时具备较强的资金融通、产业招商能力，并积极寻求外延式扩张，努力向周边延伸，不断扩大开发范围，向周边扩张受限的则走出去"圈地"，参与其他地方的产业园区开发建设，目前已经在各地形成一批合作及合资创办的主题园区。例如，中关村发展集团在经营北京中关村示范区，推动东城园、西城园、朝阳园、海淀园等"一区十六园"拓展的同时，不断加强区域合作对外输出中关村园区品牌，目前已经建成了辽宁东戴河新区中关村科技成果产业化基地、南阳中关村科技产业园、南宁·中关村创新示范基地等地方合作园区。

随着标准化厂房、创业大厦、孵化器、产业综合体等产业地产逐步兴起，园区开发已不仅仅是招商引资的载体，产业地产开发和运营本身就成了一种地产业态。越来越多的民营资本开始进入产业地产开发领域，并逐渐培育出一批专业的园区开发商，有些还形成了响亮的品牌，并通过输出品牌、输出管理，影响力与日俱增，如联东集团、华夏幸福基业、天安数码城集团已在珠三角、长三角、环渤海经济圈和成渝经济圈开发运营多个城市产业集群综合体。碧桂园、绿地、万科等一批房地产公司，利用房地产开发与园区开发的业务关联性，以及在土地综合操作方面的既有优势，也纷纷介入园区开发业务。同时，一批实体企业也进入园区开发领域，相对于地产开发商，实体企业在地产开发环节经验不足，但在产业运营方面积累了多年的经验，更了解同类型企业的需求，更有能力培育园区产业。在汽车零部件领域，中国汽车零部件工业总公司依托自身的资源优势，采用集商贸物流、研发检测、生产制造、行业服务、产业投资于一体的模式，先后在昆山、苏州、杭州、保定、九江等地建立了19个产业基地；在医疗器械产业领域，海凭集团凭借其在行业中的领导地位，先后开发建立了湖南麓谷国际医疗器械产业园、海凭国际（辽宁）医疗器械产业园等多个专业产业园，并计划 5 年内在中国核心城市建成"三大基地，十个园区"，培育现代化的医疗器械产业集群。

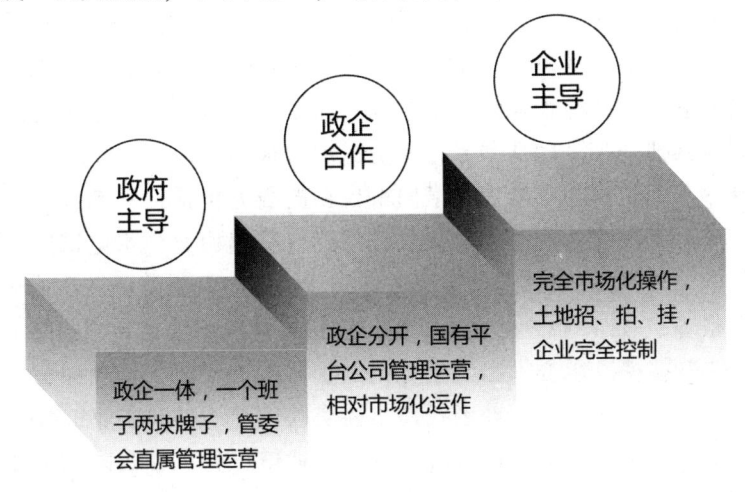

企业主导：完全市场化操作，土地招、拍、挂，企业完全控制

政企合作：政企分开，国有平台公司管理运营，相对市场化运作

政府主导：政企一体，一个班子两块牌子，管委会直属管理运营

图 3-12　园区发展从政府主导走向市场化开发

二、园区发展需"两条腿"走路

园区发展需要开发建设和运营管理"两条腿"，不仅要注重物理空间、现实平台、投资建设等重资产投入，更应该注重包括投融资、技术、市场、人才等产业生态方面的软资产、软资源运营。只有实现重资源导入与轻资产运营的结合，两者协调共进，方能走出产业园区发展的美丽蓝图。

在园区开发建设中应当注重产城融合发展，完善配套设施服务功能。国内园区在土地开发和基础设施建设方面，已经达到了高超的水平。但在配套设施营建方面，为压缩投入成本和风险，一般是针对实际的需要进行建设，建设者没有美好生活这一意识，以至于建成后的产业园区，配套设施往往分散零乱，服务效率低下，不但严重阻碍生产力的发展，而且使得园区丧失对人才的吸引力。随着园区经济的蓬勃发展，产城融合发展的重要性逐渐成为共识，配套服务设施的建设也得到开发者的重视。例如，苏州工业园在开发建设过程中，就借鉴新加坡工业园"需求未到，基础设施先行"的策略，适度超前完成基础设施和公共配套设施建设。苏州工业园不但按照"九通一平"高标准实施基础设施建设，为园区快速发展打下了扎实的基础，而且根据产城融合需求积极兴办学校、科技馆、体育场、邻里中心、社区工作站等公共服务设施，大力发展酒店、旅馆、金融、商业、商务等现代服务业，不断增强社会服务功能，为园区转型升级创造空间。

随着园区经济的深化发展，园区开发已逐渐从孤立的房产开发走向综合的产业开发，从片面的硬环境建设走向全方位的产业培育，已不能单靠"硬环境"获得持续竞争力。在打造一流硬环境的同时，开始重视园区文化氛围、创新机制、产业服务等软环境的建设，提升园区管理运营服务能力。随着产业园区的发展，园区内企业所需要的运营服务逐步深化，已经不仅仅限于行政审批以及其他一些基础性服务，而是提供"横向平台型、纵向产业链"的增值服务，帮助企业降本增效。横向平台型的服务包括针对园区企业和员工的公共服务，其中针对企业的公共服务主要有基础物业（水电供应、网络通信、卫生清洁、会务活动）、政务服务（工商注册、资质认证、政策解读、资助补贴申报等）、法律服务、人力资源、财税会计、培训辅导、公共平台、办公集采、参观接待、承办大型活动等；员工服务主要包括饮食住宿、商旅出行、休闲娱乐、文体健身、养老托幼、社交联谊等。纵向产业链服务包括科技研发、成果转化、融资、销售展会等跨产业链服务。在我国，张江高科较早地在园区开发运营商的基础上提出了系统服务集成商的定位，并以信息化技术为手段，连接园区政府、企业、服务机构、个人之间的信息通道，方便了企业及员工，提高了园区服务的效率和品质。

三、园区发展尚且"一瘸一拐"

当前，传统的工业园区、制造型园区已经不能满足新形势下园区发展的要求，需要向着创新驱动型园区转型发展，园区的运营管理服务也需要从基础性的低端服务向高端专业化服务升级，这就对园区管理运营者提出很高的要求。但在政府主导的园区开发模式下，政府派出的园区管理机构偏重于管理，且由于制度原因，对市场的敏感度较市场化机构要低，也缺乏为园区及入园企业提供所需要的个性化服务的动力，这就为其他社会服务机构通过服务外包的形式来承接这些服务功能形成了空间。然而从我国产业园区的发展现状来看，尚未形成真正有效的市场机制，特别是园区运营管理服务这一块，整个行业尚处于探索市场化阶段，部分细分产业服务如公共技术研发、检验检测等的供给主体仍以政府平台和高校院所为主，虽然近几年出现了一批专业化的园区运营服务商，但尚未形成规模型、标杆型的企业或机构，整体服务水平仍然偏低。政府主导下园区运营管理的市场化服务缺失，严重掣肘园区的可持续发展。

同时，尽管有越来多企业和资本涌入产业园区开发和运营领域，无论是身经百战的国有企业和传统的房地产企业，还是刚刚涉足产业地产的实体企业，在实际发展中仍是困难重重。究其原因，这些新的产业园区开发和运营商虽然拥有一定的产业资源和融资能力,但在前期规划、招商和后期运营环节缺乏经验、能力和人才,导致现阶段园区开发运营有些"徒有其表",在推进园区开发建设的过程中普遍还存在"重资产、轻运营",注重办公楼宇、道路、绿化美化等硬件设施建设,忽略了园区建立的本质和初衷,没有将产业服务、园区运营等软件设施建设能力放在同等重要的位置。更有甚者,一些开发企业仅仅是"低廉拿地增值、商业住宅获利、引资落地分成、招商政府分税、要挟政府让利",而形成了产业园区"建设不关注产业、获利不依靠产业、发展不依赖产业"的怪现象,从而导致了一些产业园区出现"半截子园区""空心园区""鬼城园区"的情况。

我国产业园区不缺乏一流的硬件设施开发,但对于产业、园区和入驻企业来说,重资产的开发建设其实只是完成了园区建设的一个半环,还是没有形成完整的产业发展环境。产业园区的建设目的是通过产业集聚发展拉动地方经济,促进产业结构转型升级,这需要的不仅仅是一个只重视建设的"半环"园区建设工程,而是需要形成空间提供、服务配套、氛围营造的完全"闭环",园区运营服务是其中重要的一环。园区开发必须转变过去"重建设、轻运营"的思路,补齐运营管理服务市场化程度低的短板,以开发建设解决载体问题,以运营服务解决产业落地问题,形成一个完整的产业开发运营生态闭环,是解决当前园区建设运营困境的必然选择。

四、加快推进园区运营管理市场化"时不我待"

资源市场化配置能最大限度地发挥资源效益和效率。经济发展就是要提高资源尤其是稀缺资源的配置效率,以尽可能少的资源投入,生产尽可能多的产品、获得尽可能大的效益。理论与实践都证明,合理的资源配置可以促进有效利用已配置的资源,提高资源利用率、产出率、优质率,改善产业、地区、企业的竞争环境、竞争地位,提高竞争能力与优势,改变资源再分配的流向、流量与资源利用效率。国务院办公厅印发了《关于创新政府配置资源方式的指导意见》,明确了对于适宜由市场化配置的公共资源,要充分发挥市场机制作用,切实遵循价值规律,建立市场竞争优胜劣汰机制,实现资源配置效益最大化和效率最优化。推进产业园区、特色小镇等产业发展载体的管理运营市场化,便是响应这一战略号召的集中体现。

园区小镇市场化运营管理意义重大。在政府主导的园区开发模式下,政府派出的园区管理机构偏重于管理,且由于制度原因,对市场的敏感度较低,缺乏为园区及入园企业提供所需要的个性化服务的动力,导致国内园区始终没有建立起有效的园区运营服务体系。在当下"大众创业、万众创新""供给侧改革""产业转型升级""区域协同创新"等社会经济大背景下，园区要解决产业创新的问题、突破产业创新的窘境，必须依靠产业服务或园区运营服务的支撑，而现有薄弱的服务体系为园区运营市场化提供了广阔的市场空间。当前的园区运营服务普遍存在着运作难度大，服务资源跨行业跨企业壁垒高，整合不易以及盈利能力低，缺乏相应的产业服务链条收益做支撑等困境。园区运营管理市场化是破解这一难题的唯一出路。全社会应共同努力创造良好环境，鼓励更多民间力量参与园区小镇运营管理，逐步替代政府运营产业的职能，实现产业集聚、园区发展的市场化。

第二篇

百舸争流·热潮涌动

改革开放以来,产业发展一直是区域经济增长的动力源泉。随着经济发展进入新常态,全面推进创新驱动,加快发展新兴产业,成为新时代各地经济发展的迫切要求。面对时代发展的新要求,一批行业先行者已在各自的专项领域积极探索,在努力地为园区运营、产业发展、企业成长提供全链条服务,部分领域已初步形成了一批具有行业领导力的龙头企业。在众多实践者的推动下,产业服务正逐步发展成为一个亟待重新定义的全新服务行业。

第四章 产业服务行业大势

第一节 产业服务内涵特征

一、产业服务相关理论基础

从现有产业服务的研究基础及行业属性看,呈现出理论性较弱、实践性较强的发展格局,现有理论体系相对松散,对新时代产业服务体系的研究尚缺乏强关联、直接性、系统性的理论框架的支撑。基于此,有必要从外围关联的已有理论出发,逐步探索建立并夯实产业服务本身的理论基础。

(一)产业集聚相关理论

1. 产业集聚与产业集群

产业集聚(Industrial Agglomeration)是指同一产业在某特定地理区域内高度集中,产业资本要素在空间范围内不断汇聚的过程。产业集群(Industrial Cluster)又称"产业簇群""竞争性集群""波特集群",是指某一行业内的竞争性企业及与其关联的上下游企业、支撑机构等聚集在某特定地域的现象。可见,产业集聚现象只是产业内部企业在空间地理上的集中,企业之间缺乏以产业链、供应链、价值链等链条为纽带的关联性,而产业集群则更强调企业之间内在的关联性,在同一地域空间集中的基础之上,集群内的企业形成了一种类似于生物有机体的产业群落,具有可持续发展的生命力。可见,产业集聚并不等于产业集群,产业集群是在产业集聚的基础上形成的,但并不是所有的产业集聚最终都能发展成产业集群❶。

2. 外部经济理论

外部性概念一般认为最早是由马歇尔(Marshall)提出的,他在1980年发表的《经济学原理》一书中首次提出"外部经济"的概念,他认为,除了土地、劳动和资本这三种生产要素之外,还有第四种生产要素——"工业组

---

❶ 丁静秋. 中部六省生产性服务业集聚水平测度及影响因素研究 [D]. 太原:中北大学,2013:12-13.

织"。在该书中马歇尔使用了"内部经济"和"外部经济"两个概念来说明该种要素。马歇尔指出："我们可以把因任何一种货物的生产规模之扩大而发生的经济分为两类：第一是有赖于这工业的一般发达的经济；第二是有赖于从事这工业的个别企业的资源、组织和效率的经济。我们可称前者为外部经济，后者为内部经济。"❶ 马歇尔认为，外部经济正是产业集聚的根本动因，通过更深层次的剖析，产业集聚形成的主要原因主要有三个：一是劳动力市场的共享，集聚后可以减少因人员流动带来的信息不对称并降低企业成本；二是关联性企业，集聚能够使得中间产品种类多样、成本下降；三是技术外溢，集聚能够促进创新。

3. 增长极理论

法国经济学家弗朗索瓦·佩鲁（F·Perroux）最早于1950年提出以"增长极"为标志的不平衡增长理论。在他看来，经济增长是在不同部门、行业或地区，按照不同速度不平衡增长的，经济增长首先出现和集中在具有创新能力的行业，这些具有创新能力的行业常常在空间的某些点上集聚，于是形成了增长中心或增长极。佩鲁认为，增长极的形成至少应该具备以下三个条件：一是在一个地区内存在着具有创新能力的企业群体和企业家群体。因为少数有冒险精神、勇于革新的企业家的创新活动是经济发展的重要动力；二是必须具有规模经济效益，增长极地区除了创新能力及其主体外，还需要一定规模的技术、资本和人才储备；三是要有适宜经济发展的外部环境，主要包括完善的基础设施条件、适当的政策引导以及良好的市场环境❷。增长极理论较好地解释了区域经济与产业集聚的关系，后被发展为空间集聚理论，保德威尔认为，增长极是位于城市内的一组产业，通过影响周边地区进而推动区域内经济的发展。

4. 竞争优势理论

迈克尔·波特（M. E. Porter）是竞争优势理论的代表性人物，他将竞争力内涵引入产业集聚经济的研究中，并正式提出了"产业集群"的概念。波特认为，产业集群竞争力的形成及其竞争优势的发挥是核心内容。他提出了"钻石模型"，强调竞争优势的决定因素包括生产要素条件、需求条件、相关及支持产业、公司的战略、组织以及竞争；两种外部力量是随机事件和政府。波特认为，在与五种竞争力量的抗争中，蕴含着三类成功型战略思想，即总成本领先战略、差异化战略和专一化战略。在形成产业集群方面，波特认为，

---

❶ 马歇尔. 经济学原理（上卷）[M]. 北京：商务印书馆，1997：279—280.
❷ 褚淑贞，孙春梅. 增长极理论及其应用研究综述 [J]. 经济研究，2011（1）：4—7.

保护会延缓产业竞争优势的形成，使企业停留在缺乏竞争的状态。

（二）产业生态相关理论

1. 生命周期理论

生命周期（Life Cycle）的概念应用很广泛，特别是在经济、政治、技术、环境、社会等领域经常出现，其基本含义可以简单地理解为"从摇篮到坟墓"的整个过程。在此概念基础上，许多研究企业管理的学者提出了企业全生命周期理论的概念——企业全生命周期理论是通过生物类比方法研究企业成长的理念。Greiner（1972）提出企业成长的五阶段论，他认为企业成长过程中演变和变革交替进行❶。爱迪生（1989）指出任何一个系统都有生命周期，企业也是一样，都会出现出生、长大、衰老和死亡的过程。国内一些学者也对生命周期开展了研究，如单文和韩福荣（2002）等探讨了企业生命周期问题❷。

2. 产业生态理论

产业生态理论的基本思想与自然生态系统相类似，产业生态系统各个企业和产业各司其职，分别承担生产者、消费者、分解者等不同的角色，由企业物种、产业种群、产业集群、产业系统等形成不同的层次，具有自然生态系统"共生互惠、协同竞争、领域共占、结网群居"等特点，企业之间、产业之间、产业和环境之间存在着相互联系、相互依存、相互作用的关系，并进行特定的物质、能量和信息流的交换。生态产业理论强调物质能量的循环流动，产业生态系统内不同企业和产业占据着不同的生态位，形成了类似自然生态系统的生态链，使资源在产业系统内得到循环利用，减少废物排放，降低产业活动对环境的污染和破坏，实现产业系统与生态系统的良性循环和可持续发展❸。

（三）产业创新相关理论

1. 技术创新理论

技术创新理论首次由美籍奥地利经济学家熊彼特（Joseph A. Schumpter）于1912年提出。熊彼特认为，所谓创新就是要"建立一种新的生产函数"，即"生产要素的重新组合"，就是要把一种从来没有的关于生产要素和生产条件的"新组合"引进生产体系中去，以实现对生产要素或生产条件的"新组

---

❶ 金明. 基于汽车产业的生态圈研究 [D]. 济南：山东师范大学, 2012：11-18.
❷ 单文, 韩福荣. 三维空间企业生命周期模型 [J]. 北京工业大学学报, 2002（1）：117-120.
❸ 杨西春. 基于产业生态理论的技术创新联盟研究 [J]. 人民论坛, 2015（1）：86-89.

合"❶。创新一般包括五个方面的内容：制造新的产品、采用新的生产方法、开辟新的市场、获得新的供应商、形成新的组织形式。创新并不仅仅是某项单纯技术或工艺发明，而是一种不停运转的机制，只有引入生产实际中的发现与发明，并对原有生产体系产生震荡效应才是创新。

2. 创新系统理论

弗里曼（Freeman）1987年首次提出国家创新系统概念，他通过研究日本企业技术创新发现，日本在技术落后时，以技术创新为主导，并充分利用创新过程中企业外部和企业之间的组织、制度因素。几十年时间就成功让日本的经济出现了强劲的发展势头，成为工业化大国。弗里曼指出，人类发展史上，技术领先国家从英国到德国、美国，再到日本，技术创新、制度、组织的创新导致了这种追赶和跨越，是一种国家创新系统演变的结果。国家创新系统被弗里曼定义为"一个主权国家内的公共部门和私人部门中各种机构组成的网络，这些机构的活动和相互作用促进了新科技和组织模式的开发、引进和扩散"❷。

（四）服务发展相关理论

1. 产业分工理论

亚当·斯密（Adam Smith）1776年在《国富论》中首次提出"劳动分工"概念，此概念包括发生在企业内部以及企业间的。亚当·斯密认为，社会分工带来的专业化可以提升生产效率，是促进创新、技术进步和报酬递增的源泉❸。社会分工是经济发展的原因，也是结果，在该因果累积过程中会出现规模报酬递增机制。社会分工和专业化引起了经济进步和发展，因此分工理论可以用来解释和比较不同模式的生产效率是可信的。随着市场的不断扩大以及社会分工的不断细化，企业为了提高生产效率和竞争力，不断将专业化部门剥离，独立发展成新的职能部门或企业。

2. 交易成本理论

英国经济学家罗纳德·哈里·科斯（R. H. Coase）在1937年提出交易成本理论，指的是在一定的社会关系中，人与人自愿进行合作并达成交易所需要支付的成本，即"人—人"关系成本。从本质上讲，只要人与人之间存在交易活动，就会发生交易成本，包括信息搜寻、谈判、缔约、监督等成本投

---

❶ 李颖. 要素替代效应下中国金融深化对技术进步的影响研究 [D]. 长沙：湖南大学，2009.
❷ 黄琳. 我国区域创新系统创新绩效评价分析 [D]. 泉州：华侨大学，2009：4.
❸ 丁静秋. 中部六省生产性服务业集聚水平测度及影响因素研究 [D]. 太原：中北大学，2013：12-13.

入,以及可能产生的违约成本❶。根据在企业内外部完成交易的不同,可以将交易成本分为内部交易成本和外部交易成本。科斯认为,当某项业务的外部交易成本高于内部交易成本时,该项业务应在企业内部完成,即企业存在的原因;而但内部交易成本大于外部交易成本时,企业应选择业务外包,即通过市场完成这项业务。

3. 服务外包理论

外包是指,企业为专注于内部具有核心竞争力的业务,寻求长远发展,将内部一些非核心的、辅助性的功能或业务交由外部市场上更加专业、更有效率的服务机构来负责,以达到降低成本、提升效率,进而增强企业竞争力的目的。随着服务外包理念的发展,结合比较优势理论,其定义得到大幅扩展:只要是外部服务机构可以将企业内部的功能或业务做得更便宜、更有效率,企业就应该将工作交由外部服务机构完成;反之,如果某项业务企业自身来做能够比外部服务机构更节省成本且效率更高,那就应该由企业自己完成❷。服务外包已成为一种趋势,将是促进产业服务行业快速发展的一个重要原因。

二、产业服务行业内涵及定义

(一) 产业服务内涵

产业服务这一概念是适应产业转型升级需求而诞生的产物,是产业园区、特色小镇等产业发展空间载体内,为产业和企业发展提供相关服务的业态的集成,相比于其他现代服务业,其拥有较为明显的行业内涵特征。

首先,产业服务需有助于产业园区内产业的转型升级。从竞争理论来看,在工业化中后期阶段,企业间竞争已经变为产业链之间的竞争和产业生态系统之间的竞争。新兴产业创新能力的提升,不仅取决于创新链的优势特色及与之匹配的服务链发展水平和服务能力,更取决于创新链与服务链的融合程度与协同效应❸。郭怀英❹提出,制造业价值链上关键服务环节缺失是目前中国产业结构升级的主要症结所在。伴随着中国在世界上经济势能的变化,产业园区也伴随着产业竞争的变化向高质量发展转型升级,生产性服务业对产

---

❶ Ronald Coase. The Nature of the Firm [J]. Economics, 1937 (4): 387-391.

❷ 郭丽娟. 我国生产性服务业的地区发展差异及影响因素分析 [D]. 杭州:浙江工商大学, 2010: 11-21.

❸ 梁学成. 服务价值链视角下的服务业多元化发展路径探究 [J]. 中国软科学, 2016.6.

❹ 郭怀英. "十二五"大力发展生产性服务业的思路与策略 [J]. 中国科学院院刊, 2010, 25 (4): 368-372.

业链的整合成为其中关键一环。佟明亮❶认为，生产性服务业与产业园区内产品研发、原料采购、仓储运输、生产制造、订单处理、批发经营、零售整个产业链每个环节都存在不同程度的联系，是产业园区产业链上最核心、最关键的环节。生产性服务业可以推动产业园区产业链的优化整合，在其中扮演"黏合剂""润滑剂"的作用，使产业园区产业链的各个环节间的联系变得更加顺畅而紧密，加速产品迭代，提升生产效率。

其次，产业服务业需要有助于产业园区向产城融合方向转型。毕晓嘉等❷指出，在过去长期的发展过程中，我国产业园区普遍存在工业与服务业分离、产业与城市分离、园区与主城市分离等多个层面上"二元对立"的问题，已经不能适应产业转型升级和产城融合发展的要求，急需服务业进行整合和集聚，尤其是生产性服务业的集聚，来促进工业园区转型升级。同时，生产性服务业尤其是技术型高端生产服务业本身对生活服务及公共服务同样存在需求，根据"豪布斯卡（HOPSCA）"原则，成熟的生产性服务业集聚区须具备"宾馆、商务楼、停车场、商场、聚会场所、公寓楼"六大元素，产业园区本身需要通过形态营造和功能整合，提升区域内的服务业能级，最终形成知识、信息、资本、人才的集聚。

最后，产业服务业需要有助于产业园区转变自身发展模式。产业园区本身也需要摆脱依靠土地红利的开发运营模式，从"租赁型""卖地型"向"管理型""投资型"转变，由单纯的土地运营向综合的"产业开发"和"氛围培育"转变。发展生产性服务业为主的服务经济也是集聚产业、人才的重要手段。

（二）产业服务定义

目前，产业服务行业尚无普遍公认、完整统一的定义。已有提法概括起来主要基于两个视角：

一是基于产业属性的视角。李继凯❸认为，产业服务行业是以产业为服务对象，以产业发展为服务目标的一种服务业态。其与传统的生产性服务业、生活性服务业有着较大不同，因为生产仅是产业发展的一个环节或是一个步骤，而生活也只是以人们生活为服务对象的一个行业种类；产业服务行业亦

---

❶ 佟明亮. 基于产业链整合的产业园区生产性服务业发展研究 [J]. 学习与探索，2015（3）：114-117.

❷ 毕晓嘉，赵四东，孙祥龙，龙洁，贺仁飞. 从"二元分离"到"有机集中"——产业园区转型升级过程中的服务业发展对策研究 [J]. 现代城市研究，2016（12）：92-97.

❸ 王晶晶. 产业服务业将是经济发展主驱动力——访东亚智库首席经济学家、北京东亚汇智经济咨询中心主任李继凯 [EB/OL]. （2018-01-08）[2018-9-20]. http://www.cet.com.cn/ycpd/sdyd/1997384.shtml.

与高技术服务业不同，高技术服务业是基于高端技术的转化、孵化、培育的一种服务业分类。

二是基于服务功能的视角。产业服务能力被视为华夏幸福产业新城业务发展能力中的核心竞争力，华夏幸福为企业提供产业规划、全球资源、选址服务、行业圈层、金融支持、专业载体、一揽子政策、全程服务共八项产业服务。但通过盈利模式解读，不难发现，华夏幸福所提供的"产业发展服务"实为招商引资服务，该公司拥有一支千人数量级的招商团队，招商佣金高达新增落地投资金额的45%；北科建集团认为，产业服务是以产业发展要素资源的集聚整合为核心，以搭建产业创新发展平台为手段，以促进高新技术产业发展为目标，以专业服务与综合服务相结合的立体多维的产业增值服务，其特色产业服务体系由资本服务、技术服务、人才服务、市场服务、政策服务和中介服务六个方面构成。

基于产业服务业态的发展现状和前人的实践总结，结合我们对产业服务行业的理解，我们认为：产业服务业是指在特定的产业空间载体内，以促进产业高质量发展和空间高水平运营管理为目标，面向载体拥有方、产业组织、企业、企业员工等特定对象，提供的一系列专业服务的总称。产业服务业是一个覆盖面广、专业性强、服务门类多的综合型服务行业，不仅包含了部分生产性服务业、高技术服务业、科技服务业，还涵盖了部分特定区域的生活性服务业、公共服务业等多种业态。产业服务通过帮助产业空间载体弥补其自身的功能不足，协助开展人才、技术、资金、信息、物流等产业和企业发展要素的汇集，帮助产业空间内和企业中的人优化工作生活环境，在这个过程中实现其自身存在的价值和商业回报。

三、产业服务供给侧分析

纵观产业服务行业的孕育和发展历程，过去政府是产业服务的主要提供者，随着服务业市场化步伐的不断迈进，更多社会机构、民营企业开始加入产业服务的队伍当中，极大地推动了产业服务生态的构建和升级。由此，政府的职能开始逐步向管理回归，政企分工协作是当前产业服务供给格局的主要特征。目前产业服务的供给主体主要包括以下几类：

(一) 政府职能部门

我国正处在社会主义市场经济建设和产业转型升级的历史进程中，在资源配置和服务供给中"市场失灵"现象时有发生[1]，为了弥补这一不足，政府在产业发展过程中依然扮演了重要角色。一方面，从产业自身发展来看，政府的有效干预、引导和推动不可或缺，尤其是在新兴产业的形成与发展过程中，更离不开政府的政策扶持和服务。另一方面，产业服务涉及面广，很多细分领域尚不具备自我造血能力，市场竞争环境恶劣，极大地制约了市场服务主体的发展，而服务的不可或缺性促使政府担负起服务供给的重任。随着政府体制和服务市场化改革的不断深入，为应对政府提供产业服务的低效率及公众对政府"花钱更少、做得更好"的要求，一大部分专业服务逐渐以"服务外包"的形式，由更有效率的企业或社会组织来提供。政府从服务的直接生产者转变为出资人和监督者，极大地优化了政府职能化和服务效率。但是不可忽视的是，在服务外包的过程中，有些服务领域并不容易引入和促进竞争，存在着明显的"供给方缺陷"[2]，政府依然需要坚守在服务的第一线。

(二) 专业服务供应商

1. 细分服务供应商

随着产业价值链分工深入企业内部，不同工序或阶段的可分性促使价值环节分离[3]。各价值环节的活动既可由企业自己内部供给，也可通过市场购买（外包）。一些相对专业、共性的环节（如人力资源、法律咨询等）逐渐从企业内脱离出来，由此诞生了众多细分的专业服务业态，同时催生了一批专职提供此类服务的第三方专业服务公司。他们专攻某一细分服务领域（如人员招聘、研发设计、检验检测、创业孵化等），把服务做精、做深，以体现其专长和特色。同时，在产业服务专业化发展进程中，通过向服务价值链的渗透和重组，形成了一批垂直整合了服务链前后端的行业服务龙头企业。典型代表如前程无忧，提供包括招聘猎头、培训测评和人事外包在内的全方位专业人力资源服务，成为第一个在美国纳斯达克上市的中国人力资源服务企业。专业服务公司作为新兴的产业服务供给主体，利用其自身机制的自主性、灵活性，在产业服务供给方面发挥了重要作用；其快速发展壮大，不仅增强了服务的有效供给能力，也提升了资源配置效率。

2. 平台型服务供应商

随着服务分工的不断细化，外部提供专业服务的市场组织快速增加，在

---

[1] 俞晓晶. 产业发展的中国经验：政府—产业—国民经济的发展范式研究 [J]. 社会科学, 2012 (12)：53-61.

[2] 申亮, 王玉燕. 公共服务外包的协作机制研究：一个演化博弈分析 [J]. 管理评论, 2017, 29 (3)：219-230.

[3] 潘明韬. 跨国公司价值活动垂直分解和重组研究 [D]. 武汉：华中科技大学, 2012.

一定程度上极大地提升了服务效率和品质。但是分工越复杂，信息不对称程度越大，这就推高了企业筛选和获取服务的时间成本、信息交流沟通成本❶。特别是对众多的科技型中小企业而言，受到资源获得及配置等方面能力的限制，逐一寻求细分领域的专业服务供应商，在某种程度上极大地推高了企业的成本。平台型服务供应商由此产生，它们以提供全方位、一站式服务为目标，整合多个相关行业的服务资源，形成一个价格可比选、服务可组合、品质有监管的综合性服务平台，大大降低企业获取外部服务的难度。现有的平台型服务供应商可以简单地划分为三大类。

第一类是专业的产业地产商，浸淫产业地产领域多年，其在产业服务方面也取得了良好成绩。典型代表如天安数码城，通过提出并打造"城市产业综合体"，为入驻其中的企业提供了人才、资本、技术、信息、市场、商务、政策等增值性服务，建立产业配套服务体系。再比如清华科技园，其首创"孵化器+创业导师+风险投资"的创业孵化服务体系，入驻清华科技园的企业可以得到物业、商务配套、网络通信、文化生活等基础服务，以及政策支持、技术转移、投融资、人力资源等增值服务❷。

第二类是互联网平台型产业服务供应商，依托互联网技术打造集成多项产业服务的供给平台。典型代表如服务众包平台猪八戒网，服务交易品类涵盖创意设计、网站建设、网络营销、文案策划、生活服务等多种行业，2011年获得IDG投资并被评选为中国2011年度"最佳商业模式十强"企业。再比如企办（北京企办信息技术有限公司），致力于为产业园区、商业地产、众创空间、商协会提供领先的互联网+综合企业服务平台建设与运营服务的企业办公服务，通过云服务、云招商、云管理、大数据、企办办公、物业管理、门禁访客等一系列顶层设计产品，连接人，连接端，连接内外，构建机构全方位企业服务生态体系。

第三类是企业内部平台型产业服务供应商，更多依靠企业自身的行业资源积累打造服务平台，为自身核心业务产业链上下游企业提供一站式、综合性产业服务。典型代表如世界家电"巨头"海尔创办海尔创业加速平台，下设创客学院、创客工厂、创客服务、创客金融和创客基地5个子平台，为创业小微企业提供低成本、便利化和全要素的开放式综合创业服务；腾讯创业服务平台，集合各类创业服务商的资源，将行政、研发、融资、营销、人力

---

❶ 孙雪. 服务业分工演进的困境与服务外包组织模式的兴起 [J]. 哈尔滨商业大学学报（社会科学版），2010（6）：45-49.

❷ 史秋实. 清华科技园：打造创新服务体系鲜活样本 [N]. 中国高新技术产业导报，2009-12-28（8）.

等基础领域在内的 11 类 1200 多项能够扶助创业项目快速成长的服务打包到一起,为创业者提供一站式、高品质的创业服务。此外,阿里巴巴、京东、华润等企业均已成立产业服务的平台。

(三) 非政府组织

1. 高校、科研院所等机构

创新是产业发展的第一源动力,高校和科研院所作为创新能力的源头,是产业创新发展的重要推动者,是企业技术创新的重要合作伙伴,是产业服务中创新服务的重要供给者,驱动产业创新发展的前沿理论和尖端技术基本上来源于此。高校院所通过与企业共建高新技术公共服务平台等方式,促进创新要素集聚,为各类创新主体提供研发设计、知识产权、检验检测认证、创业孵化、成果转移转化等创新服务。典型代表如清华大学长三角研究院,以清华大学科技、人才为依托,立足浙江,面向长三角地区经济社会发展需求,提供科技创新、技术服务、人才培养、高新技术产业化等服务,是实行企业化管理的事业单位。

2. 产业联盟、行业协会等社会组织

在非政府组织提供服务的队伍中,除了高校院所等机构外,还存在以产业联盟、科技创新联盟、行业协会等为代表的行业性社会组织,它们以自组织的形式,自愿向行业内相关企业提供服务。非政府组织不以营利为目的,在自愿、联合、共享、互助的基础上充分发挥桥梁纽带作用,通过市场途径将大量的市场信息、制度规范等非实物公共产品和服务提供给企业,并逐渐成为未来我国产业服务的重要供给主体❶。典型代表如深圳市产业园区发展促进会,由 120 家园区、创客空间、投资机构和科技服务机构发起成立,服务功能涉及园区招商、项目策划、项目运营、论证评估、市场分析、营销策划、信贷融资、企业管理咨询、知识产权规划、法律咨询、企业内部培训、企业文化建设、企业供应链建设、企业战略、互联网+、人才战略、前沿新领域等方面。

四、产业服务对象解读

(一) 产业空间载体拥有方

各种类型的产业园、特色小镇、双创空间等空间载体,为企业提供了办公和经营场所,是产业发展的主阵地,也是产业服务的主要落地场景。空间

---

❶ 谢立群. 农村公共产品供给主体多元化分析 [J]. 管理与财富, 2009 (9): 106-107.

载体的开发建设解决了空间从无到有的问题,空间的运营管理则是实现空间利用价值的关键所在。无论是开发建设,还是运营管理都离不开相应的服务。产业空间载体的开发建设既有政府,也有企业、产业地产商等社会力量,一方面它们本身是产业服务的提供者,另一方面它们也是产业服务的消费者。政府需要社会服务机构来分担或替代部分产业服务职能,以此提升自身的服务效率;而社会力量需要在部分专业环节引入专业服务商,进而弥补自身能力不足的问题。由此可见,产业空间载体拥有方具有双重属性,既是产业服务的生产者,也是产业服务的消费者。

(二) 产业组织

随着社会分工从企业内部分工拓展到企业间分工和产业间分工,产业价值链也在不断地分解,企业数量的增加进一步提速,产业集群效应日益凸显。专业化分工导致技术进步,技术进步产生规模报酬递增,由此促进收益的快速增长。而进一步的分工依赖市场的不断扩大,尤其是单个产品和环节的市场。专业化分工的核心问题是分工所带来的收益与分工所增加的交易费用之间的取舍❶,而共性服务的外包,可以促进交易费用的降低。由此可见,专业化分工为集群经济的发展创造了条件,而内部服务配套的完善程度则成为影响产业集群自我成长的重要砝码。产业服务可以帮助集群形成完善的内部服务生态,促进集群内企业交易费用的降低,进而对产业集群形成和发展产生正向促进作用。

从产业发展的趋势来看,新兴产业和高新技术产业是区域竞争的核心领域,其产业链更显精细复杂,企业规模普遍较小、科技含量占比很高。新兴产业和高新技术产业发展更依赖外部环境,需要产业要素资源的快速流动,需要外部服务的导入来降低企业运营费用。由此可见,产业服务对产业集群具有重要价值,产业组织是产业服务的核心需求方,而新兴产业和高新技术产业的需求尤为强烈。

(三) 企业

企业是产业发展和科技创新的主体。企业成长外在表现为主要业务快速扩张,随着主营业务量的增加,企业需要重新对有限资源进行优化配置,非主营业务的服务活动外包成为重要选择。服务外包使得企业能够重新定位其组织架构,使得企业能集中配置主要资源于相对优势的领域❷。产业服

---

❶ 周师迅. 专业化分工对生产性服务业发展的驱动效应 [J]. 上海经济研究, 2013 (6): 94-101.
❷ 金鑫. 现代企业服务外包决策研究——基于厦门区域优势的分析 [D]. 泉州: 华侨大学, 2014.

务可以满足企业对非主营业务外包的需求,对企业快速发展壮大具有重要推动作用。

随着创新创业战略的加速推进,中小企业尤其是科技型中小企业,正成为产业发展最有活力的群体。受制于企业自身规模和外部环境压力,中小企业通常高度聚焦核心业务和产品,对非核心业务外包需求非常强烈。对于科技型中小企业而言,不仅是非核心业务,其在核心产品的创新、研发、推广、融资、人才等环节,也需要外部资源的支持,这就为产业服务的发展创造了巨大空间。

(四)企业员工

人才正成为当下一个区域、产业、企业发展的最大推动力量。随着人才重要性的不断增加,吸引和留住各类人才正成为区域、产业和企业关注的热点。影响人才集聚的因素有很多种,其中高品质的办公环境和完善的生活服务配套,正成为影响人才流动的一个非常重要的外部因素。企业作为人才使用的主体,其在人才引培方面需要外部服务机构的助力;政府作为高端人才引进和公共服务配套的供给者,需要外部服务机构的协助。因此,企业员工亦成为产业服务的一个重要微观对象,帮助企业、政府等引进和留住人才,协同政府、企业和产业空间载体拥有方打造完善的生活配套环境,也是产业服务供应商业务发展的重要方向。

五、产业服务行业发展意义

产业服务行业是一个新兴的、专业的、综合的行业,其服务对象和服务提供主体均是多元的,其快速发展有赖于最先进的服务技术、服务方式和服务理念,对产业园区转型升级、产业创新发展都有直接的推动作用,对促进区域经济发展不可或缺。

(一)促进传统产业的结构调整、升级转型

在经济新常态下,加快推动传统产业转型升级,与积极发展新兴产业一道,成为推动社会经济高质量发展的重要抓手。而传统产业升级转型不是单纯淘汰一些夕阳产业,而是通过新一代技术手段升级产业水平,通过产业融合发展调整产业结构,创新发展传统产业,进一步挖掘传统产业的潜力和价值,使之成为某些新兴产业的基础和支撑条件。产业服务不仅仅赋能于新兴产业,对传统产业也有很强的推动作用,产业服务行业可通过引入新理念、新技术、新业态、新模式等手段,转型升级传统产业产能结构,对传统产业的升级有促进和拉动效应。

(二) 促进新兴产业的孵化、培育与壮大

新兴产业发展是推动社会经济高质量发展的重要力量,同样也是经济增长的新引擎,而新兴产业的发展需要创新的思维和理念,不仅仅针对技术的创新,更多需要对产业发展相关服务的创新和变革。特别是现阶段,新兴产业、新的动能由于产业政策、产业标准、产业模式、产业投资等方面尚不健全、完善,必须通过科技成果转化服务、产业技术平台建设服务、产业投融资服务等多种产业服务促进发展要素聚集与模式的成熟❶。所以,尽管新兴产业从国家层面、社会认知、技术研发等角度都出现了比较向好的发展势头,但还是存在一些问题需要通过创新的服务体系予以解决和改善。

(三) 促进新旧动能的互促、融合与壮大

我国各级政府都要加快推进新旧动能转换重大工程,特别是随着现代服务业在整个国民经济中的地位和作用不断提升,已成为新旧动能转换的"主引擎"和"助推器"。无论是传统动能、产业、产能的升级,还是新动能、产业、技术的孵化培育,都不能相互分离、分割、分散,更多的是融合发展、协同合作的过程,产业服务可以促进新动能对传统动能的作用与影响,同时又促进新动能的快速发展与壮大,从而实现新旧动能的相互作用、相互促进发展。

(四) 促进产业多层次融合协同发展

当前,产业发展已经进入资源互联、要素互通、发展协同新阶段。任何一个区域、任何一个产业、任何一个企业、任何一个产品,都与多产业间协同、区域之间协同、全球资源供应与市场需求协同密不可分。而单一指望一个企业、一个区域达到这种全球互通互联是无法实现的,而产业服务则可把这种愿望变成现实,通过产业服务体系集聚多产业、多层次、多领域、多方面的资源和要素,借助创新的服务理念和模式助推传统产业和新兴产业实现全链条资源整合的新时代发展态势。

(五) 促进产业与市场趋势需求、供应的对接

目前,市场需求与产业发展潮流快速变化,只有准确地预判发展趋势,前瞻布局趋势需求,进而去满足市场需求、设计市场需求、引领市场需求,才能牢牢抓住产业发展的主动权与市场需求变化的先机。产业服务恰恰对把

---

❶ 王晶晶. 产业服务业将是经济发展主驱动力——访东亚智库首席经济学家、北京东亚汇智经济咨询中心主任李继凯 [EB/OL]. (2018-01-08) [2018-9-20]. http://www.cet.com.cn/ycpd/sdyd/1997384.shtml.

握趋势、创新趋势、创造趋势具有重要的功能，更多从市场化运作和发展的角度去思考和创新，迭代和强化产业服务的内容和理念，从而使产业服务完美匹配市场需求现状，对接市场趋势需求与供给。

第二节 产业服务行业的界定

一、产业服务界定的实践探索

随着国内园区小镇建设的提速升级，创新创业热潮的全面兴起、战略性新兴产业的快速成长、供给侧结构性改革的不断深化，产业服务的重要性也日渐凸显。但由于产业服务的内涵比较丰富，目前专家学者、行业内企业等各方，尚未就产业服务构成的界定达成统一共识，这不仅阻碍了理论领域的深入发展，而且也给企业实践带来了诸多障碍。为此，部分学者和企业已开始探索打开产业服务的黑箱，尝试划定产业服务的构成，并取得了一些良好的理论和实践成果。经过搜索和整理，不难发现，参与各方对产业服务的界定，不仅存在较大的差异性，同时也存在一定的片面性和主观性。究其原因，更多的是在于各方研究视角、所处立场和实践应用场景的不同，影响了其对构成产业服务的细分领域的划定和延展。

专家学者的划分更偏向体系化、链条化，所构成的细分领域尺度更大、业态更多，有些细分领域还能被进一步细化，反映出了产业服务构成的广度和丰度。譬如，李继凯提到的科技服务业，高晓伟提到的孵化服务、物流服务等，皆是一个自成体系的大服务行业。此外，两者对产业服务细分领域的划分既有相同的部分也有不同的地方，比如皆把金融服务业、咨询服务业、培训服务业等划归其中，体现了他们对产业服务共性的认识。而其他服务业态的不同，又反映出了不同学者之间的认知差异。李继凯更多从研究层面去思考和提炼的服务内容，没有针对具体的空间载体和发展空间，从产业发展全服务链层面去理论性提出业务构成，而高晓伟则是从产业园区等空间载体以及企业发展等实际需求角度，去构建其产业服务业务体系。产业服务边界划定的典型案例见表4-1。

表 4-1　产业服务边界划定的典型案例

划定视角	典型代表	业务构成
专家学者	李继凯（东北亚开发研究院）	产业战略咨询业、科技服务业、金融服务业、产业创意设计业、咨询培训业
	高晓伟（易居企业集团合伙人、浙江大学特聘教授）	融资性服务、咨询服务、培训服务、信息服务、政府关系服务、孵化性服务、知识服务、媒体服务、网络通信服务、物流服务、人力资源、软件和服务业外包
产业园区运营者	中关村软件园	产业环境、国际交流、数字园区、产业联盟、产业政策、中介服务、孵化服务、培训中心、科技金融
	中关村和谷创新产业园	生活服务、金融服务、物业服务、商务配套、政企服务、智库平台、政策支持、众创孵化
	长沙软件园	专业技术服务、公共服务、人才服务、投融资服务、商务配套
	武汉高科医疗器械园	投资服务、担保服务、技术与资金对接服务
产业地产商	华夏幸福	产业研究、全球招商、选址服务、圈层营销、资本驱动、产业载体、政策支持、企业服务
	北科建集团	资本服务、技术服务、人才服务、市场服务、政策服务、中介服务
	北京昌平科技园发展有限公司	商务服务、智慧政申、技术创新、科技金融、国际交流和人才关爱

资料来源：公开资料收集整理

来自产业园区开发方和管理方的划分，代表了一部分产业服务一线供给者的思考和实践。纵观中关村软件园、中关村和谷创新产业园、长沙软件园、武汉高科医疗器械园等产业园区运营者提出的产业服务体系，都是以促进各自园区产业发展为主要目的，围绕园区内企业实际需求出发，结合自身可提供服务的实际能力，所构建起来的可落地操作的服务体系，它是每个园区管理方自身服务能力和业务发展方向的集中体现。同时，华夏幸福、北科建集团、北京昌平科技园发展有限公司等产业地产商，它们也都从各自发展立场和服务视角出发，提出了自有的产业服务体系，产业服务体系构成各有侧重。华夏幸福的产业服务内容突出了对产业导入服务的特性，建立了从产业研究规划、产业招商、创业孵化、企业服务等链条化的服务体系；北科建集团和北京昌平科技园发展有限公司更多是体现了自己的专长，代表了企业参与产业服务的这一种业务发展思路。这两种服务划分方式得到的产业服务内容构成，具有明显的服务局限性和认知片面性，只有融合多个不同园区的服务内容，才有望得到园区运营方视角的产业服务内容构成全景。

随着产业服务对园区小镇建设运营和产业创新发展重要性的不断凸显，加快明确产业服务的边界范围并达成行业共识，有利于引导更多社会力量参与产业服务体系的构建，推动产业服务行业的系统化、规范化、集成化发展，才能更好地服务于产业创新发展，服务于园区小镇建设运营，服务于企业成长壮大。

二、产业服务的核心与外延

企业既是产业发展的主体，也是科技创新的主体，产业园区和特色小镇最核心的是产业发展。由此可见，服务园区小镇建设运营、服务产业创新发展的产业服务，其本质上是服务企业成长和创新，而企业成长和创新归根结底在于人才。因此，产业服务的核心是帮助企业解决发展过程中面临的各种困难，外延是满足企业的员工日常工作所需要的基本生活需求。由此，可以把产业服务作狭义和广义之分，将直接服务于产业发展的细分领域所构成的部分称为狭义的产业服务行业，而把增加了通过服务于空间、服务于人，进而转化为服务于产业发展的细分领域称为广义的产业服务。

狭义的产业服务主要包括产业研究及规划、产业招商、创业孵化、产业投融资、科技成果转化、产业公共（技术）服务、企业商务服务等为产业发展、企业成长提供专业服务的细分领域，其服务的核心目的是帮助企业解决发展中面临的核心难题。广义的产业服务在上述细分领域的基础上，进一步补充针对园区小镇等产业空间载体的智慧园区规划、园区空间设计、园区管理服务、品牌服务等，以及主要针对企业员工的商业及生活配套服务等细分领域，其服务的核心目的是提升园区管理服务水平、降低企业日常经营成本、增强企业员工稳定性等，本质上是进一步解决了企业发展的后顾之忧，即通过服务于产业空间及空间内的人，进而促进企业成长和产业发展。

只有厘清产业服务的核心部分与外延部分，才能进一步加深对产业服务行业的理解和认识，才能有望达成更多的行业共识，进而促进产业服务行业快速发展。当然，随着产业的不断创新发展、园区小镇建设水平的不断提升，产业服务的核心与外延也会随之发生新的变化。相信在产业服务行业不断探索与实践的过程中，随着行业内各方认知的进一步加深，大家对产业服务核心与外延的认知必将进一步清晰化，产业服务满足产业、企业、产业空间、空间内的人等不同层面需求的能力也将进一步加强，产业服务行业发展的重要性也将持续显现。产业服务的核心与外延如图4-1所示。

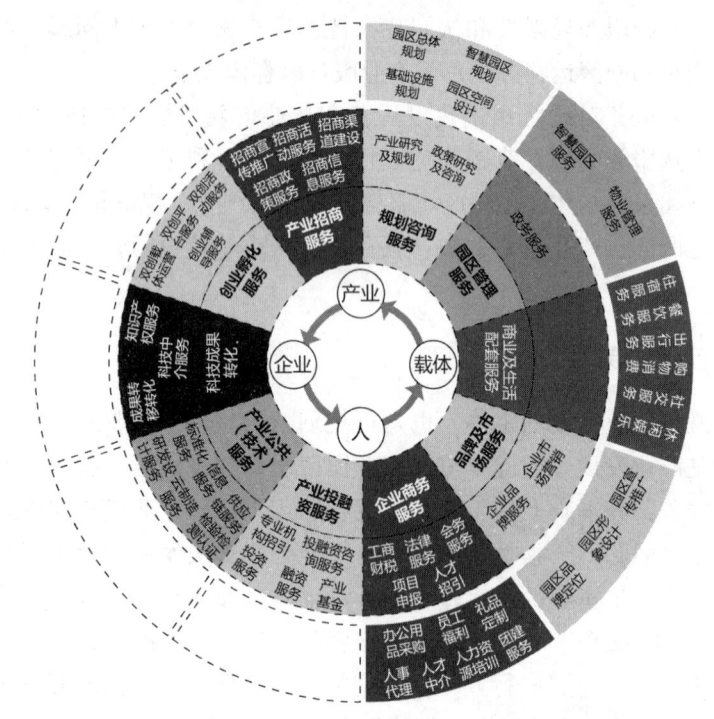

图 4-1　产业服务的核心与外延

三、产业服务的细分领域构成

无论是产业服务的需求，还是产业服务的供给，多元化的属性随处可见。各种复杂的服务需求和服务场景，决定了产业服务必将是一个覆盖面广、专业性强、服务门类繁多的综合型服务行业。基于对大量现有服务商业务体系、政府公开政策、相关学术科研成果等资料素材的调查研究，我们从产业服务的根本目的出发，梳理出了一个较为全面的产业服务细分领域构成。经初步筛选，我们认为产业服务目前可划分为规划咨询、产业招商、创业孵化、科技成果转化、产业公共（技术）服务、产业投融资、企业商务服务、品牌及市场服务、园区管理、商业及生活配套服务10个一级细分行业类目、46个二级行业类目，并可细分为200余个三级服务子项，部分子项还能被进一步分解为更加具体的服务产品。当然，这样的划分方式未必尽善尽美，但基本上体现了现阶段产业服务的内容全景，诠释了产业服务应该具有的发展面貌，为未来产业服务行业的发展提供了参考借鉴。也期待能有更专业、更权威的机构参与产业服务行业的研究，通过理论研究和探索实践，让产业服务的内容边界更加清晰，让产业服务行业成为政府、企业和社会所熟知和认可的一个新兴服务业态。

（一）规划咨询

规划咨询服务主要包含产业研究及规划、园区总体规划、智慧园区规划、基础设施规划、园区空间设计等服务项目，为产业发展、园区建设运营、企业管理等提供科学性的规划咨询意见，完整的规划咨询服务决定了园区产业定位以及未来的发展方向，同时为后期产业要素导入和运营服务提出了指导性原则。

（二）产业招商

产业招商服务主要包含招商宣传推广、招商活动服务、招商渠道建设、招商政策服务、招商信息服务等服务项目，设计个性化、可落地的招商方案，多种招商措施并举，引进合适的企业和产业要素等形成产业集聚。同时，通过宣传推广及活动举办，进一步提高园区小镇的热度和知名度，营造有利于持续引进优质企业、人才和资金的发展氛围。

（三）创业孵化

创业孵化服务主要包括双创载体运营、创业平台服务、双创活动服务、创业辅导等服务项目，通过市场化机制、专业化服务，为创业创新企业提供完善的发展环境，为创业者应用新技术、开发新产品、开拓新市场、培育新业态提供有力支撑。

（四）科技成果转化

科技成果转化服务是落实创新驱动发展战略的重要组成部分，通过产学研对接、知识产权代理、知识产权交易、科技成果评估筛选、科技成果展示推介及转移转化、科技中介等综合服务手段，促成成果研发方与转化实施方的合作，对知识产权及科技成果进行有效组织和产业化。

（五）产业公共（技术）服务

根据产业定位和特性，构建产业公共（技术）服务体系，为企业提供相关的公共（技术）服务，解决企业本身相关技术支持体系不健全的问题。该服务项主要包括研发和设计服务、云制造服务、检验检测认证服务、标准化服务、信息技术服务、供应链服务等内容。

（六）产业投融资

通过完善产业投融资服务体系，更好地发挥政府引导基金的作用，整合更多金融资源和服务模式投向科技创新，促进科技和金融深度融合，有效促进科技成果产业化和科技型中小企业发展，主要包含投融资专业机构招引、投融资咨询、投资服务、融资服务、产业基金、上市辅导等内容。

（七）企业商务服务

通过为企业提供一揽子商务服务，满足企业在非核心但专业性要求较高的经济活动领域的服务需求，企业可通过外包该类服务降低经营成本，将更多精力投入核心业务领域，提高生产效率和核心竞争力。主要包括人才服务、工商财税、法律服务、会务服务、政策申报、办公后勤等内容。

（八）品牌及市场服务

为园区小镇及企业提供品牌定位、品牌公关、市场调研、目标客群定位、品牌及市场营销策划执行、渠道对接等一站式品牌及市场营销推广服务，提升园区及企业的品牌知名度与美誉度，提高企业市场竞争力。

（九）园区管理

融合智能化基础设施和一体化运营管理，打造智慧园区综合管理体系，实现企业和园区的实时对接和信息共享。结合政务服务、智慧园区服务和物业管理等服务，为产业、园区、企业提供安全、可靠、健康的发展环境。

（十）商业及生活配套服务

构建覆盖住宿、餐饮、交通出行、购物消费、休闲娱乐、社交活动等多个方面的全方位、立体化的商业及生活配套服务体系，打造宜居、宜业、宜游环境。

综上，将产业服务行业细分领域构成列于表4-2中。

表4-2　产业服务行业全景视图

一级行业类目	二级行业类目	三级服务子项
规划咨询	产业研究规划	专项产业研究及规划、区域产业规划、产业投资咨询、政策研究咨询、企业咨询等
	园区总体规划	大型产业开发区规划、特色小镇规划、主题产业园区规划、城市更新规划、城市功能区规划等
	智慧园区规划	信息基础设施规划、智慧公共服务平台规划、数字化管理平台规划、园区节能环保规划等

续表

一级行业类目	二级行业类目	三级服务子项
规划咨询	基础设施规划	园区路网系统规划、园区绿地系统规划、园区电信工程规划、给排水与供电工程规划等
	园区空间设计	办公建筑设计、园林景观设计、小品设施及铺装设计、公共交往空间设计、园区展示中心设计等
产业招商	招商宣传推广	园区品牌定位及整体推广、产业招商宣传、招商项目推介等
	招商活动服务	招商方案策划、招商策略制定、招商活动策划及执行等
	招商渠道建设	组团招商、驻点招商、活动招商、中介招商、以商招商等
	招商政策服务	招商政策解读、招商政策研究与借鉴、招商政策创新设计等
	招商信息服务	招商大数据服务、招商信息中介服务等
创业孵化	双创载体运营	"双创"示范基地、众创空间、孵化器、大学科技园等载体运营
	创业平台服务	双创要素汇聚平台、双创能力开放平台、双创模式创新平台等
	双创活动服务	创业项目路演推广、创业活动（创业沙龙/交流会/训练营/创业大赛等）策划及执行服务等
	创业辅导服务	创业知识培训、创业构想辅导、创业项目论证、创业平台推荐、创业顾问服务等
科技成果转化	知识产权服务	知识产权代理、知识产权咨询、知识产权法律服务、知识产权信息服务等
	成果转移转化	产学研对接服务、科技成果评估筛选、科技成果展示推介、科技成果转移转化、专利质量管理等
	科技中介服务	科技咨询服务、科技信息服务、相关专业技术服务等
产业公共（技术）服务	研发与设计服务	共性技术研发服务、工业/工程/专业设计服务、研发设计交易服务、仪器设备共享服务等
	云制造服务	3D打印、产品打样、小批量生产服务等
	检验检测认证服务	生产原材料质量检测、专业产品性能评估、实验室测试、商检及ISO顾问等

续表

一级行业类目	二级行业类目	三级服务子项
产业公共（技术）服务	标准化服务	标准技术指标实验验证、标准信息服务、标准研制过程指导、标准实施宣贯等
	信息技术服务	新兴软件及服务、"互联网+"应用服务、大数据服务等
	供应链服务	仓储物流、快速配送、国际转运、多式联运等
产业投融资	专业机构招引	科技银行、科技保险机构、融资担保机构、小额贷款机构、信用评级机构、资产评估机构等
	投融资咨询	投资机会分析、投资可行性分析、投资决策分析、商业计划书服务等
	投资服务	风险投资、股权投资、财务顾问、投行服务、投资理财等
	融资服务	知识产权质押贷款、股权质押贷款、信用保险、企业债券融资、信托融资、众筹融资平台等
	产业基金	政府引导基金、产业投资基金、创业投资基金、科技创新基金、风险投资基金等
	上市辅导	上市咨询、上市培训、合规管理、财务准备、股权激励等
企业商务服务	人才服务	企业人才招聘、高端人才猎聘、人力资源培训、人才中介服务、人事代理服务、党群服务等
	工商财税	工商服务、代理记账、财务审计、财税咨询、税务代办、税务筹划等
	法律服务	顾问服务、诉讼仲裁、咨询及文书服务、专项法律服务等
	会议活动	会议活动场地服务、会议活动信息服务、接待服务、会议活动现场服务、票务服务、外围服务等
	政策申报	申报政策研究解读、企业资质申报、专项资金申请等
	办公后勤	办公用品采购/租赁、办公空间定制、企业员工福利、商务礼品定制、企业团建服务等

续表

一级行业类目	二级行业类目	三级服务子项
品牌及市场服务	品牌服务	品牌定位、形象设计、品牌发展策划、品牌营销推广、媒体资源对接等
	市场服务	市场调研分析、目标客群定位、市场营销策划、服务/产品推介、市场渠道对接等
园区管理	政务服务	电子政务、个人/法人办事、行政审批、便民服务、阳光政务、政务数据开放等
	智慧园区服务	数字化管理、集中展示、统一指挥调度、智慧停车、智能缴费、智慧交通等
	物业管理服务	基础物业服务、资产管理服务、信息管理服务、设备管理服务等
商业及生活配套服务	住宿服务	人才公寓服务、中介租赁服务、长租公寓服务、酒店民宿服务、租赁信息服务等
	餐饮服务	员工食堂、商务餐厅、轻奢餐饮、外卖配送服务等
	出行服务	员工通勤服务、商务出行服务、车辆保养服务、机场/高铁接驳服务、公交站点服务等
	购物消费	农贸果蔬服务、批发零售服务、物流快递服务、商超/便利店服务等
	休闲娱乐	运动健身场馆、商务会所、文化艺术展演服务、文娱活动策划实施等
	社交服务	在线社交平台服务、线下社交活动策划实施、圈层对接服务等

注：随着各产业的不断创新发展，上述产业服务行业全景视图也将随之进行动态调整。

第三节 产业服务行业整体态势

一、产业服务行业演进的阶段性特征

（一）大企业"孤岛"模式发展阶段

随着经济不断发展，国民收入中农业占比逐步下降，第二、三产业的占比不断上升。对于服务业发展的原因，众多专家学者研究的结论是：国民经

济收入、科技水平、制造及服务的劳动生产率、产业机构状况等都会对服务业的发展产生影响，但其中起决定性作用的是产业发展水平的提高，以及社会分工的深化❶。

大工业、大制造时代，企业在内部设立规模庞大的专职服务部门或机构（如科技研发部、人力资源部、工业设计中心等），以满足自身发展的需要。此时，服务产品的开发、生产和营销，提供服务和资金支持等均由企业自己承担，这是一种封闭式的"孤岛"模式。在该阶段，企业集服务的需求和供给于一身，自产自销、自给自足，关于企业发展所需服务的供需管理，企业以内部资源整合为主，满足各项服务在时间、成本、效率、质量等方面的要求。以科技研发服务为例，20世纪70年代以前，几乎所有的欧美企业，特别是大企业都是采用这种模式，典型代表如20世纪70年代前施乐的PARC和AT&T的贝尔实验室❷。

（二）细分领域快速发展阶段

根据制度经济学，分工出现和发展的前提是"因分工产生的收益大于因分工而产生的交易费用"。随着企业规模的扩大及内部价值链的深化，"大而全"的生产体系逐渐成为企业提升核心竞争力的阻碍，中间性需求增加，分工产生的收益开始大于因分工产生的成本，于是一些相对独立完整的服务环节开始剥离，向着规模化、专业化方向发展❶。为满足各产业链不同环节的服务需求，产业服务行业的部分细分领域开始走专业化分工道路。

某些细分领域产业服务活动从产业中剥离的初期，发展规模小且服务方式相对单一，不具备提供专业性高、技术性强的服务能力，此时只能在产业链中一些非核心环节提供支持，如人员招聘等，附加价值低，与各产业的关联性较低；随着细分领域服务能力的规模化和专业化达到一定程度时，能够为相对核心的环节提供服务，比较优势开始凸显，细分领域开始出现专业的服务供应商，产业服务供应商与各产业开始形成多种形式的合作。典型代表如产业规划咨询服务领域的绿野资本集团（Greenfield Capital Group），为全球客户提供专业的产业规划、产业招商和产业投资服务；物业服务领域的绿城服务集团，在服务中不断探索实践，快速实现了从基础物业服务，到园区生活服务，再到智慧园区服务的服务产品与服务体系迭代，现已成为全国同行业中物业类型最多、服务区域最广、服务面积最大的物业服务企业之一。

---

❶ 周静. 生产性服务业的发展模式 [J]. 财经科学，2014（11）：102-109.
❷ 刘建兵，柳卸林. 企业研究与开发的外部化及对中国的启示 [J]. 科学学研究，2005（6）：366-371.

(三) 产业服务行业孕育阶段

产业发展理论指出，供需关系的演变是产业创新的一个重要原因，而产业的升级和发展离不开创新。随着各产业的不断发展，其对产业服务提出了越来越高的需求。在产业服务活动从各产业脱离，独立发展壮大的过程中，服务能力和客户规模不断扩大，由于规模效应和学习效应的叠加作用，成本进一步降低，再次推动更多的产业服务活动从原产业中剥离出去，如此形成正向循环。各产业将自身价值链中的支持活动剥离后，开始向专业的产业服务供应商购买配套服务，既降低了成本，又能够集中资源和精力，专注于核心环节，进而创造更高的价值和企业竞争力。

在此阶段，各产业企业对专业产业服务供应商的依赖程度逐步增强，同时企业剥离的产业服务活动快速增加，产业服务行业链条不断延伸，开始出现集成多项专业细分服务的平台型产业服务供应商。典型代表如企业服务领域的猪八戒网，为政府、大企业和中小微企业提供品牌创意、知识产权、代账服务、营销推广及软件开发等一站式企业服务。

(四) 产业服务"大平台"模式发展阶段

服务方式多样，服务可定制，服务业业态成熟、标准、完善，这是服务业发展的更高级阶段，开始跨入服务经济时代。此时服务实现增值最大化，服务经济成为社会的主导产业，总承包、集成服务、各类服务中介等起到不可或缺的支撑作用，综合性、一体化、平台式产业服务的优势在各行各领域得到全面展现。

在此阶段，将出现综合型产业服务平台和品牌化、标准化、体系化的产业服务企业，致力于为各产业提供专业化、标准化、集成式的产业服务，降低企业成本，提高产业效率和企业核心竞争力；同时，各产业也为产业服务行业提供市场和需求，并引导其发展方向，两者融合过程中，产业边界开始模糊，更多地表现出相互依赖、融合共生的态势。

二、产业服务行业发展现状及未来趋势

(一) 产业服务行业的发展现状

1. 服务需求快速释放，市场规模加速扩张

首先，经济体量和战略新兴产业规模的迅速扩大，将助推与产业发展相伴的产业服务行业市场规模加速扩张。根据国家统计局数据，2017年全国实现GDP 82.7万亿元，服务业增加值占GDP比重51.6%，战略性新兴产业占GDP的比重已经超过10%。其次，近年来，中国小微企业保持快速增长态势。

截至 2018 年 5 月 21 日，我国小微企业名录收录的小微企业已达 8751.6 万户❶。随着企业数量的快速增长，以及对核心业务专注度的空前提升，中国小微企业的服务需求快速溢出和释放。以小微企业金融服务为例，中国小微金融服务市场将达到 20 万亿元至 30 万亿元规模❷。最后，政府加速职能转变，原由政府提供的产业服务加速市场化供给。财政部统计数据显示，2016 年全国政府采购规模突破 3 万亿，其中服务类采购规模超万亿。综上可见，虽然目前缺乏产业服务行业的针对性统计数据，但基于我们对产业服务行业的定义，结合相关细分领域的统计数据进行合理推演，现阶段产业服务行业的市场规模已达万亿级，未来将有望达到十万亿级至几十万亿级，行业市场前景非常广阔。

2. 行业形态正在重塑，专业服务商加速涌现

消费升级让服务业正在从"物以类聚"到"人以群分"转变，跨行业或跨业态的融合成为常态，企业为解决未来的不确定性，将更多的不同行业、不同业态的资源和优势集聚在一起，产生更大的能量，获得更好的发展。首先，随着服务业与制造业的加速融合，园区小镇开发建设方也化身为综合服务商；单一的专业服务商通过垂直整合上下游成为一体化专业服务商。典型案例如 2017 年 7 月，碧桂园耗资 9.26 亿元，收购中集产城 25% 股权❸，从以房产开发销售为主的传统房产商转型为产业园区综合服务商。其次，产业服务商数量急剧扩张。以孵化服务为例，在"大众创业，万众创新"的号召下，我国孵化器 2014—2016 年的数量分别为 1400 家、2530 家、3255 家，年均增长超过 50%。最后，产业服务商越来越受到资本市场的青睐。典型案例如 2016 年 11 月，中民投耗资 30.14 亿港元，收购亿达中国 53.02% 股权；2016 年 9 月，东久投资耗资 4 亿元，认购电子城 4.55% 股份成第三大股东等。

3. 行业地域发展不均衡，三大经济圈强势引领

中国指数研究院的数据显示，2016 年，珠三角、长三角、京津冀三大城市群，以 3.6% 的国土面积集聚了全国 18% 的人口，创造了全国 35% 的国内生产总值。其中，在科技领域，京津冀高科技产业集中在研发上，尤其是北京拥有 61 所高校、全国 1/3 的科研机构，技术人员密度全国名列首位；长三角以信息产业、生物工程等为代表的高新技术产业全国领先；珠三角则集中了 6 个国家级、3 个省级高新技术产业开发区，2 个国家级软件园，12 个国家

---

❶ 数据来源：中国国家工商总局局长张茅于 2017 小微企业创新发展高层论坛上的讲话。

❷ 数据来源：浙江蚂蚁小微金融服务集团股份有限公司副总裁、网商银行副行长金晓龙于第六届中国中小企业投融资交易会暨中国普惠金融高峰论坛上的讲话。

❸ 资料来源：2017 产业地产十大并购，详见：http://www.sohu.com/a/222278341_460435。

"863"成果转化基地,以及1个国家级大型科技园和IC设计产业化基地❶。

近年来,三大经济圈在产业服务领域的探索也始终走在全国最前列。如浙江省印发《浙江省产业创新服务综合体建设行动计划》(浙政办发〔2017〕107号),支持各地建设一批产业创新服务综合体,综合体将以产业创新公共服务平台为主体,与技术研发中心、成果交易平台、知识产权机构、创业孵化载体等有效互动,集创意设计、研究开发、检验检测、标准信息、成果推广、创业孵化、展览展示、教育培训等功能于一体;江苏省中小企业服务平台按照"整合、共享、协同、提升"的基本思路,以"政府支持平台建设,平台服务中小企业"为方针,以整合资源为主线,以资源共享为核心,主要解决中小企业服务需求,为全省中小企业提供技术、融资、信息等八项核心服务,以及技术检测、产学研对接、电子商务等延伸服务;北京中关村于2014年创立的中关村协同创新服务平台·创驿网,是科技创新与成果转化的一站式服务平台,为入驻园区企业提供信息集散、专家咨询、评估论证、知识产权等服务;上海发布全国首份产业园区创业服务体系建设导则——《上海市产业园区创业服务体系建设导则(2015版)》,基于上海产业园区的发展现状,借鉴硅谷、新竹、中关村、张江等国际国内优秀园区创业服务体系建设经验,按照新时期经济创新转型的总体要求,在产业园区创业服务体系建设的服务范畴、重点内容、运营支撑和体系评估等方面制定了相应的操作规范,为产业园区建设创业服务体系提供参考❷;深圳市产业园区发展促进会(下称园促会)发布了由园促会联合多家知名园区、孵化器、研究院所、服务机构,有关专家共同开发制定的"深圳市科技产业园区服务标准体系"并探索共建园区公共服务平台,服务内容涉及咨询、法律、财会、工商、租赁、金融、知识产权、投融资、培训等多个专业领域。

可见,产业服务行业的发展与经济总量、产业结构、企业活力等密切相关,三大经济圈在产业服务行业的探索、培育和发展上明显处于引领地位,而中西部地区因受到经济总量、资源分布等因素的制约,产业服务行业的发展相对滞后,市场空间和潜力有待进一步挖掘。

4. 部分细分领域产业服务链条初步形成

产业服务行业专业化、平台化发展趋势逐步凸显,目前产业服务行业正处于快速发展阶段,随着服务新需求的不断出现,基于价值链和服务链上下

---

❶ 张驰. 中国三大经济圈:珠三角与长三角、京津冀的比较[EB/OL].(2017-03-31)[2018-11-20]. http://www.csjrw.cn/2017/0331/42467.shtml.

❷ 严洲. 上海市发布全国首份产业园区创业服务体系建设导则[EB/OL].(2015-03-24)[2018-10-15]. http://www.cnstock.com/v_news/sns_bwkx/201503/3377808.htm.

游的垂直整合越来越频繁，为企业提供更加专业化、一站式的服务成为行业的共同诉求，部分细分领域的服务链条已初步形成。

以创业孵化服务领域为例，2016年，我国已经围绕创新过程形成了从众创空间、科技企业孵化器到产业园的创业孵化服务全链条，以高新技术企业、瞪羚企业和独角兽企业等为代表的创新创业主体从扩大规模向专业化、精细化转变，创新创业外溢效应明显。截至目前，全国近4300家众创空间、3000余家科技企业孵化器、400余家企业加速器及156个国家高新区打造了有序的服务链条，形成从创意到产业的创新创业服务生态❶。

在产业投融资服务领域，针对科技型中小创新企业不同发展阶段的融资需求和条件，已初步形成以政府资金为引导，充分整合银行、担保、保险和创投等资源，覆盖企业发展全生命周期的产业投融资服务链条（图4-2），集政策、产品、中介和信息服务等综合性金融服务于一体，为科技型中小创新企业提供一站式、个性化的投融资服务。

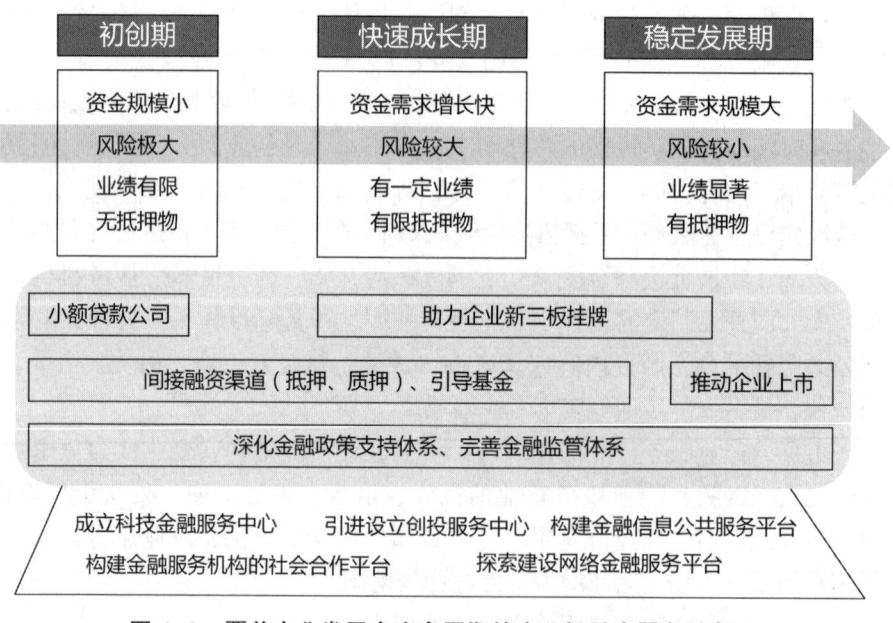

初创期	快速成长期	稳定发展期
资金规模小 风险极大 业绩有限 无抵押物	资金需求增长快 风险较大 有一定业绩 有限抵押物	资金需求规模大 风险较小 业绩显著 有抵押物

小额贷款公司　　助力企业新三板挂牌

间接融资渠道（抵押、质押）、引导基金　　推动企业上市

深化金融政策支持体系、完善金融监管体系

成立科技金融服务中心　　引进设立创投服务中心　　构建金融信息公共服务平台
构建金融服务机构的社会合作平台　　探索建设网络金融服务平台

图4-2 覆盖企业发展全生命周期的产业投融资服务链条

---

❶ 王政淇，曹昆.《中国科技金融生态年度观察（2017）》报告发布［EB/OL］.（2017-09-22）［2018-9-20］. http://money.people.com.cn/n1/2017/0922/c42877-29553297.html.

(二) 产业服务行业的未来趋势

1. 产业服务定制化、品牌化趋势明显

近年来，各类产业园区、特色小镇如雨后春笋般在全国各地不断涌现，但由于普遍发生的园区产业定位相互模仿、小镇特色产业不"特"等现象，导致赋能于园区小镇的产业服务也存在一定程度的同质化。未来的产业服务企业不仅需要提供通用性服务内容，也必须具备提供具有个性化、差异化服务产品的能力，将走向提供"专、精、深"服务产品的道路。在充分考虑产业定位、企业类型、员工需求等因素的基础上，进行定制化产业服务内容体系建设，使其更加符合产业未来发展方向，创造更加优质的园区运营服务环境。

随着产业发展层次和园区运营服务水平的提升，园区小镇越来越重视品牌化建设，而产业服务的品牌化经营必将成为新一轮园区小镇竞争的重点、一种溢价增值的手段，同时也将成为培育、优化、提升园区小镇价值和内涵的关键要素，激发片区的产业集聚力和核心竞争力，加深企业对园区的认知，增加园区小镇的活力以及品牌的影响力和形象。未来品牌效应给产业服务供应商带来的竞争优势将日益明显，客户必将更加青睐于有着高知名度和品牌度的产业服务企业。

2. 平台化将成为服务供给的重要方式

服务业的出现和发展，在本质上是一种连接功能的实现，这种功能使运行在经济生活中的物流、信息流、资金流、商流、业务流等更有效、更便捷地传递。平台化的作用就在于凝聚和分发资源，使供需双方零距离对接，进而形成一个完善的、成长潜能强大的、多方群体有效互动的生态圈。

在出行、电商、社交、医疗、教育、投资等领域，平台已经逐步取代传统企业成为主流的组织形式。这些平台连接着卖家与买家、研发人员与企业、资本与项目、闲置资源与潜在使用者，重构了产业链价值，成为各类服务的"接入口"。在此背景下，服务业企业正由提供单一的产品，向提供基于平台的关系服务转变。当前，很多传统服务业大企业都以自有服务和特定服务群体为基础，从封闭的企业组织转变为开放的平台，并积极在产业链领域"攻城略地"，构建具有企业特色的平台生态圈。比如，苏宁易购就致力于成为连接供应商和客户的桥梁，通过系统化的服务和资源的集成，打造多产业布局、线上线下共融，从商品展示到物流，再到金融服务全过程的智慧零售服务平台。

未来，随着产业园区、特色小镇等空间载体或产业集聚区入驻企业对一站式、一体化产业服务的诉求越来越强烈，加之互联网技术的推动，产业服

务大平台及产业服务企业的平台化建设进程将不断加快。

3. 政府服务外包将加速产业服务行业发展

政府通过采购服务的方式，将部分公共服务内容外包给市场，这是构建服务型政府的必然趋势，也是有效融合"服务型政府"和"小政府"的重要途径。如此，既能保证政府作为社会"最大的服务者"的身份，同时也能更好地协调政府与市场之间的关系，最大限度激发市场活力❶。

近年来，多地政府的服务外包体量上升趋势明显。例如，2014—2017年，合肥全市购买服务预算资金57.58亿元，项目1795个，其中，市本级购买服务预算安排12.47亿元，项目340个❷；2015年，北京市级社会建设专项资金将面向北京地区各级各类社会组织，购买500项服务项目，涵盖了社会公共服务、社会公益服务、社区便民服务、社会治理服务、社会建设决策咨询服务共5大类30个方向❸；2017年10月，山西省委、省政府联合印发的《关于改革社会组织管理制度促进社会组织健康有序发展的实施意见》（晋办发〔2017〕61号）明确指出，政府新增公共服务支出通过政府购买服务安排的部分，向社会组织购买的比例原则上不低于30%❹。

以上资料和统计数据表明，政府正在转变以往大包大揽的工作风格，开始联合社会力量提供公共服务，这是服务型政府建设的重要方向，能够让政府腾出更多的时间和精力用于行政办公，提升效率。此外，近来年国务院召开多次会议，推进政府购买等相关议题的研究。服务外包作为政府采购的主要形式将迎来重大发展契机。随着我国政府服务外包体量的井喷式增长，产业服务行业将乘市场扩展东风，实现加速发展。

三、产业服务行业发展面临的困境

产业服务行业作为园区小镇等产业空间快速健康发展的重要支撑，在产业定位、招商引资、企业孵化、商务配套等各环节发挥着不可替代的作用。特别是在当前"双创"氛围浓郁的时代背景下，中小企业成为园区小镇的主力军，而这类企业在发展过程中往往存在资金缺乏、资源整合能力差、市场营销弱、人才招聘难等问题，对于相关产业服务的需求更为迫切。

---

❶ 赵霞. 莫让"外包"成为政府的懒政缺口 [EB/OL]. (2016-08-30) [2018-9-20]. http://news.hnjy.com.cn/jyts/146270.jhtml.

❷ 安徽省财政厅. 合肥市政府购买服务跟踪调查报告 [EB/OL]. (2017-06-30) [2018-9-20]. http://www.ahcz.gov.cn/portal/zdzt/gmfw/gzdt/1498789982534262.htm.

❸ 贺勇. 北京今年购买500项社会服务 [N]. 人民日报, 2015-01-06 (08).

❹ 山西省民政厅. 关于改革社会组织管理制度促进社会组织健康有序发展的实施意见 [EB/OL]. (2017-09-29) [2018-10-11]. http://www.sxmz.gov.cn/newsshow/3483.html.

理想中的产业服务能对区域产业升级、园区入驻企业发展、员工办公生活环境等产生有效的推动作用,但现阶段产业服务行业发展仍存在不少瓶颈,典型如行业规模"小、散、弱",服务产品同质化严重,尚未建立行业生态和品牌格局;行业整合程度不够,综合服务能力不足,集成化、平台化运营模式仍发育不充分等,具体来说:

(一)产业服务标准化、品牌化建设任重道远

随着时代的进步,我国服务行业标准化发展逐步规范,服务业标准化已深入开展,推动了经济方式的转变,对于建设资源节约型社会、促进各相关要素的发展都具有重要的实际意义。产业服务行业是服务业的一个重要分支,也需要通过模式标准化、业务标准化等手段,规范行业市场秩序、提高服务质量、增强相关服务企业的核心竞争力。目前,虽然服务业已经有了较强的标准化观念,并持续通过标准化推动行业发展,但作为新兴服务业分支的产业服务行业还未建立标准化体系,尚处于碎片化、点状化的粗放式发展阶段,总体行业规模偏小、布局分散,服务产品同质化现象成为常态,且尚未出现支撑行业发展的领军企业和知名品牌。产业服务行业标准化体系不完善也是制约产业服务发展的重要原因,亟须通过标准化建设,推动产业服务行业的定制化、品牌化发展。

(二)产业服务行业信息化平台发展缓慢

科技创新是现代服务业发展的强大推动力,发展现代服务业,必须高度重视现代科学技术的支撑作用。信息化服务平台是现阶段科技创新支撑产业服务行业发展的重要抓手,基于信息化手段,整合园区小镇内外部资源和服务,为入驻企业提供一站式产业服务,强化产业服务的内容和效率,全面提升园区运营管理效率、配套服务能力,促进产业更好、更快发展。目前市面上已出现了各种面向园区小镇的信息化服务平台,但这些平台的服务能力、科技引领性、资源集聚度等还略显不足,线上线上服务内容匹配度不高,亟待深度融合。

(三)产业服务行业市场化程度不高

目前,部分细分产业服务(如公共技术研发、检验检测认证等)的供给主体仍以政府单位为主,由于体制机制灵活性不足等原因,政府主导型的产业服务易出现供给不足、效率不高等问题,特别是随着产业转型升级、园区企业类型更加多元化等趋势,市场化程度不足的弊端进一步显露。为进一步提升产业服务行业对园区运营、产业发展的助推作用,解决园区开发建设和运营服务过程中的发展瓶颈和制约问题,亟需探索出一条以市场化为基础、

创新发展的产业服务新路径，坚持"市场化主导、企业化运作、多元化投入"的原则，逐步由政府主导向市场主导转变，明确各服务主体的服务边界，让更多社会化、专业化的产业服务组织成为园区小镇发展的重要支撑力量。

（四）产业服务行业资源分布不均衡

当前，我国各类产业园区、特色小镇的开发建设均围绕特色鲜明的主题产业，并以"产城融合"为最终发展目标。随着"中国制造2025""科技强国"等国家顶层战略的逐步实施，越来越多的产业集聚区以战略新兴产业为主导方向。战略性新兴产业普遍具有高技术含量、高附加值的特点，需要依托大量优质的科技人才、科研机构方可实现技术和产品的持续迭代、更新和升级。但现阶段，我国的科技人才、科研资源等分布极不均衡，主要的优质科技资源主要分布在东部沿海地区，特别是"三大经济圈"，产业亟待转型升级的中西部、东北、西藏、新疆等区域尚不具备足够的资源配置。产业服务行业的兴起和发展，除了加快发达地区特色产业发展以外，另一个重要目的是通过产业服务帮助相对落后地区产业结构转型升级，而这种产业服务资源分布不均衡的现状也是制约产业服务行业快速发展的瓶颈之一。

（五）产业服务行业专业人才资源匮乏

国内园区小镇的运营管理和公共服务目前还处于提供物业等基础服务层面，系统性的产业服务体系尚未建立。与此同时，园区小镇的运营管理人员大多来自地产和互联网行业，在某些细分产业领域具有较强的理论知识和行业积累，但对园区产业运营和服务的理解及熟悉程度仍显不足。由于园区小镇的运营管理是一项综合性、复杂性非常强的工作，因此对相关工作人员的综合素质要求极高，因涉及产业规划、咨询服务、招商引资、孵化服务、活动策划、企业服务、生活服务等多个领域的工作内容，需要从业人员具备战略规划、企业管理、市场营销、项目管理等相关专业背景，且对知识结构的广度和深度都有一定的要求。可见，一方面是现阶段专业从事产业服务的人员较少；另一方面是产业服务行业对人才的要求较高，多重因素造成现阶段产业服务专业人才资源不足，无法很好地从产业服务的概念设计成功落地为园区小镇的运营服务。

第五章 产业服务细分领域

第一节 重点细分领域发展现状

一、科技金融服务

（一）行业现状

科技金融属于产业金融的范畴，主要是指科技产业与金融产业的融合。经济的发展依靠科技推动，而科技产业的发展需要金融的强力助推。由于高科技企业通常是高风险的产业，同时融资需求比较大，因此，科技产业与金融产业的融合更多的是科技企业寻求融资的过程。科技金融可分为科技财力资源配置、创业风险投资、科技贷款、科技资本市场、科技保险五大类❶。

目前，成都、杭州、苏州、深圳、武汉以及南京等地都纷纷成立了区域性的科技金融服务平台，主要为科技企业实现投融资功能、引导功能以及其他综合服务功能。其中，投融资功能是指透过服务平台实现资金供需双方的对接，并利用杠杆效应，发挥金融工具的放大作用，起到事半功倍的效果。同时，区域性的科技金融服务平台还透过自身的集聚效应推动科技产业与金融产业的综合化经营，为科技金融产业的发展提供综合化的金融服务。2013年我国科技金融市场达到9791.53亿元，到2014年市场规模超过10000亿元。未来5年，中国银行业在完成了数据大集中、电子银行建设等变革的基础上，将进入"信息化银行"建设的新时代❷。

（二）服务模式

早期的园区科技金融服务主要以政府补贴和产业引导基金为主，整体服务简单、业务模式单一，金融产品缺乏创新性，且政府主导的资金支持在体制、资金实力、实施经验等方面都存在大量掣肘。考虑到园区内的企业往往处于不同的成长阶段，既有处于初创期的种子型企业，也有进入成长期或成

---

❶ 惠俊娥.江苏省科技园区中小企业供应链融资研究［D］.南京：中共江苏省委党校，2018.
❷ 数据来源：《2015年版中国科技金融市场调研与发展前景预测报告》，中国产业调研网。

熟期的企业，而处于不同阶段的企业显然有着不同的融资需求特点，对应着不同的融资方式。同时，科技型企业发展更多是一种市场行为。因此，只有通过资本市场的各类社会主体（如银行、股权投资机构、小贷公司、担保公司等）积极参与，才能拓展科技金融服务的思路和渠道，提高服务的层次和效果。

随着产业园区发展，科技型企业融资需求和问题日渐凸显，市场化机构和融资行为已经大量出现在园区小镇的服务体系中，科技金融服务方式不再只是传统的政府主导资金，而是吸引了更多金融机构、投资机构和社会资本进入，目前科技金融的主要服务模式见表5-1。

表5-1 目前科技金融主要服务模式一览表

科技金融服务类别	服务特点
政府引导基金	政府和园区管委会根据产业发展和园区情况设置一定的专项基金，如创新创业专项基金，用于支持企业技术创新、科技创新和创新创业环境建设
银行贷款	银行贷款是目前债券融资的主要方式，其优点在于程序比较简单，融资成本相对节约，灵活性强，主要面向效益良好、信用高的企业，缺点是一般要求提供抵押或担保，筹资数量有限，还款付息压力大，财务风险高
科技银行	多以商业银行支行的形式出现，支持对象是符合国家产业发展政策的科技型中小企业，在业务范围上则鼓励银行探索和开展多种形式的担保
小额贷款公司	为园区科技型中小微企业提供"首贷""首保""首投"等综合科技金融服务
金融仓库	为银行信贷提供第三方动产抵、质押管理的专业仓储服务，是金融与仓储的交叉创新，采用金融仓储模式，改变了企业动产资源难以抵、质押以及银行对抵、质押产品难以监管的局面
知识产权质押融资	指企业或个人以合法拥有的专利权、商标权、著作权中的财产权经评估后作为质押物，向银行融资，在我国还处于起步阶段

(三) 面临问题

虽然目前我国科技金融产业已取得了初步发展，但科技企业特别是处于产业化初创期、成长期中小科技企业的融资问题尚未得到全面系统解决。

1. 金融服务体系方面

一是科技企业的股权退出渠道单一。目前科技企业的股权退出主要依赖于境内中小板、创业板上市或境外上市，但境内上市门槛较高，无法满足面广量大的科技企业的需求，境外上市受国家六部委联合印发的《关于外国投资者并购境内企业的规定》（2006 年第 10 号）限制，难度不断加大，且国内多层次资本市场尚不完善，为科技企业服务的区域股权交易场所还较少。

二是无形资产的评估交易发展滞后。目前针对科技企业的股权、专利权、商标权等无形资产的评估、转让、交易体系尚不健全，缺乏权威、专业、能够取得银行信任的评估机构，缺乏完善的无形资产转让、交易市场，导致银行在开展无形资产质押贷款等方面非常谨慎。

2. 科技型中小企业自身方面

一是企业经营发展尚不稳定。由于初创期科技企业刚完成研发，或初步实现了技术成果转化，但产品、市场、前景尚不稳定，且缺乏足够不动产用于抵押融资，目前主要依靠以政府资金为主、民间资金参与的创业投资体系支持，银行难以大规模介入。

二是企业内部管理尚不完善。企业在创业初期主要精力集中在技术研发及人力资源管理等方面，法人治理结构、企业制度建设等环节相对薄弱，营销、管理、财务、风险控制等方面的建设难以满足银行的信贷管理要求。

三是企业宣传推介尚不到位。科技型中小企业在企业发展、产品优势、市场前景等方面的社会宣传，尤其是对银行的宣传推介普遍不够，对金融政策和银行融资产品也了解不多，造成企业与银行间缺乏深入了解。

二、创业孵化服务

（一）行业现状

创业孵化服务是紧密围绕技术创新、企业成长而形成的服务集群，其通过整合与创业相关的知识流、人才流、资金流、信息流等资源，为创业人员和初创企业提供所需的法律、投融资、财务会计、技术、企业管理、政策与信息咨询、行业交流与培训、人才招聘、办公场所等服务，培育高成长性的初创企业并从企业的发展中获益。现代市场经济中，创业孵化服务是创业者在事业发展中寻求外部支持、减少创业风险、降低创业成本的重要因素，对于优化市场资源配置、推动产业结构升级、增强经济活力、解决就业等问题具有积极推动作用。

近年来，随着国家对创新创业活动的大力支持，创业孵化服务支持机构发展态势良好，进入快速发展期，市场上涌现出以创业黑马、WeWork、联想之星、创投圈、36 氪、海创汇等为代表的一批商业运作模式新颖、组织力量强大、专业化水平较高的创业服务支持机构，服务范围涉及项目发现、团队构建、企业孵化、后续支持等环节。各类创业孵化服务支持机构从不同的角度出发，衍生出不同的商业模式，促进创业孵化服务的繁荣发展。

在互联网去中介化、扁平化、平等化的冲击下，我国创业项目迅猛发展，为创业服务带来巨大的市场空间。未来随着人口红利、劳动力红利、政策红利的不断释放，创业门槛不断降低、创业环境不断优化，为创业服务带来巨大的市场空间，创业服务行业规模 2020 年预计超过 550 亿元❶。

（二）服务模式

以孵化器为代表的创业孵化服务机构在国内经过三十几年的发展演变，第一代创业孵化服务只能单纯解决创业者办公场所的问题，仅仅依靠提供物理空间支持创业已然不能满足新一代创业者的需求，随着国内市场化经济的发展和创业生态的日益完善，以孵化器为代表的创业孵化服务机构逐渐向创业投资、多元化服务迈进，从服务形态上提高自身质量，同时加大对创业项目的入孵审核力度，在入孵门槛、资源配置、服务质量、营利模式等方面都有了实质性的创新，呈现出第三代创业孵化服务新景象。

1. 创业孵化服务 1.0 模式——"二房东"

国内创业孵化服务 1.0 模式主要是以政府主导形式兴办的企业孵化器，主要特征是做纯粹的"二房东"，面积、入孵率、就业人数等成为评价孵化器以及创业服务的尺度。为迎合检验标准，很多孵化器开始选择物业作为主营业务，收取房租和基础服务费，造成孵化器非专业运营、入孵企业参差不齐等情况，孵化器变相成为初创企业提供办公室的"二房东"。

2. 创业孵化服务 2.0 模式——创业服务机构

创业孵化服务 2.0 模式从房租收取拓展为以政策福利补贴和提供专业化软服务为主。在国家持续性鼓励创新创业的背景下，补贴政策和扶持基金相继落地，这类政策不仅为孵化器自身主体提供资金支持，减免税收，还为入孵企业提供政府补助资金和财税补助。孵化器从创业团队获得的政府补助性资金中按补助类型抽取一定比例的资金纳入孵化器的盈利收入。其他盈利则为多元化的创业服务收入，例如向企业提供场地服务、财务服务、人力资源服务、知识产权服务、投融资服务等。在入孵企业甄选方面，创业孵化服务 2.0 较 1.0 有了较为严格的门槛，新兴产业初创项目受到创业孵化服务机构的青睐。

3. 创业孵化服务 3.0 模式——"投资+服务"双驱动

创新型孵化器的特点是重服务、轻资产。一改以往依靠房租，或政府资金支持等来源作为盈利模式，创新型孵化器更加关注企业的长期发展，以股权投资及回报作为主要盈利模式，即"投资驱动型创业服务机构"。市场化运

---

❶ 数据来源：华泰证券研究报告《看好双创浪潮中的"卖铲人"》，2017-08-02。

作下，3.0模式的创业孵化服务机构对入孵企业的前景评估更为严格，一般以股权投资增值为经营目标，前期处于净支出或收支平衡的状态。创业孵化服务3.0模式多兼营天使投资对接平台，或与天使投资人有着相当紧密的联系，通过提供种子基金换取部分企业股权，即"孵化换股权"。除此之外，创业孵化服务机构还提供人力资源、法律架构、财务管理、技术架构、资本市场对接等增值服务，使得服务、投资、管理实现一体化，减少投资成本和投资风险，其运作过程充分利用资源配置，提高资本效率。在项目选择方面，3.0模式的创业孵化服务机构更加专注于创业成本较低、硬件要求不高、侧重团队搭建、市场发展前景广阔的互联网等新兴行业。

（三）面临问题

创业孵化服务区域分布不均衡。主要集中在风险投资较为密集的东南沿海区域。按密度划分，北京、上海、天津、广东为最主要的4大省市。我国总体上还未进入创新型国家行列，多数省份仍未达到投资驱动的发展模式。除了京津沪浙苏粤六个地区已基本进入创新驱动发展阶段外，其他省份仍处于投资和要素驱动阶段。

创业孵化服务供给结构不合理。以风险投资为例，风险投资是创业企业的主要融资渠道，但从投资结构来看，在欧美国家公共机构或政府投资占51%，混合投资占25%，大学占10%，私人部门占8%。而我国科技企业孵化器从现有规模上看，所获资金以政府的科技创新基金、专项孵化基金和火炬计划资金投入为主，这在很大程度上制约了入孵企业的发展。多数风险投资都紧跟成熟项目，对于风险和回报相对较大的种子期项目鲜有问津。受制于单一的投资结构，我国相当一部分科技企业孵化器财力不足，发展缓慢。

创业孵化服务机构缺乏"实质性"服务。目前许多科技企业孵化服务机构仅能提供办公空间，缺乏专业创业咨询、培训、投融资、创新资源对接等条件，难以帮助创业团队真正成长起来。大多数孵化器以提供免费或低价场地、工商代理、项目路演、融资辅导、创业导师等服务为主，服务同质化严重。

三、产业招商服务

（一）行业现状

近年来，随着我国产业园区的蓬勃发展，园区招商竞争也变得越来越激烈。在全球产业转移的大背景下，国内诸多园区定位都趋于相似，提供的服务内容和优惠政策也大同小异。目前，环境压力大、企业技术含量低、载体建设滞后、产业布局重复、土地利用率不足等因素已成为制约园区发展的瓶颈，园区招商发展形势极其严峻。在全国经济下行压力大增和投资普遍较谨慎的情况下，产业园区凸显的招商困境愈加明显。产业园区要想真正实现自身的突破与发展，就必须要了解目前产业园区的招商现状。

国内招商环境不断改变，各地区的市场环境、优惠政策、产业定位逐渐趋同。随着各地各种名目产业园区的飞速发展，招商工作竞争加剧。招商引资周期拉长，难度系数增大，效率降低。而我国东西部地区、沿海与内地、发达与欠发达地区之间的招商引资竞争趋于白热化，产业转移速度逐渐缓慢。同时，我国长三角与珠三角地区企业与产业向外投资扩张的能力大幅减弱，使得全国特别是北方城市的招商引资竞争更加激烈，难度进一步加大。此外，经济下行压力下，产业园经济却显示出如火如荼的态势，越来越多的房地产开发商进军产业地产行业，大量资金的注入使产业地产进入井喷时代。一边是招商困难，另一边是扩张迅速，产业园区的激增或将埋下空置与资源浪费的隐患。

（二）服务模式

依据投资者选址标准的变化，我国产业园区的招商引资大致可以分为三个阶段：一是改革开放初期的"优惠政策主导"阶段，外来资金主要向能享受特殊政策优惠的地区集中；二是20世纪90年代中后期的"基础环境主导"阶段，面临产业园区的优惠政策趋同，投资环境（尤其是基础环境）成为吸引投资的关键；三是方兴未艾的"产业环境主导"阶段，良好的产业基础、完善的产业链条、完备的产业配套成为投资者首先关心的因素。

1. 政策主导升级为产业主导

目前产业园区的招商优惠政策优势越来越弱化，《国务院关于清理规范税收等优惠政策的通知》（国发〔2014〕62号）对清理规范税收等优惠政策做出了明确规定，包括土地出让金在内的财税政策运用更加严格规范，比拼优惠政策的招商引资方式难以为继。随着我国对外开放的不断推进，内外资政策逐步趋于平等，优惠政策在招商引资中的作用越来越小，投资环境、管理效益、产业优势的作用越来越突出。

2. 产业环境成为主导招商因素

从国际产业转移的新特点来看，传统的招商引资模式已不能适应组团式产业转移的要求。国际产业转移正呈现出产业链整体和制造、研发、服务一体化的组团式转移态势，因而园区的产业基础和产业配套成为承接国际产业转移的主要因素，这对各地园区的招商引资提出了更高的要求。如今良好的产业基础、完善的产业链条、完备的产业配套成为投资者关心的首要因素，我国招商引资进入了"产业环境主导"阶段。

3. 园区招商模式市场化趋势明显

如今的招商引资已经由靠政策去招商引资，转变为依靠诚信、依靠市场规则、依靠良好的投资环境来招商引资；由以前的松散型、缺少宏观性和综合性的政府主导招商引资转向通过社会机构、各行业协会、中介服务组织的有目的的招商引资。因此，客观环境也要求政府重新定位角色，积极转变职能。

4. 产业服务成为企业入驻关注新重点

对于招商引资而言，"招得来"固然重要，但"留得住"更重要。如何通过自身优势让企业愿意来，如何通过服务和真诚让企业愿意留，都是每个园区小镇需要思考的问题。商业有商业的说辞，住宅有住宅的逻辑，而产业园区也有其特殊的规律。"产城融合"的模式创新，正在成为引领产业园区行业变革的重要力量。"产城融合"也对产业园区提出了更高的要求，除了硬件设施、盈利模式，园区提供的服务以外，也是企业选择园区时越来越需要重点关注和参考的"指标"。尤其是产业服务，将会是吸引企业客户的橄榄枝。服务，将成为企业客户关注的重中之重，也是未来产业园区参与竞争的利器。

(三) 面临问题

产业园区建设容易招商难，归根结底是由于产业园区前期选址、定位、规划以及设计中出现的问题累积而成。产业园区作为新生行业产业地产的产品，其之所以难以操作主要是因为面临以下七种困境：

1. 招商效率低

产业园区招商是一项只见投入不闻产出的工作，每成功引进一家企业而分摊的招商成本都极其庞大。因此，目前产业园区的招商效率普遍低下，且效果甚微，成本投入与所收效益相距甚远。

2. 招商通路不畅

招商人员在产业园区的招商引资过程中浪费了大量时间和精力，但总结起来，却难以找到最佳方式与途径。招商渠道不完善是产业园区招商的最大难题，鲜有专业媒介主动解决产业园区招商通路问题，而传统媒介大多仅仅适用于推广住宅地产项目。

3. 专业人才不足

在产业园区招商系统工程中，人的因素尤为关键，人才是产业园区招商工作成功与否的保证。因此，组建一支精明能干的招商队伍是园区招商引资工作的重中之重。然而，现实许多产业园区在招商团队建设方面是弱项，既没有规范礼仪，也缺乏统一的招商章程。缺少专业招商人员严重困扰着产业园区投资商，目前很多园区仍未形成专业的招商服务和培训机制。

4. 招商质量难以保证

部分园区在招商工作中取得了一些成绩，也成功引进一些投资企业，但招商总体质量并不高。主要体现在引进的大企业少、附加值低、关联带动小，园区内未能建立完整完善的产业链，园区产业协作配套不足，不能形成集约化、专业化与规模化发展。

5. 缺乏借鉴经验

当营销环境发生变化，从住宅地产转战产业地产的开发商如果一直抱着以往的经验不放，此时的资历和经验往往不仅没有实际价值，极有可能会成为发展过程中的包袱和累赘。

6. 缺乏品牌号召力

大多数产业园区由于缺少强有力的品牌，导致竞争力不足，在激烈的竞争中出现招商困难的问题。目前产业园区的竞争归根结底是品牌的竞争，缺乏品牌号召力的园区难免会成为竞争中的失败者。产业园区应树立良好的形象，建立并全面提升品牌影响力和号召力。

7. 缺乏业界交流

产业园区行业缺少信息沟通和交流平台，在目前"酒香也怕巷子深"的时代，各种各样海量信息充斥着我们的眼睛和耳朵，真假难辨。就产业园区招商领域来看，有项目者不知道如何去找资本和资金，而有资本者亦不知道去哪里寻找合适的投资项目，两者之间缺乏有效的对接交流平台。

四、产业公共（技术）服务

(一) 行业现状

产业公共（技术）服务主要包括研发设计、试验验证、检测检验、共性技术转化、两化融合、技术认证、信息基础设施、设备共享、节能环保以及教育培训等园区企业发展相关服务。搭建产业公共（技术）服务平台可为企业创新和产业发展提供解决共性问题的环境，减少竞争前的企业技术基础投入，实现共性基础技术资源共享，降低企业在研发和质量保证方面的资金风险和技术门槛，提高产业核心竞争力，促进产业链快速形成，实现资源共享，提升社会基础能力。

产业公共（技术）服务平台是产业与政府、社会服务资源之间的联系纽带，尤其是在二三线城市和地区，在其产业发展初期，产业公共（技术）服务平台能够领先于区域产业和经济发展阶段，实现产业要素的跨时间、跨空间聚合，在推动产业快速发展和企业服务方面具有无可比拟的优势和重要作用。因此，产业平台建设成为近年来我国中央及地方各级政府推动产业发展的重要抓手。科技部在《关于发挥国家高新技术产业开发区作用，促进经济平稳较快发展的若干意见》（国科发高〔2009〕379号）中指出，要大力支持国家级高新技术产业开发区公共创新平台建设，切实增强为企业技术创新的服务能力；国务院在《关于加快培育和发展战略性新兴产业的决定》（国发〔2010〕32号）中明确提出，要加强产业集聚区公共技术服务平台建设，围绕关键核心技术的研发和系统集成，建设若干具有世界先进水平的工程化平台；工业和信息化部在《关于进一步做好国家新型工业化产业示范基地创建工作的指导意见》（工信部联规〔2012〕47号）中指出，要以关键共性技术研发应用及公共设施共享为重点，着力发展一批运作规范、支撑力强、业绩突出、信誉良好的公共服务平台，重点增强公共服务平台在研究开发、工业设计、检验检测、试验验证、科技成果转化、设施共享、知识产权服务、信息服务等方面的服务支撑能力。相关平台扶持政策的相继出台，我国产业公共服务平台获得快速发展。据不完全数据统计，当前我国各类产业公共服务平台数量共计40多万个。各类公共平台中提升社会协作水平和市场效率，促进产业健康发展，建设高效、服务型政府等方面发挥了重要作用。

随着科技变革及我国产业发展模式转变的影响，产业公共（技术）服务平台不仅需要满足企业研发创新场地、设备和设施，信息沟通，管理咨询服务，成果转化，资金融通、产权交易、人才培训、综合商务等各类需求，更需要满足产业价值链整合的需求。产业公共（技术）服务平台的未来发展将呈现以下几个核心趋势：一是与新兴技术的融合，新一代公共服务平台将完全建立在云计算、大数据、移动互联网等新兴技术平台和架构基础之上；二是市场化运营模式转型，产业公共服务平台的盈利和服务能力变得越来越重要，从政府支持向市场化运营模式主导转型；三是共享与众包发展趋势，平台由单一建设主体向多方主体参与建设及运营方向转移，政策、合作和服务成为实现平台发展的三个关键要素。

（二）发展模式

产业公共（技术）服务一般由政府、非营利性组织、公立机构等提供，产业公共（技术）服务机构通过政府授权，把非营利性组织、第三方公立机构引入到园区公共服务和公共资源的生产与提供之中，使它们与政府组织共同助力产业发展、促进企业创新。目前国内外三种比较常见的产业公共服务平台发展模式，分别是政府支撑模式、园区主导模式和市场主导模式。

政府支撑模式。政府主导建设的产业公共（技术）服务平台能够很好地保障平台的公益性，同时由于政府出资，可以保障平台的投入水平。作为政府支撑的公共（技术）服务平台，可以获得行业内多个跨国公司的支持，充分利用了国内、国外两种资源。通过联合地方政府建设分中心的方式，在拓展服务范围、提高自身资源的利用效率方面，走在很多同类平台的前面。同时由于它自身的半官方地位，决定了它的服务对象是整个产业，所以它在积极推进产业化，努力帮助国内企业实现对国外同类产品的替代上也做出了不小的成绩。

园区主导模式。当地政府依托产业园区建设服务平台，这种模式具有比较明显的地域性，贴近园内企业提供服务，减少了企业获取公共服务的成本。同时，由于平台更贴近企业，可以更有效地了解企业需求，及时调整平台服务内容，让平台的服务更加具有针对性。该平台还通过提升内部管理水平，保障平台的服务质量。这种模式比较容易形成服务平台和产业园之间的互动，也是一种平台的有效建设方式。

市场主导模式。通常由高校、协会、企业单独或者共同建设运营的第三方公共（技术）服务平台，如中国外包网等，此类平台本身兼具产业公共服务职能以及市场化盈利模式，在某种程度上获得政府资金或者资源支持，具有相对较强的生命力和扩展性。随着共享经济和平台经济时代的到来，越来越多的企业朝着平台化模式转型，承担更多的产业公共服务职能。

（三）面临问题

尽管当前产业公共（技术）服务平台获得我国中央到地方各级政府的大力支持而蓬勃发展，但在建设和运营发展的实践中我们发现，真正经营情况良好的平台占比不足30%，大部分的产业公共（技术）服务平台都存在着以下问题和误区：

1. 重建设轻运营

我国政府高度重视和支持产业公共（技术）服务的发展并出台了诸多支持平台建设的政策，设立平台专项扶持资金。然而，当前支持重点主要放在了平台开发建设的相关投入上，例如场地运营、硬件采购、开发建设费用等，却忽视了对于平台实际运营和发展情况的了解和相关支持，例如信息采购、宣传推广、团队建设等。这也滋生了一批投机导向，以获取政府建设资金扶持的"假"平台。与此同时，一些真正需要运营资金支持，特别是一些技术性平台，建设费用和人才的薪酬本身就很高，后期运营成本也较高的平台，由于承担了大量的社会化和产业公共服务职能，却很难获得政府支持，由于资金匮乏而影响了平台发展。

2. 重硬件轻软件

政府对于产业公共（技术）服务平台的补贴主要集中在硬件购置上，忽视了针对产业需求和平台运营所需的软件的开发费用,导致平台投入大,但是针对性、服务能力不强,而实际上,平台服务能力、服务质量的关键保证,应该通过软件支持来实现,硬件设备的价值,也只有辅以足够的软件设施,才能得到实现。特别是实践中有很多平台虽然拥有高端设备,但实际平台运作能力不强,虽然建立了网络平台,但数据分析、挖掘能力不高,同时缺乏维护人员,平台效率低,甚至处于半瘫痪状态。

3. 重线上轻线下

目前,我国对于产业公共(技术)服务平台的第一印象还停留在网站表象上,平台功能也往往集中在信息聚合、企业名录、电子政务等方面,而忽略了线下资源的聚合及发展,更加忽视了线上频道内容和线下资源、服务、活动等的结合。很多平台线上内容与线下服务存在不相符、脱节、无法衔接等现象,亦或是完全不具备线下的服务能力,不仅影响了与企业、相关机构间的有效沟通协作,也严重削弱了平台的服务质量。

4. 重独立轻聚合

产业公共(技术)服务平台的建设缺乏合理的统筹引导,不同的平台通常是分属不同的政府部门归口管理或牵头建设,结果造成发展一个产业,搭建一批平台的现象频繁出现,却忽视了各个平台之间的协作和聚合。一方面,容易出现重复建设的现象,有限的资金、资源被分散地投入使用,造成资源的浪费,也降低了平台的建设效率,影响公共(技术)服务平台的整体发展;另一方面,平台间缺乏信息的共享,造成了一个个"信息孤岛",大部分平台都是各自为政,自成一体地开展服务,平台间横向缺乏服务沟通和协作,纵向缺乏有深度的服务指导和衔接,服务资源、服务信息涉及空间相对狭小,有限的服务资源无法发挥最大效用,协同运行机制也未建立。

5. 重开放轻盈利

近年来,"政府引导、企业共建"成为我国产业公共(技术)服务平台建设和运营的主流理念,采取"政府扶持中介、中介服务企业"的管理模式,"公益服务+商业服务"的经营模式成为产业公共(技术)服务平台的主要模式,然而事与愿违的是,虽然大部分产业公共(技术)服务平台在建设和管理上有很大建树,但当面对盈利问题时却往往一筹莫展。早期建立的一批以事业单位机制运作的公共服务平台,现在基本依靠政府的项目补贴来存活。少数以企业为载体的平台或是加入项目编报的行列以此得以延续,或是以公共服务之名而行投机敛财之实。平台市场化程度低,忽视了平台虽以公共服务为形式,但也应是市场主体之一,若想在市场中生存,盈利能力应是根本。

五、园区物业管理服务

(一) 行业现状

园区基础物业管理服务主要包括安全保卫、公共设施维护、环境绿化及保洁、园区文化活动等。作为我国物业管理的重要组成部分和产业园经济发展的基础与保证，物业管理已成为园区服务链中不可或缺的重要环节和推动行业转型升级的主要力量。一方面，产业园区物业管理丰富了我国物业管理行业的内容与形式，在业态上突破了我国物业管理长期以来偏重于住宅的格局，较早地介入智能化楼宇、能源中心、节能建筑等的管理，参与产业园区服务和企业社区创建工作；另一方面，产业园区物业还担负着优化园区投资环境、推动产业发展、服务园区经济的独特使命，这也赋予了物业管理行业新的价值与愿景。

从运营主体来讲，具有（园区）开发商背景的物业服务企业是发展主力。由于产业园区的发展以国家战略为依托，以国家级和省级开发区为核心，使得目前主要从事产业园区物业管理的企业，主要是国资背景的地产开发商投资设立的功能性、配套性企业，例如上海漕河泾物业、深圳天安物业、福建永安物业等。随着开发区以及产业园区现代化、市场化和国际化步伐加快，包括五大行等国际背景的物业管理公司进入产业园区物业管理领域，从事市场营销、资产顾问、运营管理等业务，获得了部分跨国企业和国内企业的青睐。不仅如此，以重庆海泰、北京均豪、秦皇岛佳美等为代表的市场化物业服务企业，也逐渐有机会进入产业园区物业管理市场。近年来，不同背景、不同定位的物业服务企业在产业园区物业管理领域和谐相处、协同发展，显示出产业园区物业管理的勃勃生机与广阔空间。

从业务构成看，传统物业管理项目是基础，但入驻园区的企业和客户群体不同，其对物业服务的要求也不尽相同，传统的物业服务项目已经远远不能满足园区发展需求。以目前各企业开展的实践探索来看，服务已经逐步渗透到了产业流程之中，不仅包括政府主管部门对接、园区餐饮、园区住宿、设施管理、设备租赁等基础服务，还涵盖了咨询、创投、金融租赁、物流支持、财务、人力资源、呼叫中心、服务外包等增值性服务，园区物业服务正在呈现现代服务业的特征❶。

从管理技术和服务模式发展趋势看，由信息化向互联网化升级，自管理向平台型过渡。近两年，随着互联网科技和互联网商业模式的兴起，园区管

---

❶ 资料来源：物业管理遇见产业园区，详见 https://www.sohu.com/a/203866431_722607。

理迫切需要与现代化管理技术和手段"联姻",产业园区物业服务企业正在探索由信息化向互联网化的升级,深圳天安、成都嘉善等企业开通了互联网社交媒体,漕河泾物业、佳美物业等也正在积极探索物业服务互联网化的途径与方式。产业园区物业管理的互联网化将极大提升物业管理服务的质量与效率。

(二)发展模式

从权利、实施(责任)主体角度界定区分园区物业管理模式,主要有三大类:自建自管、合作管理、委托管理。此外,业主单位有时为了使管理服务工作更有保障或更有品牌影响,还会聘请国内或境外的知名企业作为顾问单位从旁协助,称为顾问管理模式。

自建自管,即由业主单位直接管理自己投资建造的物业,其中又有成立子公司、项目部或管理中心的不同形式。这种模式的优点是,上下级沟通便利,上级单位能直接指挥下属部门或公司,具体管理服务单位能直接按上级意图进行物业管理运作,上级意图能得到较好的贯彻;同时,管理服务需要的各种资源更容易得到业主单位支持,工作计划也更容易被批准实施。但其缺点是:自己的队伍可能水平不够,管理服务效果差、成本高,也不利于企业专注于主营业务。这种模式要求业主单位有较强的物业管理经验,储备足够的专业物管人才,一般的园区都不具备自管条件。

合作管理是指业主单位与专业物业公司共同出资、出人成立项目管理公司进行项目的物业管理。在管理服务过程中,专业公司帮助业主单位逐步培育专业化的管理服务团队。该种管理模式的优点是,能将双方资源配合使用,对建设单位来说,既能分流一部分员工,又能锻炼队伍、培养人才、积累经验。对物业公司来说,可以更为便利地取得管理项目,拓展业务范围。缺点是,不同的企业,文化不同,工作习惯要求不同,员工间沟通协调渠道不畅,容易出现利益纷争、责任不明的情况。

委托管理是指业主单位委托专业物业公司或机电、保洁、绿化等专业公司从事项目管理,包括全权委托、委托代理监管、并行委托等主要形式。这种模式的优点是,委托方可以专注于主营业务,广泛选择社会上优秀的物业公司或专业公司承担项目管理服务事项,充分发挥社会化专业分工的优势,权责分明,管理服务专业性强、适用范围大、效率高,风险主要由专业公司承担,监管也相对容易。其缺点是,需要为专业管理服务另行支付费用,另外,建设单位可能受制于专业公司的信息封锁,难以了解项目运作的真实成本和情况,合同到期后更换服务商容易出现交接问题等。

(三) 面临问题

面对蓬勃发展的产业园区经济，以及日新月异的产业园区，当前业界对园区物业服务的探索仅仅开了一个头，未来还有很长的一段路要走。尚未出台全国性的产业园区物业服务分类指导标准、专业化的高素质人才队伍匮乏、高科技技术力量薄弱等都是当前园区物业服务行业亟须解决的问题。

六、企业服务

(一) 行业现状

企业级服务（To B 类服务）是以企业价值提升为最终目的的综合应用与服务，既包括软件层面的办公自动化、社交与协同、企业资源计划、客户关系管理等类别的软件应用，也包括企业咨询、品牌设计、工商财税、人力资源、会务接待、法律服务、行政办公、后勤采购等关联服务。在美国市场，企业级服务扮演着重要角色，Oracle、SAP、Salesforce 合计 3000 亿美元的市值。数据显示，美国投资机构有 40% 的钱投在 To B 的公司上，中国目前只有 10% 左右❶。

在"大众创业、万众创新"政策背景下，中小企业开始扮演重要角色，企业数量快速增长，企业级服务释放新空间。根据国家工商总局最新统计数据，全国实有各类市场主体总量已突破 1 亿家。To B 服务立足于企业之上，快速增加的企业数量，无疑会使得企业服务市场空间不断扩大。目前，全国中小企业数量占总企业数的 95% 以上，已经成为国民经济中最为活跃的力量，但我国中小企业信息化、专业化程度整体较低，企业服务渗透率不高。根据中小企业信息化调查数据，只有在财务管理、业务管理、宣传、库存管理等领域渗透率超过 40%，而在企业支持决策、供应链管理等领域渗透率较低，特别是人力资源管理和分销系统，对标美国，已经出现 Salesforce 等企业服务巨头❷。

据不完全统计，目前国内企业级服务各领域创业项目数量近 400 家，涵盖了 CRM、ERP、HR、OA 及协同办公、收银支付、考勤等多个领域。在 2017 年企业服务 50 强中，上榜企业总估值大约为 1979 亿元，平均估值 39.6 亿元。而从具体细分行业来看，企业服务 50 强中，云服务与大数据领域上榜最多、估值最高，占比均为 18%。紧随其后的是移动办公、开发者服务、企

---

❶ 数据来源：企业级服务发展现状及兴起背景，详见：http://www.beeui.com/p/3465.html。
❷ 数据来源：2016 年企业级服务行业创投报告，云天使研究院，2016-12-16。

业级智能、人力资源,占比都超过10%。营销、网络安全、办公租赁则较少[1]。

随着国内经济体制改革的深化、中小企业的持续增加,以及行业分工进一步细化,企业服务行业所涉及的服务领域进一步扩大,企业服务的需求呈现出专业化、即时化趋势;同时伴随着移动互联网对传统服务行业的冲击,O2O服务已成为习惯性需求,但目前大多数中小企业对企业服务业务仍处于有需求无规划的状态,亟须拥有丰富资源和经验的专业化团队和平台进入。纵观目前国内企业服务市场,呈现出百花齐放之势,尽管许多企业都在向这个行业布局,但尚未出现一家独大的趋势,可以说企业服务市场仍是一片万亿量级的蓝海市场。

(二)服务模式

SaaS服务模式。该模式下,服务商基于云端为客户提供软件服务,其优势在于客户无须本地安装,软件的升级、维护费用大大下降,同时,数据的存储也更加安全,采用的是按需服务、按需付费的盈利模式。例如,用友和金蝶提供的企业财税管理服务软件、京东企业智慧福利平台——"惊喜"等都是SaaS服务模式的典型代表。

一站式O2O企业服务平台模式。该模式下,服务商为企业服务供需双方搭建在线交易市场,成为专业服务供应商与中小企业用户之间的"桥梁"。此模式又可进一步细分为自营服务模式和第三方供应商服务模式:

(1)自营服务模式下,企业用户通过平台预约,所有服务项目均由平台自身经营和办理,盈利模式为自营业务收入。该模式的典型代表为小二企服,致力于为中小微企业打造一个业内独有的"自营+管家式服务+创业全周期"一站式服务平台,目前业务范围涵盖工商服务、财税服务、法律服务、企业管家、人事社保、知识产权、虚拟地址、专项审批、挂牌上市等专业领域。

(2)第三方供应商服务模式下,服务商通过平台将企业用户的需求与可提供专业服务的第三方供应商对接,通过撮合平台供应商与企业用户完成交易并从中抽取提成获利。该模式的典型代表为神州顺利办,首次将平台模式引入企业服务领域,通过资本和产业捆绑,让成员企业成为顺利办合伙人,形成企业矩阵,提供从公司注册、财税、投融资等多项服务,神州顺利办则负责搭建最具黏性的企业运营和服务平台。

(三)面临问题

企业服务涉及的层面和服务内容繁冗复杂,尚未形成标准化服务体系,

---

[1] 数据来源:企业级服务行业深度报告:从2C至2B,"云"深不知处,雪球,2016-10-11。

用户获取服务的成本较高、效率低下。在全球经济下行的宏观背景下，中小企业作为企业服务的主要受众，数量庞大，非核心业务环节外包趋势更加明显，且服务内容从单一的基础性需求向提供更多增值服务的综合性需求转变。目前，企业服务市场高度分散，供应商数量众多，但发展水平良莠不齐、信息化程度低，且业务同质化严重。对于中小企业来说，追求的是一个完整的企业服务闭环，但对于企业服务供应商，由于专业性的限制，更多是各自独立、分割的，中小企业亟须一个综合性平台，能够一站式获取价格透明、质量有保障的企业相关服务。

七、商业及生活配套服务

（一）行业现状

商业及生活配套服务长期以来在园区运营中没有受到足够的重视，是导致"产城分离"现象的一个重要原因，因此"产城融合"越来越强调塑造舒适的商业及生活居住环境。当前，无论工业园区、开发区还是高新区，在着力提升研发、创业等科技产业功能的基础上，大力发展商业及生活配套等服务功能，打造齐全完善的公共配套设施、多层次的住宅地产、便捷的民众生活设施，不断提升自身"档次"，将自身从单一的制造产业区转型提升为生产生活多元功能新城，让园区成为"宜居、乐居、宜业、乐业"的美好家园。

商业及生活配套服务大致可分为商业服务、生活服务和公共服务，其中幼儿园、中小学、早教机构等教育配套，社区医院、卫生所等医疗卫生配套属于公共服务，其供给一般由政府和市场力量并行；园区班车、共享出行、微巴士等交通配套，超市、便利店、餐饮、美发、药房、邮政快递等商业配套，公园、影院、会所、图书馆、健身中心等文体配套，家政服务、房屋中介服务等都属于生活服务，其供给以市场化为主，因此也衍生了一大批提供服务的企业和机构。

（二）发展模式

自营或专业服务商招引模式。园区商业及生活配套服务一方面通过园区自建或招商，导入一批提供单品类服务的实体商户或机构。这种模式存在几个问题：一是园区自建运营或商业招商能力弱，导入的服务机构业务范围有限，不能覆盖园区商业及生活服务需求的各个方面；二是园区商业及生活服务机构的准入门槛变低，服务质量参差不齐，也难以实行监督管理。另一方面园区通过与综合性商业及生活服务提供商开展合作，导入商业及生活配套服务，包括传统生活服务平台以及物业企业、地产企业转型生活服务商等。

"线上+线下"一体化模式。O2O成为商业及生活服务发展的大趋势。园区商业及生活服务领域与人关系更为密切，而随着移动互联网的发展，人的行为信息化和数据化在高速发展，线上数据和线下服务能够更有效对接。因此，越来越多的行业内企业向上形成"平台+大数据"，向下拓展"互联网+渠道、体验"，以"线上+线下"新模式打破地域、群体和服务类型的限制，降低用户获取成本，通过满足不同客户的各种个性化需求，获得更高的客单价和增长溢价，极大地提高了园区商业及生活配套服务能力。

(三) 面临问题

(1) 园区自建运营或商业招商能力弱，导入的服务机构业务范围有限，不能覆盖园区商业及生活服务需求的各个方面。同时，园区商业及生活服务机构的准入门槛变低，服务质量参差不齐，也难以实行监督管理。

(2) 园区的服务半径有限，商业及生活服务市场规模小。一般产业园区企业员工及家属数量少则数千人，多则几万人，单个园区的市场价值不够大。需要建立标准化可复制的综合服务运营模式，推广到各个园区，拓展市场纵深。

(3) 园区综合商业及生活服务运营盈利模式不清晰。整个园区商业及生活服务市场都处在探索期的投入阶段，还没有一种模式可以提供稳定的营收，而园区综合商业及生活服务商已实现盈利的更是凤毛麟角。

第二节 产业服务典型案例研究

通过收集整理相关文献、报道、研究报告、统计数据等资料，从服务商背景、服务特点等视角出发，寻筛产业服务细分领域的典型案例，总结梳理优质产业服务的供给模式和做法，为产业服务行业的发展提供借鉴和启发。

一、科技金融服务——中关村发展集团 & 中新力合

典型案例一：中关村发展集团股份有限公司

(一) 总体概述

中关村发展集团股份有限公司（以下简称"中关村发展集团"）自2010年成立以来，紧紧围绕中关村建设具有全球影响力的科技创新中心，构建了产业投资、科技金融、园区发展、海外业务和区域合作"五位一体"业务体系，已成为北京市加强全国科技创新中心建设的市场化配置资源的主平台

（图 5-1）。为更好、更高效地支持早期科技创新企业的发展，中关村发展集团在建设专业园区、搭建孵化器、设立创新中心的同时，积极为企业提供金融支持与产业服务，着力搭建适应企业成长的创新创业生态系统。

中关村发展集团科技金融针对科技型企业的融资需求，发挥国有资本引领放大作用，构建以债权融资为核心，债股联动为特色，分工明确、功能互补的一体化科技金融服务体系，为不同成长阶段的创新创业企业提供全方位综合金融服务。截至 2016 年年底，中关村发展集团已联合清华、北大及中科院等科研院所，北斗等领军企业，红杉资本、IDG 等专业投资机构，共同发起设立各类基金近百支，催生了碧水源、鱼跃医疗、桑德集团等近 750 家上市企业或新三板挂牌企业。

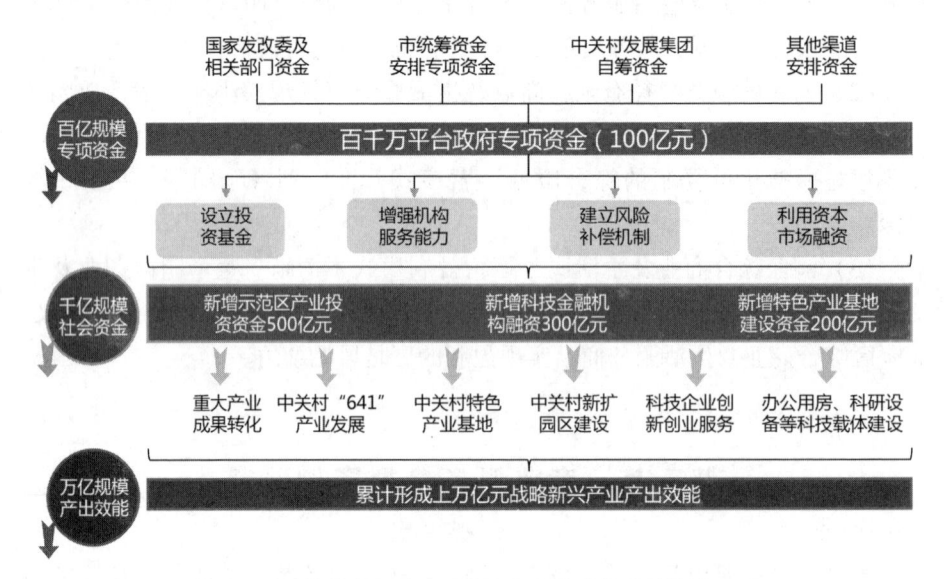

图 5-1　中关村发展集团"百千万"科技金融服务平台

（二）服务模式

近年来，围绕国家创新驱动发展战略，中关村发展集团科技金融业务创新能力逐步增强，形成了涵盖股权基金、科技担保、科技租赁、科技信贷、天使信贷等多元化的科技金融体系，如图 5-2 所示。截至 2016 年年底，中关村发展集团累计为超 32000 家（次）中小微企业提供金融支持 2728.44 亿元，其中，累计基金规模 688.76 亿元、累计担保金额 1788.68 亿元、累计租赁投放额 75.32 亿元、累计小贷金额 163.70 亿元，已成为新时期推动中关村创新创业发展的重要支撑力量。

图 5-2 中关村发展集团科技金融业务体系

1. 科创基金

中关村发展团通过代持政府资金及使用自有资金的方式开展股权基金业务，截至 2016 年年底，合作设立基金 92 支，基金规模达 688.76 亿。其中，天使、创投基金 83 支，规模 462.29 亿，资金放大倍数 22 倍，投资领域覆盖移动互联网、TMT、生物医疗、清洁技术等战略性新兴产业。同时，发起设立总规模 300 亿的集成电路产业投资基金与总规模 100 亿的中关村协同创新投资基金，为北京市"高精尖"产业发展与京津冀区域协同发展提供资金支持。在上述业务基础上，"十三五"时期中关村发展集团发起设立规模超百亿的北京科创基金，聚焦前孵化、双创、高精尖产业三个阶段，通过对接政府引导基金，吸引社会资本等方式，优化首都原始创新创业环境，支持北京全国科技创新中心建设。

2. 天使信贷

为支持"大众创业、万众创新"，中关村发展集团以北京中关村领创金融信息服务有限公司为载体，为早期创业企业提供无抵押信贷支持等综合金融服务。目前领创金融公司已构建了天使信贷、天使投资和互联网金融天使融资平台的三大业务板块，搭建初创企业成长的金融生态服务体系。

3. 科技担保

针对科技企业在融资过程中存在信用缺失、缺乏有效的抵押物或抵押物不足的情况，中关村发展集团以中关村担保公司为载体，推出贷款担保、票据担保、集合信托计划担保、集合企业债券担保、集合票据担保、履约担保、诉讼保全担保、委托贷款等系列融资担保产品，以及针对初创企业的"创易保"等创新产品，为科技企业提供融资支持。

4. 科技租赁

针对科技型中小企业在厂房建设、购置生产或研发所需的仪器设备、检测设备等资源时存在较大的资金压力的问题，中关村发展集团以中关村租赁公司为载体，通过项目租赁、厂商租赁、厂房及设备租赁、风险租赁、集群租赁、创投租赁、售后回租、经营租赁、并购租赁等业务模式，为中关村科技企业提供高效融资服务及设备租赁解决方案，实现科技产业与金融产业共同发展。

5. 科技信贷

为解决中关村地区中小企业存在的短期资金缺口，中关村发展集团以北京市中关村小额贷款股份有限公司、北京市中金小额贷款股份有限公司为载体，通过知识产权质押贷款、股权质押贷款、保理业务贷款、信用贷款、认股权贷款等，为科技型中小企业提供小额贷款，促进企业整体收益的增长和自身的不断发展。成立以来，中关村发展集团信贷业务累计发放贷款 2918 笔，放贷金额合计 163.70 亿元。2016 年全年，新增贷款 409 笔，放贷金额合计 23.91 亿元。

中关村发展集团科技金融产品系列见表 5-2。

表 5-2 中关村发展集团科技金融产品系列

服务模式	产品系列
科技担保	贷款担保、中关村创新成长企业债（四版私募债）、工程履约保证担保、诉讼保全担保、委托贷款
科技租赁	并购租赁、创投租赁、厂商租赁、新设备及新厂房直接租赁、售后回租
科技信贷	信用贷款（信用时贷）、瞪羚企业贷款（赤诚相贷）、房产抵押贷款（房产快易贷）、物流通贷款（物流速贷）、文化创意产业贷款（创意新时贷）
科创母基金	天使基金、创投基金、并购基金、产业基金
互联网金融	无抵押物业租金贷款（小金贷）、短期贷款（快易贷）、授予企业信用额度进行支付结算（信用金）
天使信贷	初创企业无抵押信贷（创业新时贷）、启迪之星孵化企业贷款（启创贷）、高校人才创业贷款（高校贷）、"投联贷"产品（与知名投资机构合作）
知识产权融资	知识产权质押融资（智融宝）

（三）启示与借鉴

当前，我国科技金融工作仍存在科技和金融"两张皮"的问题，多层次资本市场与技术创新不匹配，科技型中小企业仍然面临着缺乏资金的难题。

中关村发展集团经过多年的探索与实践，在科技金融服务方面已走在全国前列，并为科技金融服务的发展提供了丰富的启示与可借鉴经验：

（1）科技金融服务需要政府与市场联动。早期政府以直接补贴的形式将扶持资金发放给创业企业，支持符合补贴条件的创业企业发展，但这种方式下，政府资金使用效率不高，没有放大作用。政府需要和市场联动，设立政府引导基金，有利于充分发挥政府引导资金的引领带动作用，吸引社会资本参与，放大政府资金使用效能，支持更多创业企业设立和创新发展。

（2）科技金融服务业务需要多元化发展。科技企业的金融需求区别于传统企业，不同阶段需求不同，相对更加多元化。针对科技企业不同成长阶段的特点，科技金融业务要多元化发展，联动服务，一站式满足创业企业的多样化金融需求。

（3）科技金融产品需要定制特色化设计。由于服务的对象区别于传统企业，这就需要针对科技企业特点，定制特色化金融服务产品。科技企业资产结构一般以无形资产为主，难以从传统金融机构获得融资，但科技企业的股权具有很大增值潜力，因此附带认股权的债权产品非常适合科技企业。机构之间，充分利用相关企业信息，创新开发金融服务产品，是科技企业获得融资的另一条可行的渠道。

（4）科技金融工作需要多方协同融合发展。科技金融工作既需要构建科技金融服务体系、创新科技金融产品，同时需要营造创新创业氛围、孵化优质企业，以解决科技金融的"供需矛盾"，实现良性循环发展。政府应以科技金融资源为手段，发挥政府资金引导作用，营造良好的金融服务环境，利用科技金融政策和工作，吸引优质项目产业化，打通从技术到产业化的"最后一公里"，实现科技和金融的充分融合发展。

典型案例二：中新力合股份有限公司

（一）总体概述

中新力合股份有限公司（以下简称"中新力合"）成立于2004年，是一家集金融、信息与网络为一体的综合金融服务机构。目前，中新力合主要为浙江省广大科技型中小微企业提供整体金融服务，主营业务包括融资方案设计、信用担保、股权融资、债权基金、融资租赁等。

2011年，由浙江省科技厅牵头，相关地、市、县科技局支持，联合中新力合与浙江省科技风险投资有限公司，由16家股东共同发起组建了浙江中新力合科技金融服务有限责任公司（2016年完成股份制改造，以下简称"中新力合科金公司"),是浙江省内唯一冠以"科技金融"字号的综合金融服务机构,属于标准的"混合所有制"股份企业,是政府支持平台和市场化的商业运作平台的结合,各股东所在地都设分支机构。

中新力合科金公司充分利用省级科技型中小企业综合金融服务平台,紧紧围绕科技型中小企业融资链进行有效创新:既在"安全性"维度上充分利用和进一步开放来自以银行信贷为代表的间接融资渠道拓展和资金供给;又在"成长性"维度上作考量,设立和引进不同投资偏好、针对科技企业发展不同阶段特征的股权基金资源,整合多方力量,保障科技投入、促进成果转化;还在为营造"科技型企业融资集聚效应",设计、开发和应用具有市场培育和扶持性的融资支持与保障手段,如专利资产化等;最终形成投贷联动,债权先行、股权跟进,科技创新要素持续金融化的科技金融服务平台。

(二) 服务模式

1. 桥隧模式

中新力合在传统担保模式的基础上开发了桥隧模式,如图5-3所示。其核心就是在传统担保的三方交易结构中引入创业投资机构或上下游企业等。第四方以某种形式承诺,当企业现金流发生未预期的变化而导致财务危机发生,当无法偿还银行贷款时,第四方将以股权收购等形式进入该企业,通过这种方式为企业带来现金流从而重获偿还债务能力。

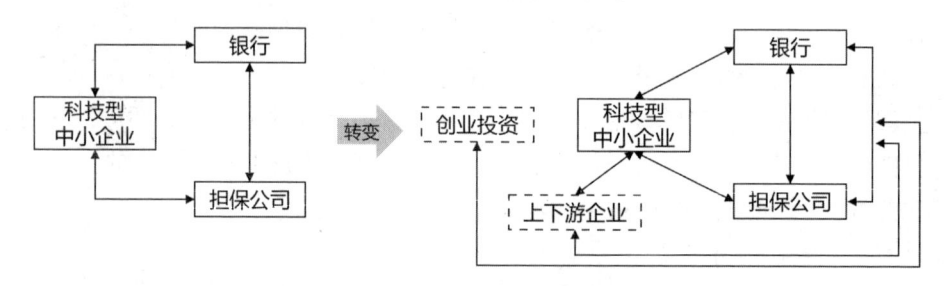

图5-3 中新力合"桥隧模式"

2. 路衢模式

中新力合在桥隧模式的基础上开发了路衢模式,如图5-4所示。通过聚集财政资金、金融资源(银行资金、信托资金、创业投资等)和市场主体(担保公司、信托公司、银行、创业投资机构等)为科技型中小企业提供融资的一类服务模式。在路衢模式中,中新力合走在科技金融服务的"前端",其角色由风险分担方拓展为资源整合者、产品设计者以及市场推广者。

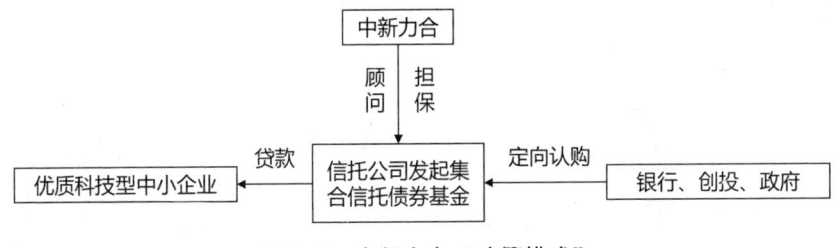

图 5-4 中新力合"路衢模式"

3. 云融资服务平台

中新力合在整合"浙江省小企业多方服务平台"资源的基础上构建了云融资服务平台，一个为科技型中小企业融资提供服务的开放式平台，如图 5-5 所示。其基本思路是利用互联网技术将各种金融服务资源按接入标准自愿接入，每个企业都可以定制化地将自己的状况和需求按标准向云融资服务平台展示，以实现金融服务资源与企业基于双向选择的方式，以信息化的手段快速匹配对接。

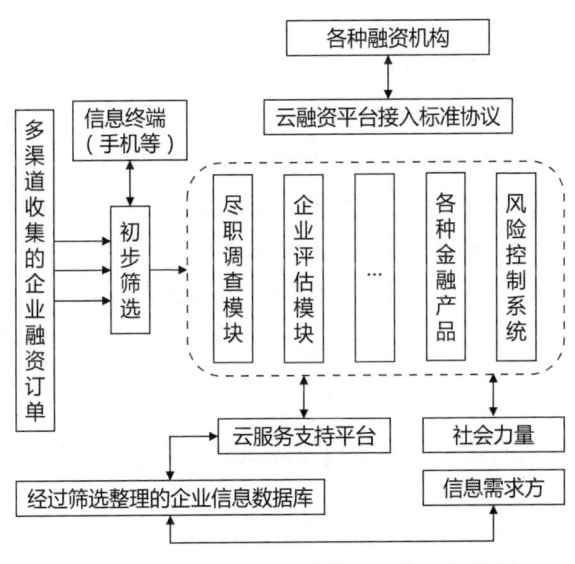

图 5-5 中新力合云融资服务平台运行逻辑

4. 小企业集合债

小企业集合债的本质就是信托贷款，它的基本运作模式是：由信托公司发起信托计划，所发行的信托产品由政府财政资金或专项引导基金、社会资金、风险投资等共同认购，信托资金投向要经过担保公司筛选，选择既要体现政府扶持意愿、而且要符合特定行业或区域经济发展特色的优质小企业，如图 5-6 所示。

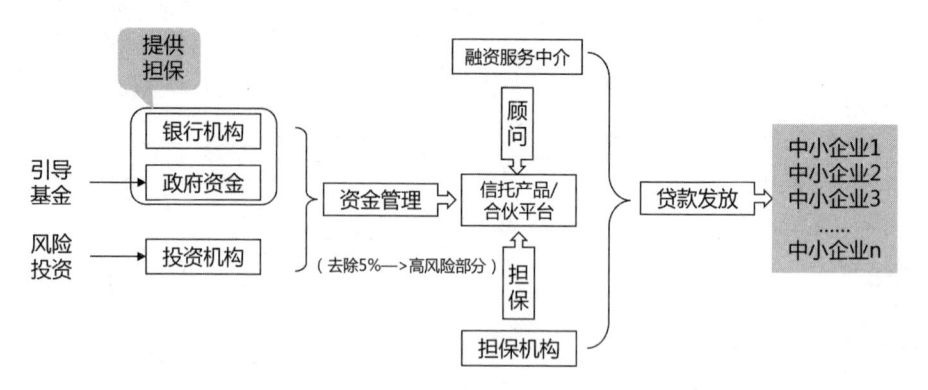

图 5-6　中新力合小企业集合债产品运作机制示意

（三）启示与借鉴

民营科技金融服务平台具有更加市场化、更加便捷灵活的特点，民营科技金融服务平台的涌现，更加丰富了科技服务体系建设，特别是其服务更加契合中小微企业融资需要，能够整合多方社会资源，为中小微企业创新创业提供更加多元化、个性化的专业金融服务。

中新力合从供给端运用"珍珠项链"模式打通跨界合作❶，通过股份制这种风险共担、利益共享的"混合所有制"互动合作机制，形成了一个政府与市场贡献各自优势的科技金融服务平台。科金公司的实践正是公私合作伙伴关系在我国科技金融领域的应用，是我国正在成长的 PPP 的一种方式，可认为是我国在软性经济基础设施领域中应用 PPP 的创新之举，对于提升财政管理水平具有重要意义，也对于进一步打开这一重要潜力空间具有试验、示范意义。

二、创业孵化服务——清华科技园启迪控股启迪之星孵化器

（一）总体概述

启迪之星始建于 1999 年，并于 2001 年注册成立公司，建立了"孵化器+种子投资"的发展模式和专业孵化器的发展方向，是科技部火炬中心认定的国家级孵化器之一，2001 年被科技部认定为国家高新技术创业孵化中心、国家高新区先进孵化机构，2007 年被中关村管委会、海淀区政府评为中关村科

---

❶ 贾康，孟艳，赵雅敬．"珍珠项链"模式、科技金融生态创新与新供给管理——基于浙江中新力合公司调研［J］．经济研究参考，2014（25）：3-14．

技园产学研合作示范基地。2015年被科技部评定为首批国家级众创空间。

启迪之星通过整合创新资源，搭建创业平台，与园区企业共同成长，已累计孵化企业超过3000家，培育了大批优秀企业，其中钻石企业44家，"金种子工程"企业41家，"千人计划""海聚工程"和"高聚工程"领军人才等80余人，并已有27家企业成功上市。

（二）服务模式

1."启迪之星"培育计划

由清华科技园启迪控股发起，面向全球征集"拥有领先的行业创新技术或基于技术的商业模式"的创业项目，立足启迪创业孵化器面向全球筛选拥有优秀的商业模式和进取的创业精神的优秀创业者；通过"孵化服务+创业培训+天使投资+开放平台"四位一体的新型孵化服务方式，如图5-7所示。培养科技创业领军人才，发掘推动科技创新创业项目。截至2016年5月，已建立启迪之星孵化基地60余个，年入孵化企业近500家，每年举办创业培训300余场，投融资对接活动50余场。

孵化服务
立足启迪对科技创业服务的经验，为创业企业提供全方位服务解决方案

创业培训
依托清华大学、启迪控股资源为创业者提供导师匹配、创业课程、创业沙龙等培训课程

天使投资
启迪之星开创了国内孵化器的盈利模式，成熟的运营模式将为创业企业提供更专业的投资服务

开放平台
整合启迪控股内、外部资源，为创业者提供持续和全方位支持的开放式科技创业平台

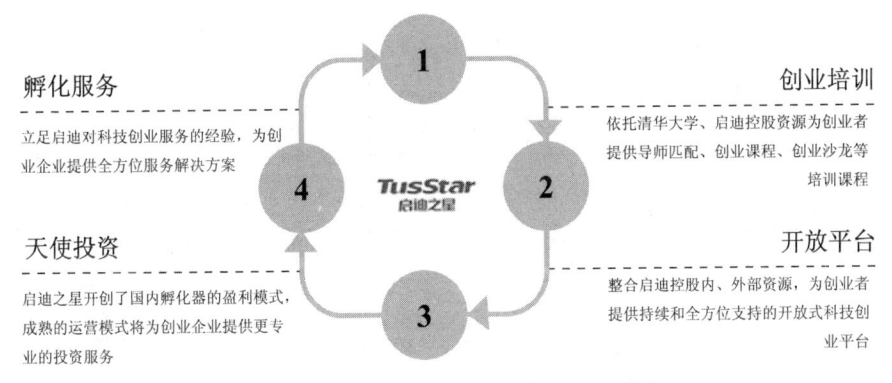

图5-7 启迪之星"四位一体"孵化服务

（1）孵化服务

启迪之星孵化器依托多年积累的创业孵化资源和经验，采用开放平台合作架构，为创业创新企业提供一站式创业服务，打造"政产学研金介贸媒"等各种创新要素有效融合和互动的创新创业环境。具体孵化服务内容见表5-3。孵化服务体系如图5-8所示。

表 5-3　启迪之星孵化服务内容

启迪之星创业孵化内容		
咨询认证	政策申报	税收减免政策、房租优惠政策、创新基金、产业专项等
	体系认证	产品质量认证、IOS9000 系列认证、高新企业认证等
技术转移	技术中介	技术评估、技术超市、技术转让
	技术平台	与大学、政府、企业合建专业技术平台，如公共测试平台等
投融资	融资顾问	贷款担保、融资辅导、推介洽谈、二三板挂牌服务等
	投资业务	创业投资、投资顾问、企业并购等
人力资源	人事服务	企业立户、员工存档、代理缴纳社保等
	外事服务	代办外商在华毕业就业和居留证件、来华商务邀请等
	人才招聘	网络招聘信息发布、举办校园及专场招聘会、建立人才库等
交流培训	交流活动	行业沙龙、CEO 峰会、技术交流与展示等
	各类培训	创业辅导、政策宣讲、管理培训、融资讲座等
品牌宣传	信息服务	多媒体、服务网、园区报等平台进行信息推送
	宣传服务	通过园区社会网络为企业进行产品及形象的宣传推广
中介代理	工商代理	工商注册、高新认定、其他资质认定
	其他	金融、法律、专利、物流、人事、咨询等专业中介代理服务

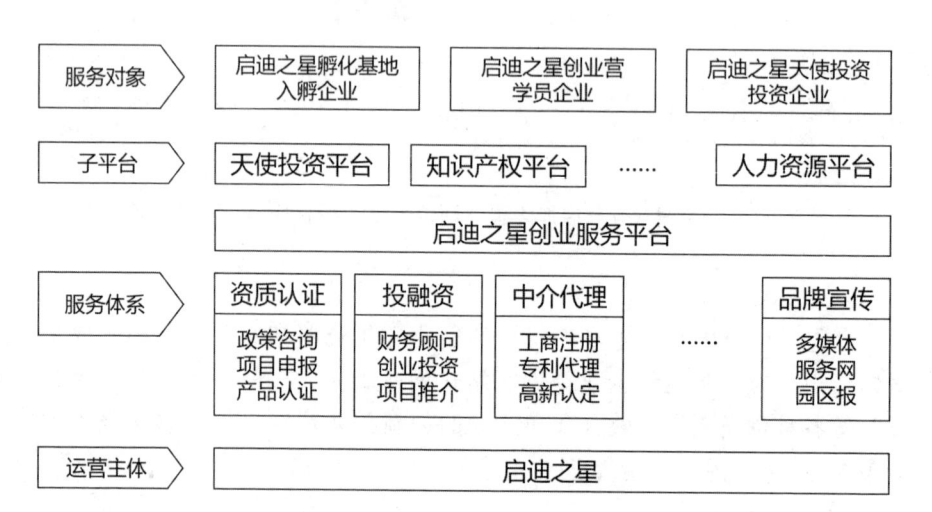

图 5-8　启迪之星创业孵化服务体系

（2）创业培训

启迪之星通过定期举办创业培训活动的方式，依托清华大学、启迪控股资源为创业者提供导师匹配、创业课程、创业沙龙等创业培训，对具有创办小企业意向的人员和小企业经营管理者进行企业创办能力、市场经营素质等方面的培训，并对他们在企业开办、经营过程中给予一定的指导性意见，具体的创业培训服务内容见表5-4。

表5-4　启迪之星创业培训内容

启迪之星创业培训内容		
周度活动	创业资讯港	聚专家资源，提供创业咨询，答疑解惑
	创业沙龙	政策普适性讲座，技术管理和交流沙龙
	创业汇	为项目和资本提供对接机会
月度活动	创业行	对接产业资源，了解全国创业政策，对接各地产业园区
	CEO俱乐部	同行创业者聚会
	创业讲堂	分享输出清华创业孵化体系
年度活动	创业营	系统性孵化培训，创造创业交流互动环境
	DEMO	优质项目路演和展示
	清华创业行社区	举办创业交流活动，分享创业快乐和艰辛

（3）开放平台

启迪之星的开放平台整合启迪控股内、外部资源，为创业者提供持续和全方位支持的开放式科技创业平台，主要由金融服务平台、天使投资平台、知识产权平台、商务服务平台、法律服务平台、技术服务平台六大平台整合运行服务，具体见表5-5。

表5-5　启迪之星开放平台

平台主题	内容说明
金融服务平台	依托各大金融机构，为创业型科技企业提供直接融资、信贷业务、投行业务和金融综合服务业为一体的综合性金融服务
天使投资平台	通过专职投资和服务团队，为平台上基金和投资人提供专业、规范、系统的投资服务、创业服务和天使服务，有效解决天使投资人面临的困境
知识产权平台	国知局设立的首批"企业专利工作交流站"之一，通过整合社会专业机构和行业协会资源，为园区企业提供全面的知识产权服务链条
商务服务平台	为初创企业提供工商注册、财税管理、基础人事、人员招聘、企业培训等服务，让创业企业专注提升内在竞争力

续表

平台主题	内容说明
法律服务平台	依托专业的法律事务所，为创业企业提供常年法律顾问及专项法律服务，解决企业在发展过程中遇到的各类法律问题
技术服务平台	提供网站开发、移动 APP 开发、认证检测、设计等技术服务

（4）天使投资

启迪之星早期投资源自 1999 年，目前累计投资 300 多家初创企业，投资总额超过 20 亿元人民币。目前"自有+管理"基金共计 5 亿元。未来 5 年启迪将从投资回报中再投入 20 亿资金去组建和撬动千亿级投资基金，扶持上万家创业公司。重点关注互联网+、TMT、节能环保、新材料、生物医药、先进制造、教育培训、智能+、现代服务、大消费等领域。在为创业提供资金支持的同时，更加注重投后增值服务。启迪之星天使投资平台如图 5-9 所示。

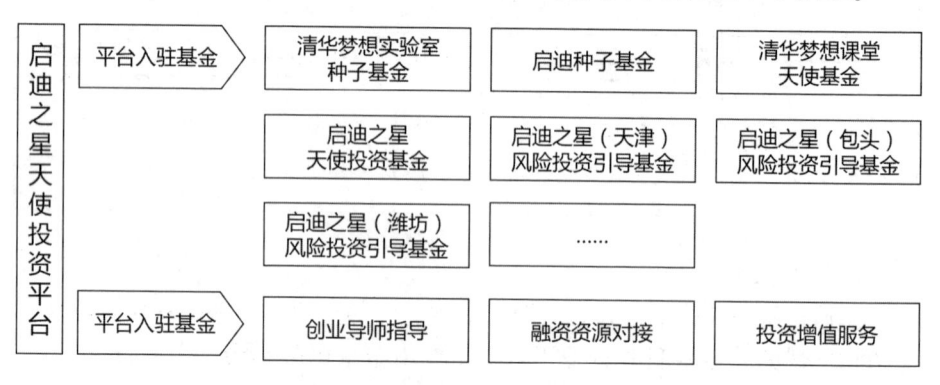

图 5-9　启迪之星天使投资平台

2. 启迪之星创业营

由清华科技园面向全球创业者发起的大型公益性创业培训与天使投资计划，启迪全球孵化网络携手联袂奉献，是清华科技园 20 年创业服务能力的一次集中展示，打造没有围墙的清华科技园。获评"启迪之星"的企业将得到清华科技园提供的一对一导师辅导、十万元种子引导投资、百亿风投资金对接、五百强企业对接、五十个高新区创业资金支持、清华科技园品牌支持、全链条创业服务体系支撑等。2014 年在北京、上海等地举办 9 站，吸引项目 1000 余个，投资机构 200 余家，上百亿风险资金关注。2015 年创业营年度 DEMO DAY 在福州举办，吸引全国超过 2000 个项目参加。

启迪之星培育流程如图 5-10 所示。

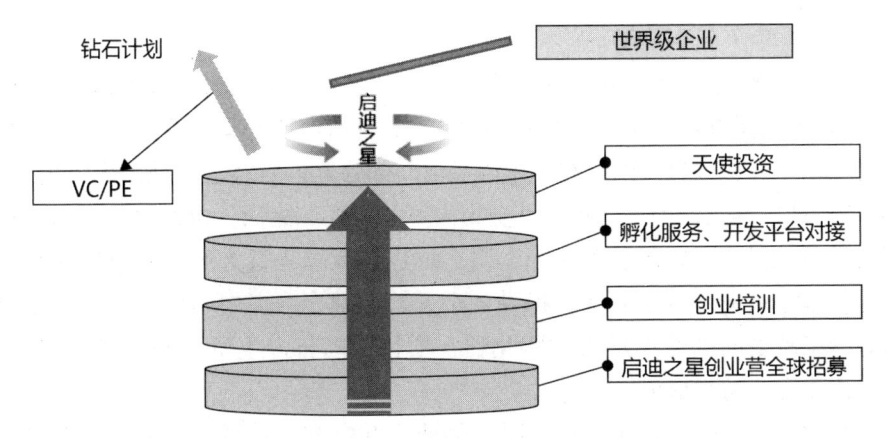

图 5-10　启迪之星培育流程

3. 启迪之星"钻石计划"

2006年9月，清华科技园依据"四聚"模式启动了培养世界一流技术和行业领先地位的高科技公司的"钻石计划"。从清华科技园挑选出一批"准钻石"企业，以资金、技术、人才、产业链等各个角度，整合来自大学、企业、政府和国内外等各方面资源，给予全力扶持和帮助。入选的企业将主要集中在信息技术、生命科学、新材料、新能源等对国家有重要战略意义的产业领域。整合内外部资源对入围的拥有核心技术、具有高成长性的"准钻石企业"，予以重点扶持，培育出一批具有世界一流技术和行业领先地位，在中国乃至世界具有影响力的"钻石企业"。截至2015年9月，累计评选出6批共44家钻石企业，其中9家已经成功上市，5家被并购，多家启动或完成股改。

启迪之星"钻石计划"模式如图5-11所示。

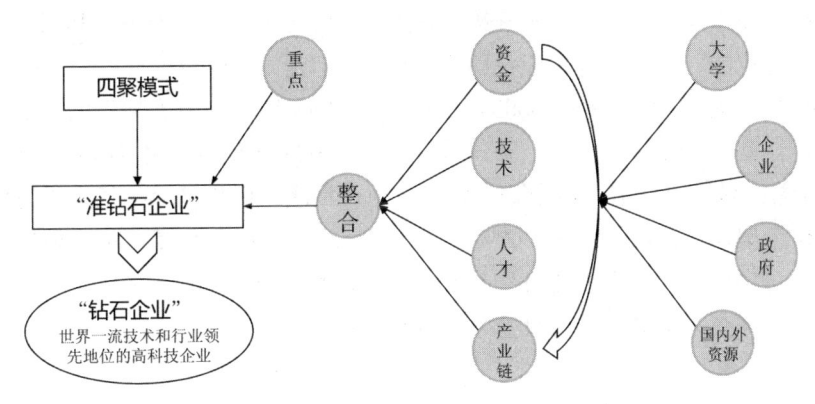

图 5-11　启迪之星"钻石计划"模式

(三) 启示与借鉴

"孵化+投资"理念开创业界领先的"去中心化融合生态圈创业孵化模式"。启迪之星开创了国内"孵化+投资"的崭新商业和运营模式,目的是真正帮助创业者实现自己的梦想。国内目前大部分流行的孵化器模式是"投资+孵化",即以孵化器为壳,投资基金为内里的模式。然而,启迪之星认为以投资为导向就偏离了孵化器存在的本质,孵化是市场化行为的同时更应该是公益化行为。未来,启迪之星会提供一个开放、融合、去中心化的平台。目前随着越来越多的创业项目入驻孵化器,项目之间将产生资源和需求的置换,平台内生态将初步形成。

与此同时,因为启迪之星以孵化创业为导向和本质目的,不吝借助自己成熟的商业网络,吸引政府、产业、高校、科研院所和媒体等外部生态圈成员向平台提供资源,提出需求,启迪之星平台作为生态融合的连接器整合相关资源及需求并寻找和创业项目相结合的点进行撮合,加速创业。因此,启迪之星永远会是一个连接器的存在,而生态本身可以说是去中心的,因为每个创业项目和生态成员都是中心,此即启迪之星以孵化为导向的去中心化的融合生态圈创业孵化模式。

三、产业招商服务——华夏幸福基业股份有限公司

(一) 总体概述

纵观产业园区发展历程,以往的招商引资工作基本上是由政府主导完成,而现阶段随着市场化机制的成熟以及社会机构服务能力的健全,越来越多的服务商加入产业招商服务领域,典型代表如华夏幸福基业股份有限公司(以下简称"华夏幸福")。虽然华夏幸福初始是传统地产商,但决定其当今产业地产界地位的并不是其开发建设能力,而是其产业招商能力。

华夏幸福(股票代码: 600340)创立于1998年,是中国领先的产业新城运营商。截至2018年9月,公司总资产达3973.9亿元,主营员工数量近12000名,尽管在上市公司中分类属于房地产板块,但华夏幸福从来没有将自身定位于房地产公司,而是"产业新城运营商"。当前,华夏幸福产业服务板块收入与房地产的收入占比分别是52%与48%❶。产业发展服务,尤其是产业招商能力一直是华夏幸福最具竞争力的核心能力之一。

---

❶ 数据来源: 华夏幸福基业股份有限公司2017年年度报告。

(二) 服务模式

1. 全球最大的产业发展团队

华夏幸福建有全球最大的产业发展服务团队，覆盖从创新孵化、投资咨询到产业招商的全业务链条。以"产业优先"为核心策略，华夏幸福凭借约4600人的产业发展团队，聚焦电子信息、高端装备、新能源汽车、航空航天、新材料、生物医药、文化创意等10大产业，全面打造百余个产业集群。截至2018年9月，华夏幸福已为所在区域累计引入签约企业近2000家，招商引资额约4400亿元，创造新增就业岗位9.7万个。

华夏幸福产业发展集团200个产城公司总经理，60%来自行业龙头企业高管，40%人员来源于经济发达地区的产业发展岗位。囊括了研究、运营创新孵化、投资咨询、产业金融等各链条环节，从产业研究规划、产业落地、全球资源匹配、承载平台建设到全程服务运营，为所在区域提供产业升级的全流程综合解决方案。华夏幸福"有三分之二的人在一线招商"，其招商团队彼此有分工，但也会有竞争，他们把产业划分成10个大门类，再细分为42个二级子目录，118个三级子目录，细分研究。

2. 海量客户和项目数据支撑

华夏幸福目前已搭建起六大体系环环相扣的成熟完整招商引资产业链，涉及园区前期战略定位与产业规划、中期招商引资开展、后期入园企业服务和产业促进等环节。更核心的是，经过多年沉淀，华夏幸福已形成一个庞大的客户和项目数据库，覆盖园区企业数据超过13万条，主要企业负责人信息近1.3万条。这个数据库的信息细到全国各行各业企业数量、老板姓名、秘书姓名、电话号码等。华夏幸福的信息数据管理团队长期跟踪这些企业，持续互动服务，从而挖掘潜在的机会。

3. 共建平台，衍生产业生态链

华夏幸福以产业新城事业为共同发展平台，携手各领域合作伙伴，在投融资、产业新城、房地产、城市配套设施、产业发展、公共服务、规划咨询等各个领域全方位合作，为其带来更强的招商能力和盈利水平。据悉，华夏幸福融合的合作伙伴包括：太库科技、火炬孵化、伙伴地产以及康威国际等，与奥地利奥钢联、法国佛吉亚、京东方、富士康等世界500强及行业龙头企业谋求深度战略合作。以龙头企业为引领，推动产业链上下游企业集聚，形成了一个链条很长的产业生态圈。这是华夏幸福通过十余年深耕产业地产领域，摸索建立起来的体系，也是最高的行业壁垒。

(三) 启示与借鉴

通过以上梳理可以发现，华夏幸福产业招商策略已基本形成了以产业招商团队建设为基础，以龙头企业招商为核心，依托核心企业进行产业链招商，打造产业集群，通过职业营销、圈层营销达到招引领军企业的目的，具体的实施工作有以下几点：一是定期组织政策交流会，汇集企业、科研高校、科研院所等；二是梳理与产业园区定位相关的产业链，建立企业信息库，形成产业集群；三是在项目所在地建立超500人的专业招商团队，汇集各行各业人才；四是通过参加或组织展会、推介会、俱乐部等，开展职业营销和圈层营销。

目前，华夏幸福已组建完善的招商团队，明确招商策略，并进行有效的招商方式组合，为园区引进企业和资金，实现园区和企业的协同发展。固安工业园作为华夏幸福的标杆性项目，是其产业招商服务能力的最好体现。截至 2018 年 10 月，固安工业园累计引进企业 600 余家，累计招商引资额逾 1400 亿元，并形成了航空航天、生物医药、电子信息、汽车零部件、高端装备制造等五大产业集群。固安工业园区招商引资的成功，进一步验证了华夏幸福产业招商模式可以实现快速产业集聚合和可持续发展，其模式和发展路径具有很强的参考性。

四、产业公共（技术）服务——苏州工业园区科技公共服务平台

（一）总体概述

苏州工业园区围绕科技跨越计划和创建国家创新型科技园区的目标，瞄准软件、集成电路、生物医药、动漫与游戏、纳米技术、下一代通信等园区重点发展产业，投资超过 5 亿元，重点打造 20 余个科技公共服务平台以及 30 余个开放实验室，构建公共技术服务体系，形成了产业发展的支撑能力，增强企业自主创新能力，提升产业发展环境。

（二）服务模式

苏州工业园区管委会 2016 年印发的《苏州工业园区科技公共服务平台实施细则》（苏园科〔2016〕19 号）指出，园区科技公共服务平台主要任务为提供科学仪器设备、科技文献等科技资源共享服务，提供研发设计、加工实验、检测评价、与平台业务相关的专业技术培训等技术服务。平台经费来源于科技发展资金，用于平台建设和运行补贴。园区委托第三方机构或通过购买服务的形式建设运行园区科技公共服务平台共享协作网，各产业科技公共服务平台在协作网下集中管理。平台按照"政府引导、市场化运作"相结合的运行机制，主管部门为苏州工业园区管委会科技与信息化局，科信局每年从科技发展资金中安排一定的经费作为平台专项资金，用于平台建设投资和运行补贴，实行专款专用，不断扩大、提升服务功能，提高服务水平，实现

可持续发展。

结合其发挥作用的领域，苏州工业园区科技公共服务平台主要分为共性技术平台、创新创业平台和资源共享平台三类，相应的服务模式主要有以下三种❶：一是在产品开发设计、检验检测、安全评价、测试考评等方面接受社会委托开展技术服务，或提供基础设施资源供社会及企业使用，并为社会培养专业技术服务队伍；二是提供科技创业孵化、创业投资、创业培训、技术转移与技术产权交易等基础性创业服务，满足创业需求；三是设立服务网站，通过信息网络，向社会开展科技文献、科技信息、科学数据等科技资源社会共享，接收社会信息查询。

（三）启示与借鉴

苏州工业园区是中国和新加坡政府间的重要合作项目，目前已经成为区域发展的强劲引擎和主要增长极。苏州工业园区在科技公共服务平台建设及运营方面的探索与经营积累，对于产业公共（技术）服务的发展具有借鉴意义。

1. 建立部门协调机制是平台建设的重要条件

公共科技服务平台建设是一项兼具基础性和公益性的跨单位、跨部门的系统性工作，很多平台建设涉及多个政府部门。在平台建设过程中，一定要注重加强各部门的组织协调工作，建立平台指导协调机制。

2. 面向企业实际需求是推进平台建设的重要基础

基础性、公共性和服务性是公共科技服务平台的基本特征。平台主要为园区中小企业的创新创业提供科技基础保障和条件支撑，强化满足科技创新需求的科技资源共享和公共技术服务供给，为此要充分凸显平台面向园区企业实际需求的服务功能。

3. 建立资源共建共享机制是平台建设的核心任务

平台建设的根本出发点和落脚点是实现社会科技资源共享，减少资源浪费，提高资源利用的效率和水平，为此，要把建立和完善科技资源共建共享机制作为平台建设的核心任务。

4. 引入社会化管理运行机制是推进平台建设的重要保障

以社会化管理的思路来设计、建设和管理科技公共服务平台，是推进平台建设、发挥平台功效的机制保障。平台采取理事会、技术委员会等形式，建立合理的组织结构和高效的管理体制，建立以绩效评价为基础的可持续支持机制，有利于平台的开放、共享和形成长效的运行机制。

---

❶ 参考资料：江苏省科技公共服务平台建设情况报告，详见：http://www.doc88.com/p-074412399711.html。

五、园区物业管理服务——上海漕河泾开发区物业管理有限公司

（一）总体概述

上海漕河泾开发区物业管理有限公司（以下简称"漕河泾物业"）创始于20世纪80年代，是国家一级资质物业服务企业，中国物业管理综合实力百强企业、中国物业管理协会和上海物业管理协会双常务理事单位。漕河泾物业服务于多个国家级开发区，包括临港和漕河泾两大著名开发区品牌，以及浦江、松江、奉贤、南桥等10多个独立园区，同时也服务于朗讯西门子、液化空气、标致雪铁龙、飞利浦等百余家世界五百强企业，国家核电、民航信息等50余家国家骨干企业，以及腾讯、丁丁、淘米等众多科技明星企业。作为园区现代物业管理的龙头，漕河泾物业接受上海市物业管理行业协会委托，于2012年牵头编撰了国内第一部工业园区物业管理地方标准《工业园区物业服务规范》（上海市地方标准 DB 31/T562—2011）。

（二）服务模式

紧跟产业园建设步伐，拓展产业园新区域、新项目、新业态，不断创新和开拓物业服务产业链上游产品，针对园区项目建设的不同阶段，为开发商提供专业顾问服务；为园区入驻企业提供嵌入式行政管家服务、定制服务、物业专项评估服务；为园区高端楼宇提供独具特色的精致服务；为园区开发商提供楼宇托管全程策划和咨询、房地产代理租售等服务，满足园区业户不断增长的服务需求。

（三）启示与借鉴

漕河泾物业的成功首先是在行业内较早实现了由"操作型"向"管理型"的转型，也由此从物业管理提供商转型成为物业集成服务商。园区物业基础服务全面实现了管作分离、专业化外包，一线基础服务基本由服务外包商承担。这一管理机制的转型为公司大幅降低人工成本的同时，也带来了现场营运服务质量的稳定性问题。

1. 园区物业服务实行数字化、信息化

依托漕河泾4G网络覆盖和智慧园区建设，采用先进的信息化网络技术，"一个平台、一张卡、一台终端"3个基本要件，以及"共享漕河泾，便捷漕河泾，精英漕河泾"3大服务板块，50余家服务提供商，18万张"漕河泾一卡通"，构成了"漕河泾E服务"迅捷、便利的园区O2O线上线下服务全新体验。

2. 园区物业服务贯彻实行企业标准

漕河泾物业全面认证通过了ISO9001质量管理体系、ISO14001环境管理

体系和 OSAS18001 职业健康安全体系的三标认证，又对产业园区物业服务企业标准进行的全面升级改版，漕河泾物业始终将体系完善和标准升级作为不断提高企业精细化运营水平的关键，而标准化的管理和服务也已成为公司综合服务能力的重要体现。

3. 针对不同的客户需求设计不同的服务体系和方案

例如，在服务腾讯公司项目时，漕河泾物业外包了腾讯公司的总台、会务、公司办公楼的后勤工作等，为其提供了包括前台、后勤、行政、会务、接待、健身管理等"嵌入式行政管家服务"；针对临港产业区物流仓储需求，为世界上最大的物流仓储企业——普洛斯提供"总部行政管理服务"，获得客户的好评。

六、企业服务平台——重庆猪八戒网络有限公司

（一）总体概述

猪八戒网创办于 2006 年，由重庆猪八戒网络有限公司运营，定位为中国领先的一站式企业外包服务平台。猪八戒网作为一个连接买卖双方的在线交易平台，将初创期的小微企业和个人的需求与可提供专业服务的企业和个人对接，提供品牌设计、技术业务、营销传播、电商服务、动漫影视、装修服务、工程 VR、人力资源、行政后勤、咨询服务等。在聚集了一定用户交易数据后，拓展知识产权服务"八戒知识产权""天蓬网"，以及"八戒印刷"和"八戒财税"等多元业务。

猪八戒网深耕企业服务领域十余年，为超过 120 万家企业取名、为超过 200 万家企业进行品牌设计、为超过 120 万家企业提供商标机版权服务，实现了 600 多种服务类目，超 10 亿次用户商机匹配，2000 多万次交易撮合。如今猪八戒网平台上的雇主已经遍布全球 25 个国家和地区，平台服务商超过 1300 万家，年交易额在 2015 年达到了 75 亿元，市场占有率超过了 80%。

（二）发展模式

在创业初期，猪八戒网采取"佣金模式"，通过抽取 20% 的服务交易佣金获得盈利；2015 年 6 月，随着用户、数据和资金积累到一定程度，猪八戒网取消了原先的佣金制（比稿、计件除外），建立"数据海洋+钻井平台"新型商业模式，通过挖掘积累的海量数据资源，探索和寻找产业链上的赢利点和合作伙伴。为了拓展延伸业务范围和增加利润空间，猪八戒网实行战略转型，从单一类目服务转型为涵盖企业全生命周期的服务，成为一站式的企业全生命周期服务平台。在服务模式方面，猪八戒网采用了全流程在线服务模式，

从提出需求、匹配需求、沟通交流、达成协议、完成交付到服务评价等过程均在互联网上进行，并在服务过程中提供买卖双方各个环节所需的平台服务。

（三）启示与借鉴

1. 紧紧围绕用户需求，找准市场切入点

处于创业期的小微企业和个人的特点是创建品牌需求强烈但资金不足，并且大多不懂设计、网站开发等具体业务。猪八戒网通过在高校、科研机构寻找兼职设计师接单来压低成本，以低价格、短平快的 LOGO 设计服务切入主流市场，解决的是小微企业和个人在寻找设计师做网站、开发、营销方面的困难。

2. 根据平台的服务特性开展标准化设计

创意类服务本身强调产品个性化、服务差异化，若实行服务定价、服务评价、产品验收的统一规范，等同于扩大了平台的服务范畴，干涉了服务交易的内容，不利于切分买家、卖家、平台三者的责任界限。猪八戒网实行服务过程标准化、服务内容个性化，有利于发挥出市场资源配置的优势，提升服务质量。通过严格"寻找服务—交付服务—评价服务"整个交易闭环的平台规则，"封装"服务流程，确保服务环节完整、规范。对于服务如何定价、服务产品是否符合买家需求等超出平台服务范围、难以标准化的环节，由买卖双方一对一协商确定。

3. 利用数据红利带动企业商业模式创新

猪八戒网依托积累的大量买卖双方用户及其互联网行为数据，创新建立了"数据海洋+钻井平台"的商业模式，通过大数据分析，深入了解用户的实际需求，实现信息的高效匹配和精准推送。更重要的是，能够聚焦服务产业链上与其他企业的战略合作点，开发出提供商标、版权、专利等一系列知识产权服务"八戒知识产权"、面向大中型企业用户提供相对高端众包服务的在线交易平台"天蓬网"，以及"八戒印刷"和"八戒财税"等，拓展延伸业务范围，推动平台整体升级。

4. 在"双创"号召下应势而动、顺势而为

多年以来，众多威客依托猪八戒网开拓了市场，提高了专业能力和收入水平，很多威客成立了专业工作室，注册了公司，猪八戒网也进化成创意服务企业的孵化器，社会价值开始得到体现。2016 年，猪八戒网在"双创"热潮中推出"八戒中国"项目，开始与部分地方政府、部门形成联动机制，以O2O的方式推动创业创新，通过线上服务线下孵化的形式，一方面利用自身海量数据、创意智库、需求客户和供应链等优势服务资源，促进线上服务能力提升，另一方面开始落地线下实体园区，扶持和支撑创业企业发展。

第三篇

顺势而为·探索实践

顺应时代发展潮流，把握服务需求和发展机遇，推进理论研究与实践探索相结合。利用新一代信息技术、智能设备等先进手段，积极创新探索产业服务新模式，创新构建产业服务新生态，持续从服务实践中总结经验，不断探索产业服务标准化，加速推动产业服务行业蓬勃发展。

第六章 "互联网+"产业服务新模式

自 2015 年 3 月李克强总理在政府工作报告中首次提出"互联网+"行动计划以来，互联网的创新成果与经济社会各领域深度融合，显著推动了技术进步、效率提升和组织变革，有力提升了实体经济创新力和生产力。互联网与各领域的融合发展已成为不可阻挡的时代潮流，"互联网+服务"正在加速重塑传统服务业，也催生了一批新兴服务业态。随着我国产业创新驱动发展战略的深入推进，园区小镇的建设重心和发展动能也发生重大转变，打造创新创业服务生态，推进产城融合发展，建设智慧园区、智慧小镇，成为当下发展主流和关注热点。传统的园区运营管理和服务模式已日渐式微，相比传统点对点、纯手工服务带来的人员及管理成本高、服务效率低等问题，"互联网+"服务模式，充分利用互联网思维对运营模式、服务内容进行创新，使园区运营成本大幅降低、服务效率实现倍增。积极探索"互联网+"产业服务新模式，对新时期推进园区小镇产业服务体系的构建至关重要。

第一节 产业服务模式革新

一、传统产业服务模式及其痛点

在传统产业服务模式下，企业基于对自身发展所面临困境的认知和理解，提出产业服务需求，产业服务供应商接收需求、分析需求，进而提出相应的解决方案。其中，对于标准化服务内容，供应商可直接提供成熟的标准化解决方案并落地执行；对于非标准化服务内容，供应商则需新策划解决方案，并在沟通中逐步完善后落地执行。最后，企业将方案实施及需求解决情况予以反馈。可见，传统产业服务模式是一种被动需求导向型的服务模式，如图 6-1 所示，供给双方互动性不足，存在明显的信息不对称，企业获取服务的效率低、成本高且有效性不足。传统产业服务模式存在诸多痛点，具体而言：

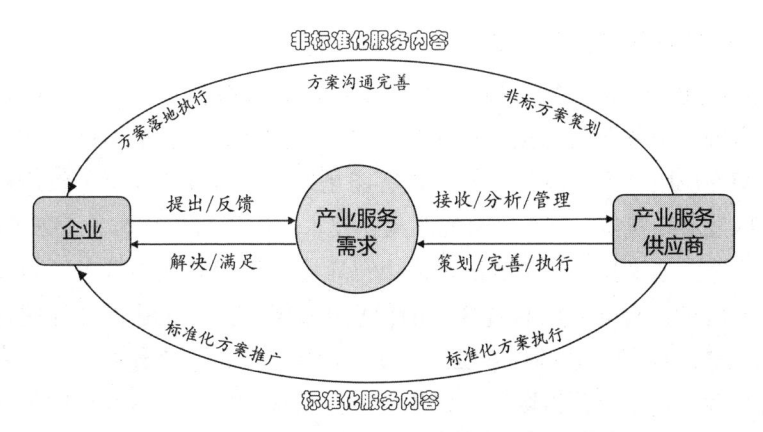

图 6-1　被动需求导向型的传统产业服务模式

首先，企业通过报纸杂志、宣传单页、熟人介绍等方式获取周边有限地域范围内的产业服务供应商及其服务信息，信息获取量小，获取途径不够便捷，可选余地小；供应商以提供标准化服务内容为主，服务内容及形式相对单一，非标准化的个性服务供给不足；服务过程中，信息以单向流动为主。

其次，产业服务的手段落后，以点对点、纯手工操作等为主，信息化程度不高。例如，在产业服务需求信息的接收、记录及反馈过程中，以人工服务、纸质化办公为主，效率低，成本高，不利于服务的标准化复制及推广。

再次，产业服务供应商空间布局不均衡，主要集中在经济相对发达的东南沿海区域，中西部市场缺口较大。市场化竞争不足，产业服务供应商的水平参差不齐，优质服务难以实现有效辐射。

最后，产业服务各细分领域自由发展，协同性不足。服务链条上各环节以单向操作为主，缺乏必要的沟通和反馈。此外，传统企业体制机制僵化，信息化、平台化发展意识不强，成为制约后期服务内容创新和拓展的重要因素。

二、产业服务模式发展现状与趋势

近年来，我国经济结构出现重大变革，服务业已成为我国经济增长的主引擎。物联网、云计算、大数据、移动互联网、人工智能等新技术正改变着产业服务行业的发展格局，推动着产业服务供应商的快速成长，产业服务模式日益呈现出新的发展趋势——信息化、平台化和数据化。

(一) 产业服务已叩开信息化发展之门

《服务业创新发展大纲（2017—2025 年）》（发改规划〔2017〕1116 号）提出，大力推动服务业信息化，树立互联网、大数据思维，推动信息技术在服务领域深度应用，促进服务业数字化智能化发展。传统产业服务供应商正抢抓互联网发展新机遇，积极推进互联网新技术新应用与传统产业服务的融合。典型代表企业如科技金融领域的江南银行通过"远程智能柜员机"自助服务设备，创新了"自助+远程+现场"的信息化服务模式；工业设计领域以 AutoCAD、Solidworks 等专业的计算机制图软件替代了传统手工绘图；人力资源领域的猎聘网、企业后勤领域的九好集团、创意众包领域的猪八戒网等通过建立网络平台为用户提供一站式的专业服务。

信息化时代，利用新技术新应用对传统产业服务进行全方位、全角度、全链条改造，可以有效提高全要素生产率。一是通过将传统产业服务内容在线化，能够打破时空限制，拓展服务内容的展示面，提升需求响应速度。同时，企业获取信息更加便捷，选择面更广，并能有效增强供需双方多对多式互动，降低信息不对称。二是互联网促进市场化选择，优质产业服务能够实现快速辐射，提升行业整体水平，推进服务的标准化，增强可复制性和可扩展性。三是信息化手段的大量应用能有效降低人力和管理成本，大幅提升办公效率，并能同步完成服务评价和考核工作，推动产业服务向个性化、体验式、互动式方向发展。

(二) 由提供单一产品转向提供平台服务

服务业的出现和发展，在本质上是一种连接功能的实现，使运行在经济生活中的物流、信息流、资金流、商流、业务流等更有效、便捷地传递。平台的作用就在于凝聚和分发资源，使供需双方零距离对接，进而形成一个完善的、成长潜能强大的、多方群体有效互动的生态圈❶。因对一站式、一体化服务的追求，以及互联网技术的推动，近年来，传统服务业大企业的平台化建设进程不断加快。

当前，很多传统服务业大企业都以自有服务和特定服务群体为基础，从封闭的企业组织转变为开放的平台，着力构建具有企业特色的平台生态圈。典型代表如苏宁易购致力于成为连接供应商和客户的桥梁，通过系统化的服务和资源的集成，打造多产业布局、线上线下共融、从商品展示到物流再到金融服务全过程的智慧零售服务平台。

---

❶ 高蕊. 服务业企业发展新趋势值得关注［N］. 经济日报, 2018-04-12 (15).

平台即一种网络关系，多数情况下，平台型公司会成为这个网络的核心，并对平台网络各节点的需求和资源进行广泛的连接、整合，进行有效的传递和匹配。在电商、科技、投资、出行等领域，平台已逐步取代传统企业成为主流的组织形式，这些平台连接着卖家与买家、研发人员与企业、资本与项目、闲置资源与潜在使用者，重构了产业链价值，成为各类服务的"接入口"。在此趋势下，产业服务业供应商正由提供单一的产品，向提供基于平台的关系服务转变。

（三）由单纯利用信息互联转向挖掘数据价值

互联网技术的进步让经济运行中的信息实现了互联互通，对信息的收集、处理和使用造就了空前的商业繁荣。在此基础上，服务业企业日益关注对信息背后的数据价值的挖掘，积极探索分散于产业链条各环节的盈利机会，努力发展隐藏在各类消费场景中的潜在需求。

传统服务业企业的数据化发展日益明显：一是对终端消费进行数据分析，实现精准营销，激发潜在需求。比如，以京东和天猫为代表的电商平台就依据消费数据形成"用户画像"，并依靠复杂的推荐算法，打造"猜你喜欢"的服务；二是建立大数据管理平台，用开放共享的姿态汇集产业链数据，打通大数据孤岛，实现跨行业、跨领域、跨系统的异构数据共享，助力服务业企业之间的融合式、联盟式发展，这也是服务业企业之间进行广泛合作、实现跨越发展的关键所在；三是第三方数据服务公司快速崛起。

大数据的积累、迭代和人工智能的结合会在很大程度上改变原有的服务方式和内容，个性化定制服务将被更好地实现，并在特定场景中实现服务的自动化与智能化。未来随着数据应用渗透到每一个行业和领域，产业服务供应商的数据化发展将进入一个全新阶段。

三、"互联网+"时代产业服务新模式

（一）线上线下融合互通的综合性产业服务平台模式

近年来，伴随着"双创"等政策红利，创业者和创业公司出现了爆发式增长，各类产业园区数以万计。现阶段，园区入驻的企业仍以高新技术创新型中小企业为主，在当前经济下行压力影响下，其面临的生存环境更加严峻。为集中精力专注于自身主营业务的发展，园区企业寻求外部产业服务和资源赋能的意愿越来越强烈，并且这种需求是全方位、综合性的。

近日，由中国社科院主办的《产业蓝皮书：中国产业竞争力发展报告（2018）NO.7》指出，平台经济呈现出两大明显的发展趋势：一是交易内容

由生产化向服务化发展，越来越多的服务类交易平台正在快速发展；二是交易方式逐渐由线上向线上线下融合化发展。基于综合性线上服务平台的集约效果，面向园区企业的产业服务将由分散向集约化转变：横向上把覆盖园区企业发展各阶段、生产生活各维度服务需求的优质供应商对接起来，统一入口、统一认证、数据共享；纵向上整合各细分领域服务链条。通过引入多层次多样化的产业服务供应商，为园区和企业提供"保姆式"优质服务，有效降低园区企业的各类成本，提高效率。同时，充分利用物联网、移动互联网、人工智能等技术，将线上平台与线下园区智能软硬件连接，以园区企业需求为导向，形成精准对接园区企业与供应商的多对多、线上线下融合互通的综合性产业服务平台。

在"互联网+"时代大背景下，管理更为扁平、资源更为开放的平台型产业服务机构具备去中心化、分布式的特点，可以有效运用平台所掌握的丰富的产业资源和服务，为园区企业提供所需的全方位综合服务。同时，园区企业，尤其是科技型创新中小企业的多层次需求将倒逼产业服务模式转型升级。借力互联网的东风，积极筹建"线上+线下"一体式、多元化、综合性产业服务平台模式，着力打造智慧园区是未来发展的风向标。

(二) 品质消费时代从满足需求到创造需求的产业服务模式

在"不创新无未来"理念的引领下，产业服务的创新发展可以总结为从"满足需求"到"发现需求"，再到"创造需求"三个递进层面❶。随着全球品质消费时代的到来，以及消费市场多极化、细分化的趋势，产业服务供应商只有不断创新才能赢得未来。

1. 通过创新解决问题，满足需求

市场千变万化，新的消费需求层出不穷，创新的第一个层面就是打破常规、生产新的产品或服务来满足消费者的新需求。

在园区小镇内有很大一部分中小企业面临"融资难""创新难"等棘手问题，为了满足他们的发展需求，产业服务供应商通过总结分析，创新构建一站式网络服务平台，有效缓解了企业面临的困境。任何一家园区企业在成长和发展过程中总会面临这样或那样的困境，而困境指引的方向往往就是新的市场所在，产业服务供应商如果能够通过创新解决困境，就能抓住市场机遇。

---

❶ 中国经济网. 从满足需求到创造需求，伊利演绎品质消费时代的"创新进化论" [EB/OL].

2. 通过创新发现问题，发现需求

被动地解决问题对于一家想要持续领先的企业来说远远不够。在发展顺利的时候，企业需要主动打破既有"成功模式"带来的"行为惯性"和"思维定式"，通过创新在消费者需求大规模显现之前，发现他们没有意识到的问题，发现需求所在。一站式网络服务平台虽能快速实现产业资源和服务的集聚，但通过实践我们发现，如何及时获取园区企业的真实需求，并有针对性地匹配产业资源与服务，提升服务有效性，是一个潜在的难题。通过"线上网络平台+线下产业园区"创新服务模式，线上线下融合互通，或可有效提升产业服务资源的配置效率。

3. 通过创新预见问题，创造需求

"善谋者远行"，最高层次的创新是把握趋势，预见问题，在越来越个性化和多元化的消费者人群里，创造和激发消费需求。现阶段，互联网巨头高度重视大数据应用布局，我们也看到了太多的应用场景都是依托在数据精准测试之下的一种拓展，无论是共享单车带来的共享经济模式，还是人工智能、物联网都离不开数据的支持。当园区企业在平台上进行消费和操作时，将逐渐积累形成产业服务大数据。大数据时代更需要创新精神，借助大数据挖掘分析技术，产业服务供应商可通过对园区企业的深入洞察，了解其发展趋势，预见问题、创造需求，变"被动接收"为"主动服务"，引导消费。

第二节 物联网时代的智慧园区

一、物联网助力智慧产业园区升级

自"智慧地球"提出以来，物联网技术在全球快速兴起，并成为新一轮科技革命与产业变革的核心驱动力之一。2016年以来，在世界经济曲折复苏的大背景下，以物联网为代表的信息通信技术正加快转化为现实生产力，从浅层次的工具和产品深化为重塑生产组织方式的基础设施和关键要素，深刻改变着传统产业形态和人们的生活方式，催生了大量新技术、新产品、新模式，引发全球数字经济浪潮。物联网发展在经历概念驱动、示范应用引领之后，技术的显著进步和产业的逐步成熟推动物联网发展进入新的阶段❶。一是产业成熟度提升带来物联网部署成本不断下降；二是联网技术不断突破；三

---

❶ 资料来源：《物联网白皮书2016》，中国信息通信研究院。

是数据处理技术与能力有明显提升；四是产业生态构建所需的关键能力加速成熟。物联网产业要素的完备和发展条件的成熟加速推动物联网的发展和行业渗透。

伴随着智慧城市的全面兴起和深化建设，作为城市经营重要载体的产业园区的智慧化应运而生。智慧产业园区是指在传统园区发展过程中，在基础设施、资源环境、社会民生、经济产业和市政管理等领域中，充分利用物联网、互联网、云计算、人工智能等新兴信息技术手段，对园区内的相关活动与需求进行智慧感知、互联互通、处理和协调。

目前，国内智慧产业园区尚处于概念阶段，所谓的智慧园区的建设大多是通过多个独立的子系统来满足智能化的要求。每个子系统各自为政，甚至后台的管理系统都是独立的，缺乏总体集成的概念和系统发展的考虑，存在"信息孤岛"问题，各系统的数据无法被发掘利用，由此带来了诸多若干问题❶。

（一）工程造价高，施工周期长

智慧园区的初期建设由于每个系统的部件都难以共享和融合，必然导致整体建设成本居高不下。一方面，各个子系统采用不同的布线和施工方案，存在重复布线与重复施工的情况，使得施工量加大，施工工期延长；另一方面，各家厂商在各个子系统的建设过程中，习惯从各自利益出发，在接口上互相扯皮，造成工期延误。不同厂家开发的各系统协同工作及其相互联动也需通过后期定制软件来完成，使得调试周期延长。

（二）智能一体化整合难度大

由于目前不同的供应商之间没有开放的协议以及统一的接口和数据库，门禁、报警、空调、智能照明一卡通等产品在进行系统集成时，技术协调受到阻碍，甚至无法达到用户的智能化要求。

（三）系统使用及维护成本高

由于来自不同厂家的各个子系统都得单独维护系统，不能统一远程校调、维护，因此每个系统都要不同的人员去管理，所以在管理方面，会带来许多额外的开销。不同厂家的设备使用不同的通信方式和通信协议，系统及设备相互兼容性差，这些都客观上增加了系统维护的难度。

---

❶ 刘三明，雷治策，云佩. 物联网平台与智慧建筑［J］. 智能建筑，2013（7）：66-69.

(四) 系统扩展性低，使用不方便

用户在后期要增加新的子系统及设备需重新进行布线施工和调试系统，扩展性降低；用户需要掌握各个系统不同的使用方法及进入运行多个不同的软件，系统的联动及关联操作需在每个系统重复设置，使用极不方便。

传统的智慧产业园区建设技术方案中，各个子系统难以协同运行和共享硬件资源，用户需要的各项功能要求很难被真正满足。这些问题严重阻碍了我国产业园区智慧化技术的进步。因此，智慧产业园区的建设亟须深层次整体集成、具备泛在感知、协同控制的物联网软硬件一体化平台，以人为中心进行功能整合，涵盖园区智能化硬件设施、园区资源可视化管理、园区安全监管等功能模块。通过数据集成分析，达成园区经营对信息、业务的统一规划和实施，全面提升产业园区智慧服务水平，促进园区管理和服务双升级。

二、物联网一体化平台目标与范围

(一) 平台目标

物联网一体化平台作为支撑智慧产业园区的基础信息平台，通过建立统一的数据感知接入系统，支持各种物联网软硬件设备接入，实现环境数据、能源数据、设备数据等情景数据的聚合。基于数据驱动模型，构建物联网数据管理平台，实现所有接入设备可管、可控、可视，能够方便地对物联网硬件设备进行快速、便捷的管理。以物联网一体化平台为纽带接入到园区智慧服务平台中，汇集产业链上下游的业务数据，建立产业园区大数据平台，为产业服务大数据挖掘应用奠定基础。物联网一体化平台建设目标如图6-2所示。

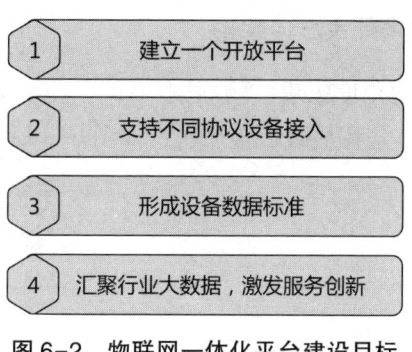

1. 建立一个开放平台
2. 支持不同协议设备接入
3. 形成设备数据标准
4. 汇聚行业大数据，激发服务创新

图6-2 物联网一体化平台建设目标

(二) 平台内容和能力

面向智慧产业服务的应用场景，通过构建物联网能源管理、智慧产业园区安全管理、智慧产业园区综合服务等物联网应用服务，提供全方位、高品质、绿色环保的产业服务。围绕智慧产业园区管理和服务双升级，以解决传统园区建设中存在的问题为目标，物联网一体化平台涵盖的主要内容如下：

（1）建立统一的数据感知与接入系统，实现行业终端设备的适配接入，对采集的数据进行可靠、实时的传输、转发。

（2）建设物联网数据管理平台，构建物联网核心数据层，实现物联网设备管理、数据管理、事件告警、规则引擎等物联网平台功能。

（3）建设物联网一体化服务融合平台，针对不同的应用场景，采用微服务的设计理念开发应用服务，并提供丰富的第三方信息入口。

（4）以智慧能源管理、安全管理、智能家居、智慧服务管理为应用目标，基于物联网数据平台，构建深度的智慧应用服务系统。

（5）提供开放的平台和数据结构，为各种物联网应用、第三方信息系统的扩展提供必要的接口和数据标准，打破信息"孤岛"。

（6）提供易于扩展的、分布式平台框架及冗余运行模式，支持大规模、大数据量的应用。

（7）提供强大的服务支持能力及通用的 IoT 业务生成框架，为物联网应用开发提供可视化的开发环境，提高二次开发效率。

（8）通过物联网联合实验室，集开发测试、功能验证、成果展示等功能于一体，为物联网平台软硬件落地提供技术保障。

三、物联网一体化平台总体架构

从物联网体系架构角度来看，物联网一体化平台包括数据感知层、网络传输层、核心数据层、应用服务层等层次，如图 6-3 所示。

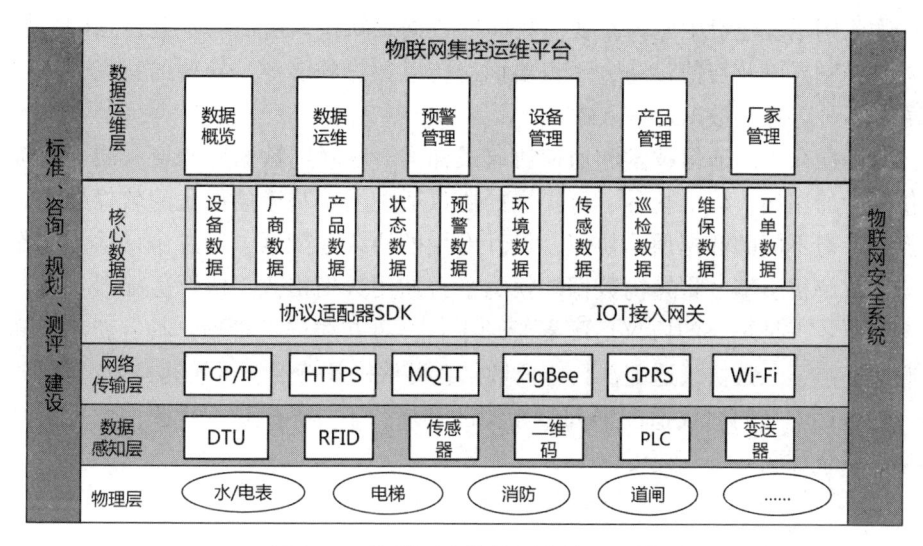

图 6-3　物联网一体化平台体系架构

（一）数据感知层

基于物联网数据感知接入技术，通过构建设备通信协议模板库屏蔽系统底层硬件、设备和网络平台的差异，将物联网系统"感知层"的多源、异构数据转化为通用的数据对象模型。

（二）网络传输层

通过现场总线、以太网、无线网络等通信方式将信息、数据与指令在感知控制层与平台及应用层之间传递。

（三）核心数据层

采集海量数据是物联网的基本要求，将采集的数据进行归纳、整理、存储，构建数据中心，为上层应用提供通用的服务能力，如数据处理与挖掘，数据统计分析、数据展示等。

（四）应用服务层

丰富的应用是物联网的最终目标，未来的物联网平台将衍生出多样化物联网应用，创造巨大的企业价值，根据应用场景的需要，在应用服务层之上建立相关的物联网应用。

四、物联网一体化平台核心能力

（一）物联网数据感知接入能力

物联网数据感知接入系统是连接物联网数据感知层与核心数据层的桥梁，

在物联网系统建设中尤为重要。物联网数据感知接入层面向千差万别的传感器、控制器以及智能设备，不仅要面对传感数据的多源、异构的特点，还要处理多种多样的数据通信方式。

面向众多的通信技术和通信协议或标准，物联网数据感知接入层需要提供一种通用的、标准化的、可扩展的协议适配器。基于插件化的软件架构思想，针对不同的数据通信协议，设计专用的协议适配器，通过协议适配器作为协议解析引擎，将异构数据转换为平台通用数据格式。协议适配器具有三个特点：一是统一的协议适配器管理平台，可在线进行管理，具有新增、卸载等功能；二是协议适配器具有轻量化、可重构等特性，可快速开发、部署；三是提供配套的协议适配器开发相关的环境、工具、模板。物联网数据感知接入系统如图6-4所示。

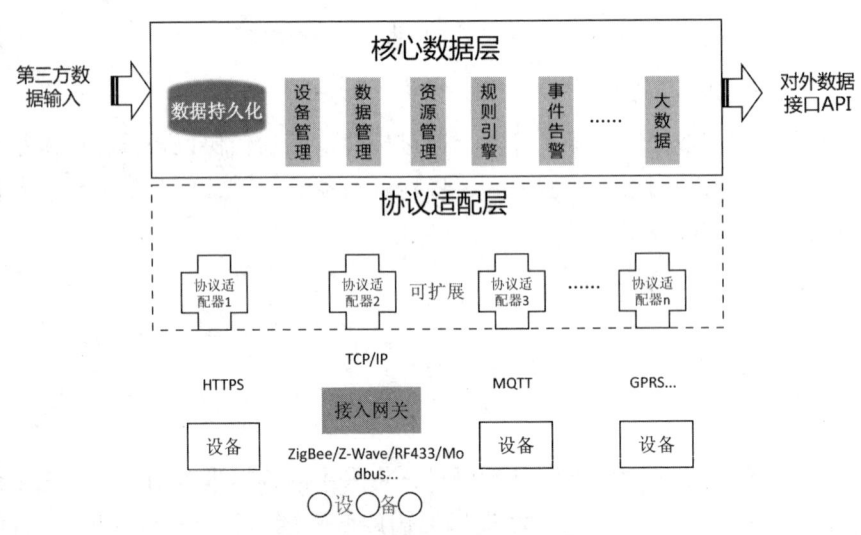

图6-4 物联网数据感知接入系统示意图

（二）物联网边缘计算网关硬件

物联网边缘计算网关在物联网时代扮演非常重要的角色。作为网关设备，物联网边缘计算网关可以实现感知网络与通信网络，以及不同类型感知网络之间的协议转换，不仅可以实现广域互联，也可以实现局域互联。此外，物联网边缘计算网关还需要具备设备管理功能，通过物联网边缘计算网关可以管理底层的各感知节点，了解各节点的相关信息，并实现远程控制，特有的物联网边缘计算能力，让传统产业在数字化转型的过程中实现更为快速、精准的数据采集、传输、处理、分析能力。

1. 多种接入方式

物联网应用将涉及许多不同种类的传感器和设备,如智慧园区中应用的各种楼宇设施设备、电力监控设备等。所有不同的传感器和设备具有不同的通信接入方式,比如通过 RJ45 网络接入、RS232/485 接入以及各种无线方式接入等。物联网边缘计算网关应当具备支持多种通信方式接入的能力,并且支持灵活的可扩展性能——按需配置。

2. 多种协议转换

物联网边缘计算网关应当支持灵活的、可扩展的协议转换功能。从不同的感知网络到接入网络的协议转换、统一封装下层的标准格式数据、转换不同的感知网络的协议成统一的数据和信令;解析上层下发的数据包成感知网络协议,并可以识别的信令和控制指令。

3. 数据预处理

物联网边缘计算网关通过不同的接入方式汇入各种各样的感知数据,这些数据具有多源异构、时序、大量冗余的特征。根据 IDC 预测,2018 年,50% 的物联网网络将面临网络带宽的限制,40% 的数据需要在网络边缘侧分析、处理与储存,到 2025 年,这一数字将超过 50%❶。物联网边缘计算网关应当可以预处理和过滤传感器/设备产生的数据,减少传输、处理和存储的压力。

4. 本地管理功能

物联网边缘计算网关应当具备本地管理功能,如网关权限管理、网关状态监管等,以及实现子网内的节点的管理,如获取节点的标识、属性、状态等,并支持子网内节点唤醒、控制、升级、诊断和维护等功能。预装成熟、实用的 Linux 等嵌入式操作系统,为用户的二次应用开发提供了一个稳定、快捷的平台,另外,需要一种统一的管理接口技术对末梢网络节点进行统一管理。

5. 低延迟、高安全

延迟对于某些物联网应用来说是至关重要的,在某些应用场合数据应当通过在网关本身而不是在云中执行处理,从而减少时间敏感应用的延迟。物联网边缘计算网关的安全性体现在两个方面:数据安全和可维护性。数据安全要求网关具有一定的安全处理能力,权限控制、协议白名单等;可维护性要求网关必须支持远程运维和自动更新功能。

---

❶ 数据来源:《中国制造业物联网市场预测 2016—2020 年》,IDC。

(三) 物联网数据分析处理能力

物联网产生的大数据与一般的大数据相比有不同的特点。一是物联网中的数据量更大，除了人和服务器之外，物品、设备、传感器网络等都是物联网的组成节点，其数量规模远大于互联网，同时物联网节点的数据生成频率远高于互联网；二是物联网中的数据更加多样化，物联网涉及的应用范围广泛，在不同领域、不同行业，需要面对不同类型、不同格式的应用数据；三是物联网的数据有明显的颗粒性，其数据通常具有时间、位置、环境和行为等信息。在海量的大数据应用背景下，如何进行高效的数据存储、实时/离线数据分析、有效的数据可视化，是建设物联网智慧产业园区的关键，是充分发挥物联网价值所在。

针对物联网大数据的特点，综合使用了多种存储引擎，包括 HDFS、HBase、RDBMS 和 Redis。其中 HDFS 适合于非结构化数据的存储，支持数据的备份、恢复和迁移，主要用于存储原始数据和需要进行离线分析的数据。HBase 适合于存储半结构化的数据，可以很好地支持海量物联网终端的历史数据的查询，用于存储终端的历史轨迹和状态等体量比较大的数据。RDBMS 在系统中主要用来存储终端基础数据、字典数据和数据分析的结果等。Redis 通常用来缓存需要频繁更新和访问的数据，比如物联网终端的当前状态等。

在当前的物联网大数据环境下，处理数据迁移、转换的工作会越来越多，数据仓库的概念也越来越被熟知，物联网一体化平台提供 ETL 功能，即将数据从来源端经过抽取、转换、加载到目的端的过程。基于 Spark 强大的分布式数据批处理框架，用来快速处理数据，并在海量数据基础上进行复杂的挖掘分析。物联网的数据分析对时间的顺序有相当大的依赖，一批数据，就算仅有几条数据时间乱了，也会导致所有数据无效，通过 Spark 只设置一个 partition 来保证数据的时序化处理。物联网大数据处理流程如图 6-5 所示。

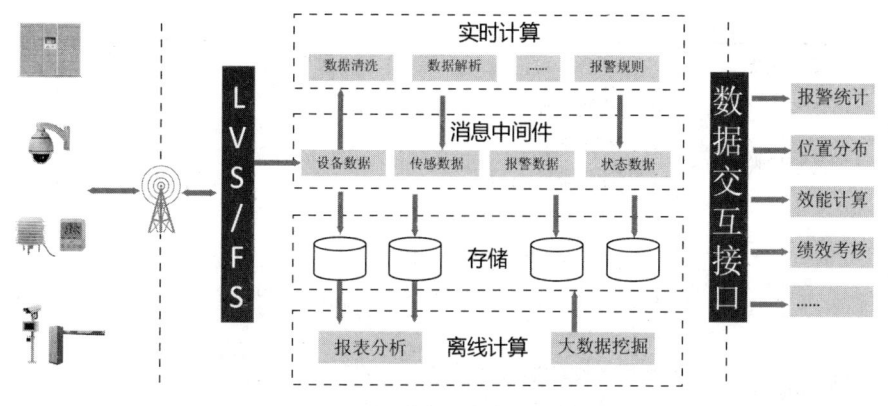

图 6-5 物联网大数据处理流程

（四）物联网硬件系统整合能力

基于物联网数据感知接入系统，物联网一体化平台具有泛在的设备接入能力，能够广泛地接入各种物联网硬件设备，如传感器、智能硬件、车行道闸等；另外物联网服务融合平台提供开放的第三方服务接入系统，可以无缝对接其他信息系统，融合第三方业务数据。

针对智慧产业园区建设，重点结合产业园区自身的特点，以综合设施管理、智慧消防监控、智慧环保与能效三个方面为核心，实现智慧园区基础设施管理、智能硬件接入与管理等服务的平台化整合，如表 6-1、图 6-6 所示。

表 6-1 智慧园区物联网一体化平台关键智能硬件

硬件大类	核心硬件
综合设施管理	• 门禁管理（二维码门禁、蓝牙门禁、人脸识别） • 电梯管理（二维码梯控） • 访客管理（访客机、人行道闸） • 智能快递柜 • 电子鹰眼（无死角视频监控） • 停车管理（车行道闸、车位锁、停车诱导、反向寻车） • 巡检管理（安保巡更、无人机巡检） • 楼宇对讲 • 远程抄表（三表集采） • 充电桩管理 • 资产管理（健身文化设施管理、窨井盖、垃圾桶管理等）

续表

硬件大类	核心硬件
智慧消防监控	• 电气火灾监控 • 消控室监控 • 消防水系统监控 • 智慧烟感（NB-IOT/LoRa）
智慧环保与能效	• 园区照明管理（路灯、景观灯） • 园区气象站（空气质量检查、温湿度、风速） • 园区变电站监测 • 园区公共用电能监测 • 水务管理（生活水、中水、污水） • 管网监测（水、煤气/天然气） • 公共区域能源管理（空调、灯光） • 园区二次能源回收（新能源、发电设备等）

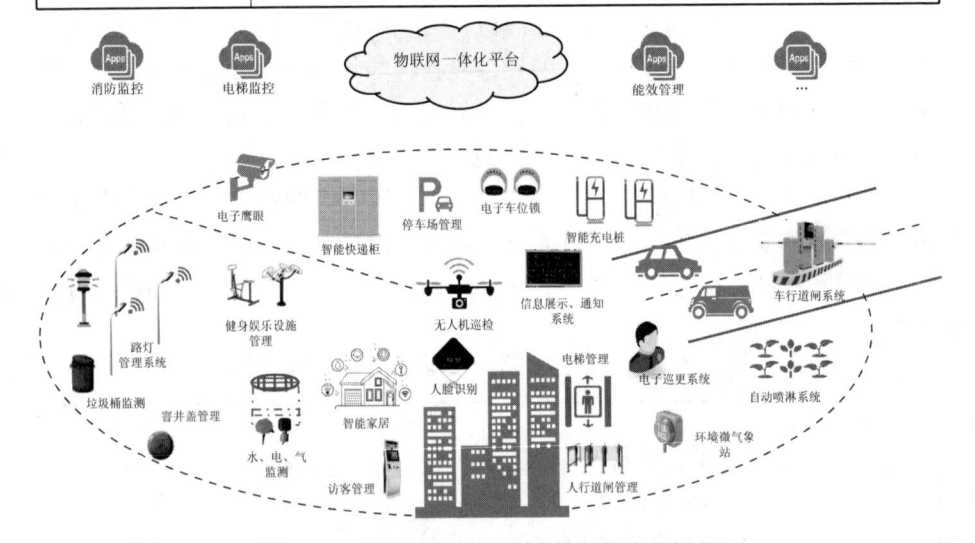

图 6-6　物联网智慧园区智能硬件全局视图

五、物联网数据管理与监控平台

（一）平台概述

物联网数据管理平台是为用户提供基础数据服务软件的一个平台，通过 WEB 即可快速访问经授权的数据及服务，实现数据多视图展示、多维报表生成、设备状态监控、故障报警，能够满足一般用户设备管理、设备运维、数据浏览、数据展示等需求。针对物联网感知数据多源异构的特点，基于通信协议自适应模板技术，通过协议适配器提供统一的数据协议转换服务，支持常用通信协议并可以灵活扩展，快速实现现场设备数据协议转换。

平台采用一体化设计架构，实现 B/S 架构软件的 WEB 化网络应用，解决 C/S 软件远程访问等难题。提供更全面、更细致的应用安全管理，降低用户信息安全风险，对网络传输过程安全、访问身份认证、应用服务器安全等都有周全的防护处理，有效地保障用户信息化安全应用。

（二）平台核心功能

1. 数据概览

数据概览主要包括数字地图、设备运行状态、预警信息、工单/维保/巡检信息、设备激活增长趋势、系统健康度展示等内容。数据概览用于集中化监控平台使用情况，包括提供统一的数据、设备信息展示平台，包括当前设备连接情况、设备在线/离线统计、告警事件统计等数据统计信息，为用户快速发现平台或设备异常情况，提供高效的管理工具。项目概览如图 6-7 所示。

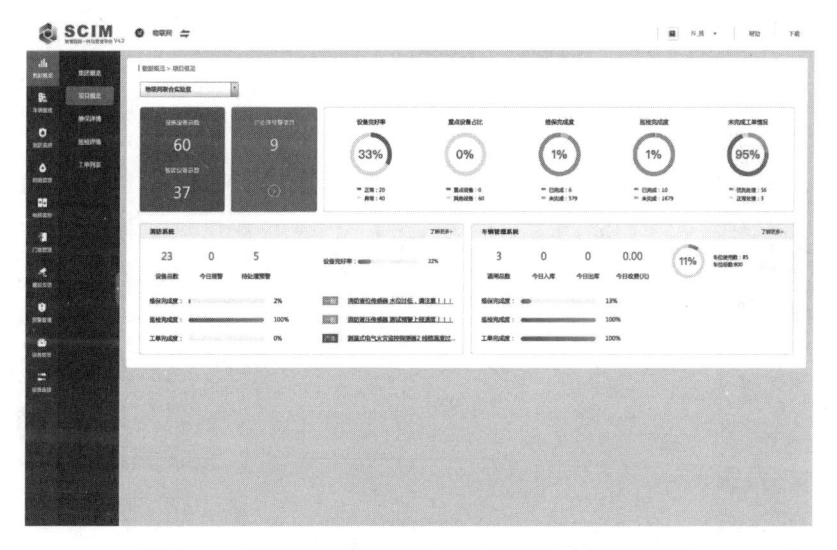

图 6-7　物联网数据管理平台数据概览（项目概览）

2. 数据运维

物联网数据运维模块是针对各个应用子系统，如停车场管理子系统（见图 6-8）、消防监控子系统（见图 6-9）、能效管理子系统等，以集中的数据统计分析、数据报表、数据组态等手段充分发掘离散的物联网传感数据的潜在价值，实现数据可视化展示。内容主要包括平台中分类子系统数据展示、设备运行监控、系统组态、系统报表等。

图6-8 数据运维——停车场管理子系统

图6-9 数据运维——消防监控子系统

3. 预警管理

预警管理服务是物联网数据管理平台的核心服务模块之一，基于强大的规则引擎技术，支持灵活的预警规则设置、多条件预警事件等特性。当设备状态值达到预设的预警阈值，物联网一体化平台执行本条预警规则，并通过消息推送方式通知设备拥有者或者企业客户。物联网预警管理模块提供预警信息管理、预警信息恢复情况、触发条件设置管理、推送消息编辑等功能，如图6-10、图6-11所示。

图 6-10　预警管理——预警概览

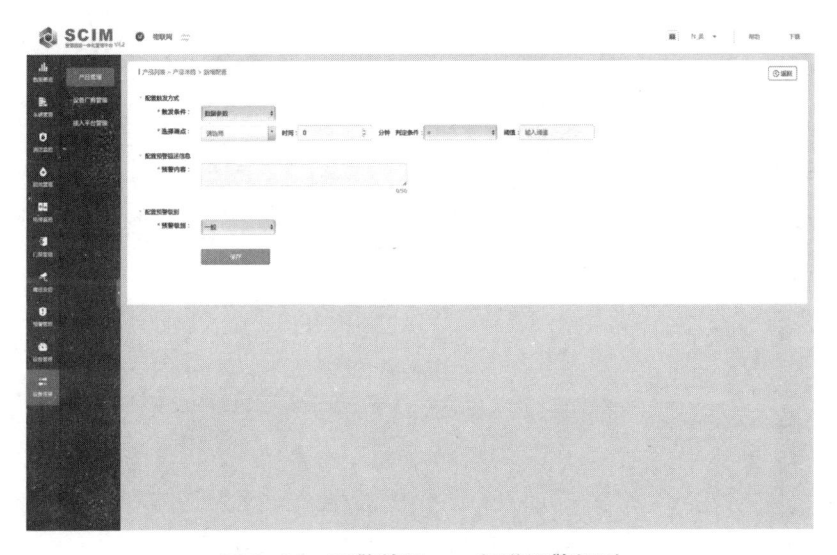

图 6-11　预警管理——新增预警规则

4. 设备管理

设备管理子模块提供物联网设备运行状态管理、设备离线状态监控、设备历史数据展示、设备预警信息管理等功能，用于全方位监控物联网设备的运行情况，如图 6-12、图 6-13 所示。

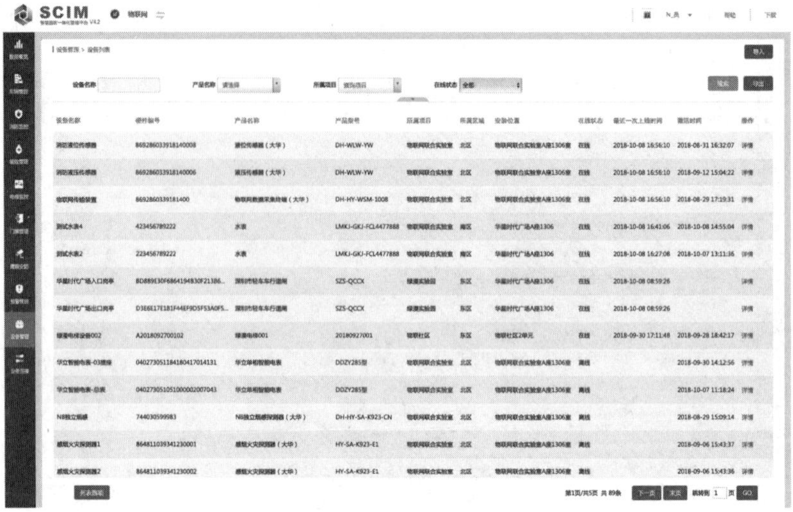

图 6-12　设备管理——设备列表

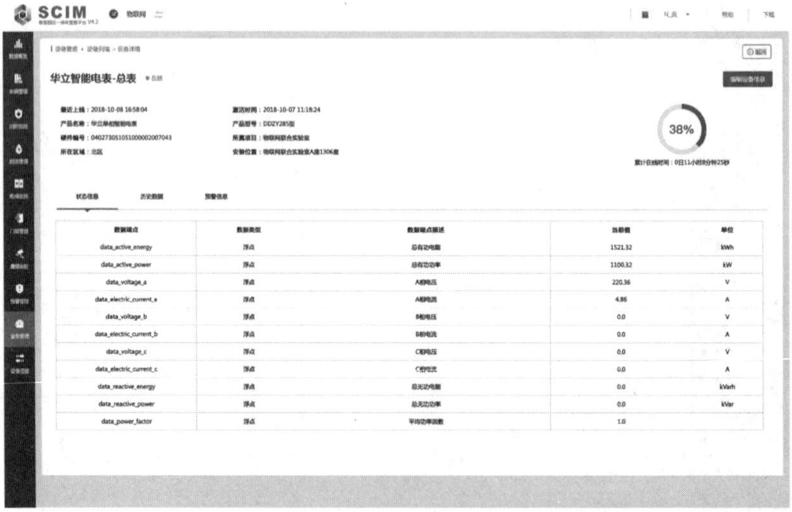

图 6-13　设备管理——设备详情

5. 连接管理

提供物联网产品（相同功能或特征的一类设备的集合）的管理，包括产品基本信息管理、数据端点管理、预警管理；提供合作厂商信息、厂商接口等管理功能。此功能为设备快速、标准化接入提供服务，设备可继承对应产品名称、型号、属性、服务、事件等信息，如图 6-14、图 6-15 所示。

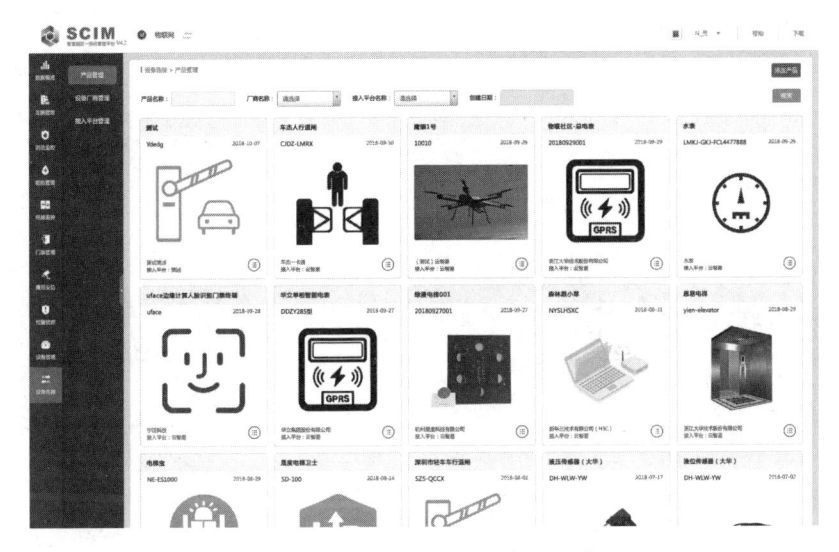

图 6-14　连接管理——产品列表

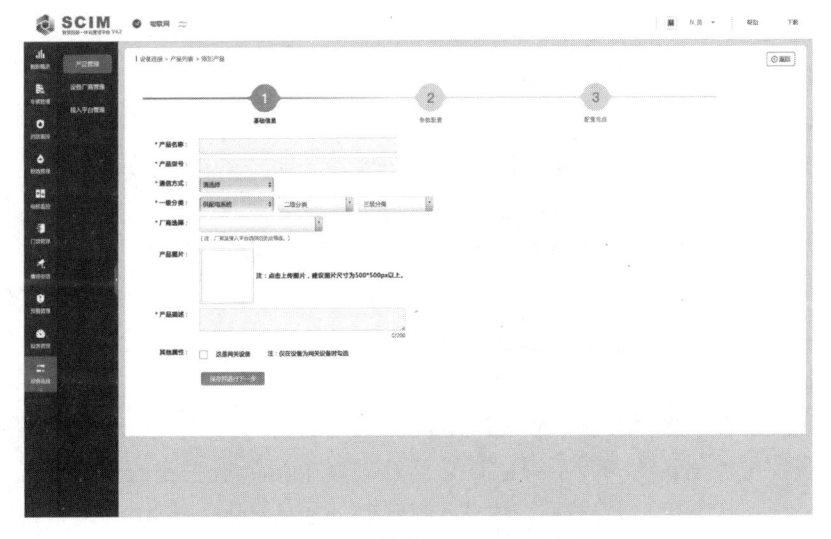

图 6-15　连接管理——新增产品

六、物联网智慧产业服务创新应用

物联网一体化平台面向智慧园区、智慧城市等服务场景，通过构建特定的应用服务解决应用场景中存在的问题，实现人、物、环境的和谐共处。以人为本，以人们对美好生活的满足感为目标，物联网一体化平台应用服务的核心价值是"绿色、平安、和谐"，如图 6-16 所示。其中，"绿色"是指建设物联网能源管理系统，构建绿色环保、低碳节能的新型园区；"平安"是指全面保障居民人身、财产安全，建立平安园区、平安城市；"和谐"是指建立综合物业管理系统，以人为本进行社会资源整合协调。

能源管理系统	安全管理系统	消防监控系统
绿色	平安	和谐
水电气远程计量	访客通行	火灾自动报警
环境监测预警	电子鹰眼	电气火灾监控
仪表传感器监测	电子巡检	智慧消防水源采集
智慧路灯管理	智能门禁	智慧消防蓝牙标签
充电桩管理	报警联动	物联网消防远程监控
水电气机房管理	电梯管理	智能消防预警
管网管理	车辆出入	……
……	……	

图 6-16　物联网一体化平台应用服务能力

（一）智慧安全管理系统

1. 安防监控

受智慧园区产业的影响，近两年安防监控、防盗警报市场有了快速的发展。多数互联网企业认为安防设备有望成为未来消费刚需，这也成为他们跨界进军智慧园区产业合适的切入点，技术融合的力量和方式给传统的安防领域带来了产业变革的冲击和灵感。可视化联动安防系统，除了配套高清的网络摄像头以外，还具备即时组网的灵活性和强大的可扩展性，允许用户按需自由扩充物联网相关的传感器，如红外探测器、烟雾探测器、门磁感应器、电子围栏、水浸探测器、可燃气体探测器等，形成严密的智能安防网络❶。

目前可视化联动安防系统的视频监控领域中两个最主流的发展趋势，即为高清化和智能化，高清视频监控系统已经开始逐步替换传统的模拟视频监控系统，而智能化则将使视频监控系统不仅能够"看得清"，而且需要能够"看得懂"，作为视频监控中最主要的被关注对象（监控对象）——"人"，其身份识别就成为看得懂的一个最重要的需求之一，而如果需要从视频中能直接识别出是谁，则需要借助人脸识别系统。智能人脸抓拍比对系统如图 6-17 所示。

---

❶ 罗超. 互联网+为防盗报警带来新活力［J］. 中国公共安全, 2016（18）：113-117.

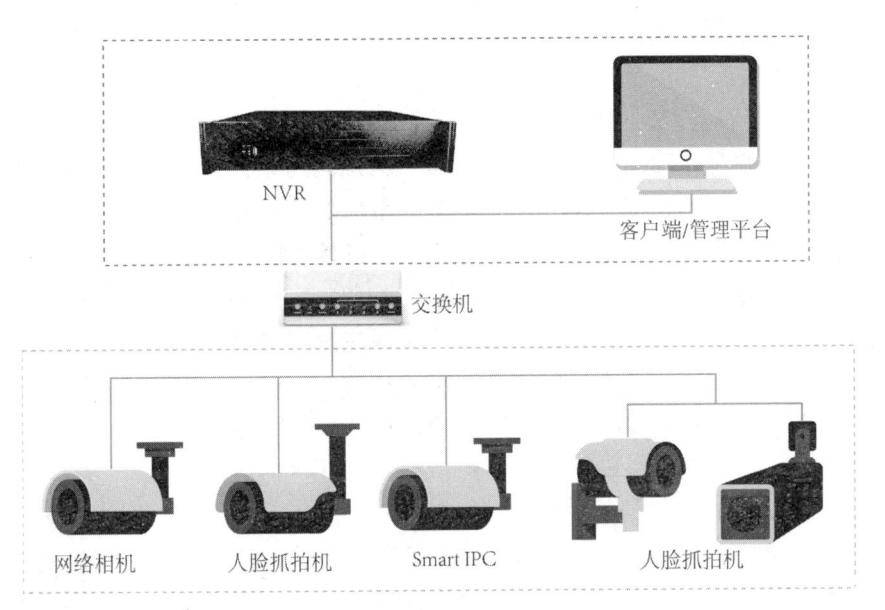

图 6-17 智能人脸抓拍比对系统

人脸识别特指利用分析比较人脸视觉特征信息进行身份鉴别的计算机技术。通过采用摄像机或摄像头采集含有人脸的图像或视频流，并自动在图像中检测和跟踪人脸，进而对检测到的人脸进行脸部识别与处理的一系列相关技术，包括人脸图像采集、人脸定位、人脸识别预处理、记忆存储和比对辨识，达到身份识别的目的。人脸抓拍识别技术可广泛应用于人员黑名单布控、人脸识别比对及报警联动、员工智能考勤/课堂点名、智能在岗巡检等方面[1]。

2. 门禁管理

现存传统门禁控制管理系统无法迎合物联网时代的新特点和需求，尤其是在面对开放式园区、访客管理、人员身份识别等应用场景，技术发展缓慢。以智能手机为载体，蓝牙4.0、二维码、视频流人脸识别、微信等创新技术的产业化成熟，使物联网环境下的门禁控制管理行业，呈现了蓬勃的发展态势，也吸引了大批创业者、风险投资者的兴趣。

（1）蓝牙门禁。采用智能手机平台APP，无须卡片或其他介质，有效降低用户的携带困难，提升用户体验；手机蓝牙开门，无须网络支持，支持触发开门或贴近开门；且安全性能密钥由管理方后台管理，用户方无须担心安

---

[1] 陈膲，浅谈生物识别技术及其在门禁中的应用 [J]. 建筑创作，2010（10）：204.

全隐患，系统可实现密钥发放、取消管理，用户可自行备份或添加激活；支持中远距离识别快速开门，可兼容通道门、速通门、电动平移门、停车等多种应用场景。

（2）二维码门禁。使用智能手机等智能终端进行便捷操作，在应用上可以与微信公众号、移动应用 APP 等结合，二维码门禁控制管理系统可以满足内部人员、访客的便捷使用，正逐步受到市场的认可和重视。二维码门禁主要包括两种方式，一是主动扫码，即在出入口控制区域设置固定不变的二维码，用户通过智能手机微信公众号或 APP 扫码，扫码识别后，判断权限并开门通行；二是被动扫码，即在出入口控制区域设置二维码读卡器，用户登录并点击打开二维码，或者凭打印的二维码通行票，扫码识别后，判断权限并开门通行。主动扫码实际上相当于远程遥控开门，而相对的被动扫码方式安全性更高，更符合安全机制的需要。

（3）人脸识别门禁。近年来，深度学习算法研究在人脸识别领域实现技术突破以来，采用深度学习的视频流人脸识别技术，开始进军门禁控制管理领域[1]。评价一个视频流人脸识别门禁控制管理系统是否优秀应该考察以下因素：①具备无须姿态调整的人脸准确识别，识别率 5000 人以内不低于 99%；②识别速度在 0.8~1 秒以内（略慢于刷卡的速度）；③应充分考虑人脸考勤、通道通行、门禁通行的不同特点，具有不同的触发方式、不同的识别距离控制等调节机制；④后台管理应该与门禁管理平台统一管理，应具有兼容能力，可快速经济、易行地改造部署现有项目。

3. 出入口管理

（1）智慧停车管理。基于物联网技术的园区智慧停车管理系统是利用现代通信网络技术、互联网技术、云计算技术，通过有效的传输网络及智能硬件，帮助管理者快速地登记将要进入或离开园区的车辆，快速识别临时车辆、业主车辆以便进行不同的计费和收费。智慧停车管理服务核心内容见表 6-2。

---

[1] 陈清泉，包顺强．"互联网+"背景下出入口控制系统技术热点及发展趋势［J］．现代建筑电气，2017（5）：30．

表6-2 智慧停车管理服务核心内容

核心功能/环节		主要内容
停车场基础功能	开、关道闸功能	通过开放的接口或协议，能控制指定道闸的开、关
	远程锁车	可以通过开放的接口或协议，进行远程锁车管理，锁定的车辆不能通过道闸
	停车场信息	能够获取到停车场列表，包括停车场编号、名称、地址、图片等
	车位信息	能够获取到指定停车场的车位列表，包括车位名称、总车位数、剩余车位数等
	道闸信息	能够获取到指定停车场的道闸列表和详情，包括道闸位置信息、道闸状态信息等
用户/业主数据同步	用户登记授权	停车场系统保存通过云端设置的用户姓名、联系方式、可通过的道闸等信息，并能够根据用户授权信息控制道闸开关
	车辆登记授权	停车场系统维护车辆授权信息，可按需同步到云端
访客、预约车辆信息同步	信息授权	支持访客、预约车辆登记授权
	访客基本信息	来访时间、被访人信息、访客姓名、访客信息（手机号码、身份证）、进入门岗、来访车辆信息
缴费、支付、订单数据双向同步		停车场管理系统支持用户月卡充值、出闸缴费等支付业务的数据双向同步功能。用户通过手机APP或其他线上业务进行缴费，支付的信息能同步到停车场管理系统，并更新用户的支付数据；用户通过线下现金缴费支付的信息能够实时通过开放的接口同步到云端
	缴费、支付数据	计费类型、订单类型、订单支付金额、支付时间、支付方式、用户信息、车辆信息等
		用户储值卡、月卡发生充值或扣费时，实时同步至云端
数据采集	车辆出入	车辆出入明显，包括车辆类型、月保类型（储值卡、月卡、临时卡、免费）、车牌号码、是否来访车辆、支付信息等
	告警通知	异常起杆、设备发生故障时，推送告警信息

（2）访客通行管理。访客预约管理系统是基于移动互联网、物联网实现随时随地、高效管理的智慧管理服务系统。能从根本上解决传统门禁登记的繁冗工作，提高用户权限管理的准确性。实现了访客的预约登记认证授权自动化，进出人员管理的全面数字化。提高人员信息的准确性，便于事后追查；尊重访客，减少人工管理干预，提升来访体验；节省人力，提高效率、提升

用户体验。访客可通过服务平台在线进行预约，预约成功后系统会向访客手机发送一条预约信息，包含访客基本信息以及授权二维码。已预约的访客可凭二维码在有效时间内，进出已授权的出入道闸、电梯以及门禁控制系统。未预约的访客可以通过大厅布置的访客机进行自助式访客登记。通过访客机向楼内入驻公司的员工发出预约申请，被访员工可通过短信或 APP 提示信息，确认是否要接受，一旦接受系统会自动生成一个二维码并推送到访客手机，访客凭此手机二维码可在系统规定的时间内刷二维码进出指定区域。访客通行流程如图 6-18 所示。

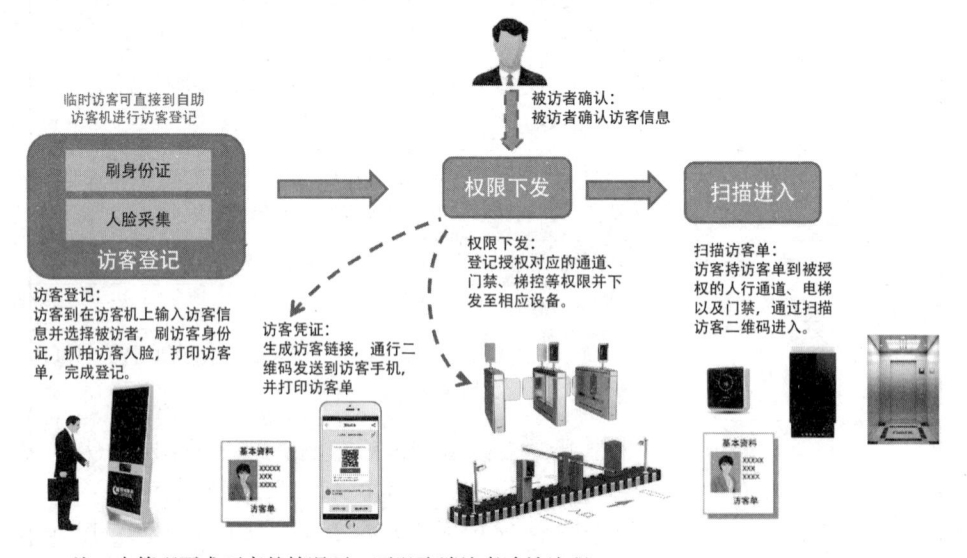

注：在管理要求不高的情况下，可以取消访者确认流程

图 6-18 访客通行流程

4. 巡更巡检

巡更系统已突破了传统意义上的安保、监督的功能，系统可以为企业提供一整套解决方案，从提高巡查质量，到提供科学、客观的分析，不但提高了巡查效率，而且还能够大幅减少管理者的工作量。20 世纪 90 年代在线巡更管理系统传入我国，它的读卡器实时传输接收到的卡号，发送至上位机，实现上位机与读卡器共同定位及记录巡更人员的巡查信息。到 90 年代中后期，出现了非在线式巡更系统。利用巡更棒和巡更点信号器交换信息，值班巡更人员手持巡更棒在规定的时间内到指定的巡更点采集该点的信号。如今市场上的消费者更看重电子巡更产品的智能化功能。

通过对各种电子巡更巡检软硬件技术和产品进行对比分析，发现蓝牙技术更适合电子巡更巡检。经过多年的发展，蓝牙技术现在已经推出了升级版本的蓝牙 4.1 和蓝牙 4.2，具有更低的功耗并且支持 mesh 组网等功能。另外，随着智能手机的全面普及，主流的智能手机均已支持蓝牙 4.0 技术，不需要额外配置巡更装置，仅通过在手机上安装相应的应用 APP 就可以完成巡更巡检任务。

5. 电梯监控

电梯运行实时监控系统是专用于实时监控电梯运行状态的物联网应用系统。用于楼宇智能化改造项目，电梯监控智能化项目，小区、学校、医院、商厦等物业、维保集中监控。电梯运行实时监控系统对于日常的电梯打不开门、突然下滑、超速运行、突然上升、卡在楼层中间（卡层）、长时间关人（困人）、冲顶、蹲底等故障能够进行本地报警、远程报警，保证电梯出现故障后能够快速进行救援。能够准确知道电梯当前所在的楼层数以及电梯的运行状态，有利于园区监控的集中管理，对于出入电梯的人员进行查看，或保留录像以备日后查阅。一旦电梯发生故障，方便维修人员知道电梯所在楼层，从而及时处理，若有案件发生，也可方便查阅电梯内人员在各层出入情况，有利于案件侦破。

电梯运行监控系统功能特点：①可展示多个园区多个电梯的实时运行状况；②多种样式查看监管电梯，地图、列表、视频等样式；③电梯实时监控视频，当发生故障时系统画面提示并及时报警；④可远程实时查看电梯自身及各种运行参数；⑤支持电梯卡层报警、困人报警、开关门报警等；⑥支持故障预警，灵活配置报警消息推送功能；⑦支持日志查询和数据备份功能；⑧支持故障数据统计、设备运行报表统计功能。

（二）智慧消防监控系统

在国家政策的支持下，消防物联网系统发展迅速，系统的规模也越来越大，用户对其消防系统的管理也提出了更高的要求。2017 年 10 月，公安部消防局发布了《关于全面推进"智慧消防"建设的指导意见》（公消〔2017〕297 号）。消防监控系统通过各类传感器、无线通信技术、定位系统等信息传感设备，按消防监控系统约定的协议，将数据动态上传至物联网一体化平台，把消防设施与互联网相连接，进行信息交换和通信，以实现智能化识别、定位、跟踪、监控和管理的一种网络系统。在执行层面，建立"简捷、高效、实用"的信息系统，支持信息报告、确认、审核，协助业务执行，实现隐患从发现、确认到处置、消除的动态跟踪体系，实现对配电线路、消防水网运行状态信息监管工作从发起、执行到效果评价的完整业务流程。智慧消防监控系统逻辑架构如图 6-19 所示。

感知层	汇聚层	传输层	云平台层	应用层
烟感 水系统采集 视频监控 电气 可燃气体探测 热成像 智慧消火栓	消控主机 组合式电气探测器 烟感主机 硬盘录像机	用户信息传输装置 物联网采集终端 电气火灾	智慧消防平台 综治平台 九小场所烟感平台	手机app 政务协同 平安城市安监平台
1.警情采集	2.数据汇聚	3.警情上传	4.数据分析	5.业务应用

图 6-19　智慧消防监控系统逻辑架构

园区整体智慧消防解决方案。在园区小镇原有的火灾自动报警系统的基础上，加装电气火灾监控设备、智慧消防水源采集器（液位/水压）、智慧消防蓝牙 iBeacon 标签、网络视频摄像头等前端物联网探测设备，通过有线或无线网络与物联网一体化平台互联，构建智慧产业园区物联网消防远程监控系统。在办公场所加装电气火灾监控设备、NB-IoT 独立式感烟报警器、可燃气体报警器、简易自动喷淋灭火装置等，构建智能消防预警系统并实现自动灭火。

物联网消防监控系统的建设充分彰显了未来安全管理趋势，其建设意义十分明显。一是实现隐患排查的精准性、超前性和主动性。传统安全管理工作中，电气线路运行情况不易被掌握，存在极大的安全隐患。通过在电气线路上安装电气火灾监测设备，对引发电气火灾的主要因素（线路温度、剩余电流）进行全面、实时的监测，当发生异常时及时定位，快速通知管理人员，迅速排除隐患，提高了隐患排查精准性、超前性和主动性，成为安全"预防为主、综合治理"管理工作的第一步。二是节约人力，提高监管效率。安装无线烟感探测器、电气火灾监控设备、温度探测器等前端智能联网设备进行场所安全感知，并与数据传输设备配合构建安全管理网络进行数据传递，监控中心运用消防监控子系统进行集中监管、调度处理，从而实现安全管理工作的集约化，降低安全管理成本。三是对安全精细化管理提高一个台阶。消防监控系统可以方便地掌握园区消防设施的分布和完好情况，实时了解巡查人员工作状态，有助于对消防巡查检查过程和结果的有效监控和考核，转变消防工作的粗放式管理为精细式管理，充分提高消防安全的预防能力。四是警情多级监控，降低成灾因素。发生火灾等报警，监控中心、园区管委会、物业等都能实时监控和接收警情，即使某一级没有收到警情或无法处理警情，其他级人员也能对警情进行有效的处理，从而降低火灾出现的概率。

（三）智慧能效管理系统

智慧能效管理服务系统作为物联网一体化平台重要的应用服务，通过对能源数据的采集、加工、处理、分析，在能源设备管理、能源计划、能源平衡、能源预测等方面发挥着重要作用。智慧能效管理系统主要功能包括：①能耗数据动态监测、碳排放计算器；②能源管理计划、能耗预算及比较；③能源故障告警、超限报警；④用能统计分析、报表中心；⑤能源决策支持。

智慧能效管理服务可以从管理节能和技术节能两方面进行降能减耗。管理节能层面，建立统一的绩效衡量计算方法和能源管理评价指标体系，依据规范和加强能源管理，转变粗放式的能源管理模式为精准的能源管理模式，及时发现日常使用过程中的能源浪费情况，建立能源经济性指标，分析各种应用场景对能耗的影响。技术节能层面，通过物联网数据感知系统，获取能源计量、统计数据，针对各个层面的能源管理业务设计能源数据处理、分析、展示功能，实现分散控制、集中管理和监控、优化分配、预测的能源闭环管理。智慧能效管理系统体系架构如图6-20所示。

面向智慧园区，通过建设物联网系统连接主要能耗设备，通过对水、电、煤、油、气、热（冷）量等所有能耗进行实时监测，收集设备能耗数据、设备运行状况、运行能效等相关参数，实现数据实时收集、存储、分类、分析、计算、显示等功能，方便管理人员在设备运行时，通过自控系统或人工调节等方式实现控制与管理功能，并提供适当的维护维修措施，保证设备优化运行，实现设备设施的可维护性与实用性。通过建立可靠的能源数据感知系统对能源数据（如电流、电压、压力、温度、流量、环境数据等）、设备状态（如开、停、阀门开度、报警信号等）等进行采集。智慧能源管理系统可感知的能源数据见表6-3。

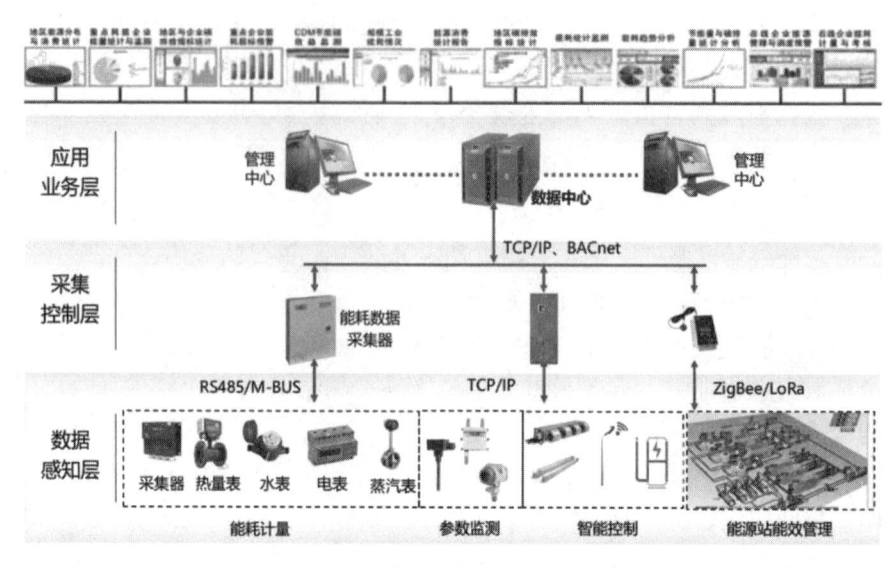

图 6-20　智慧能效管理系统体系架构

表 6-3　智慧能源管理系统可感知的能源数据

数据类型		具体数据指标
供配电监测数据	供配电设备运行参数	如电压、电流、功率、变压器温度等
	供配电设备运行状态	如高低压进线短路器、主线联络断路器
	维护保养	对供配电设备的检修保养维护进行管理
能耗数据	公共设备用电	如中央空调系统、新风系统耗能统计
	公共照明	景观照明等灯光控制系统能耗监测
	集中供暖	对集中供暖供热系统实时监控、能源数据采集
给排水数据		主要针对生活水、中水、污水，感知水量、水速、水质、水位及水压等信息数据
环境监测数据		空气质量监测、温湿度监测、设备运行状态监测，以及废水、烟气、粉尘等排放监测等

七、物联网一体化平台的意义和价值

物联网技术的不断发展正在加快产业园区智慧化进程，以集约化管控为目标，促进产业园区管理和服务双升级。针对目前产业园区建设现状和已经形成的"信息孤岛"问题，建立统一的系统平台，实现各个独立系统数据融合共享，提高管理效率和服务水平，不仅可以降低管理难度和运营成本，而且能够带来创新的服务模式、激发全新的商业模式。

(一) 加速物联网技术在产业园区的应用速度

物联网一体化平台允许各个不同应用的子系统及硬件资源可以积木式组合，可随时实现用户想要的任何系统协同控制策略及智能化功能，不仅简化了前期需求调查，而且简化了安装调试、不需要现场开发。同时，对用户来说，使用更加人性化、扩容简单，这些都会快速推动物联网技术在产业园区的普及应用❶。

由于上万亿的末端"智能物件"和各种应用子系统早已存在于日常生活中，建设物联网不可以对过去的建设成就推倒重来，物联网产业发展的关键在于把新建的和已有的智能物件和子系统链接起来，实现应用的大集成❷。而物联网一体化平台具有泛在的数据感知接入能力，物联网边缘计算网关就是用以解决不同传统工业控制总线、不同通信协议之间的互联互通问题，是现阶段推广物联网技术的关键节点，将极大地加速物联网技术在智能化行业的应用和部署速度❸。

(二) 降低管理难度和运营成本，增效节能

借助物联网，以前需要很多人工来完成的服务项目，逐渐都可以由智能设备来完成，同时可以显著降低运营成本。最典型的例子就是智能安防系统的应用，智能摄像头24小时监控整个园区，极大地减少对保安巡逻的依赖。另外，智能能源管理系统可以通过传感器监控园区内耗能设备（比如中央空调、换气扇、电梯、大型电机、供配电设备等）的运行，一方面通过智能能源管理降低它们的能源消耗，提高运行效率；另一方面设备运行出现异常可以及时检修维护，而不用等到设备出现故障之后再维修或更换，延长使用寿命。

物联网一体化解决方案能够很好地解决人的行为浪费问题。它可以在人与物之间建立智慧预案或模型，实现人工智能自适应控制，使得人的行为自识别控制节能成为可能。物联网技术解决方案与常规智能控制技术相比，在不增加额外投资的前提下，能提升10%～15%的节能效果❹。

(三) 物联网激发产业服务模式与商业模式创新

最为重要的是，物联网智慧产业园区可以带来全新的产业服务模式和商业模式，同时带来了全新的收益模式。例如，园区物业管理提供的还仅仅是物业相关的服务，而实际上物业公司离住户最近，对住户的了解也最深，如

---

❶❷❸❹ 刘三明，雷治策，云佩. 物联网平台与智慧建筑[J]. 智能建筑，2013 (7): 66-69.

果物业公司利用自己的天然优势和相关服务行业深度合作,不仅可以解决服务落地"最后 1 米"的问题,而且可以激发更多、更新的商业模式。

第三节 大数据时代的产业服务

新一轮信息技术革命与人类经济社会活动的交汇融合,引发了数据爆炸式增长,大数据的概念应运而生。国务院《促进大数据发展行动纲要》(国发〔2015〕50 号)赋予大数据"推动经济转型发展、重塑国家竞争优势、提升政府治理能力"的战略功能,并将数据界定为"国家基础性战略资源"。数据是新时代的生产资本,是定量化的、表征精确的事实,数据的采集和分析涉及每一个行业,是带有全局性和战略性的工作。产业服务的创新发展需要重视数据,突出大数据思维,加强大数据挖掘分析和应用,利用大数据重构产业服务、数据化呈现服务,精准把脉服务痛点,实现服务效率大幅提升。

一、大数据重构服务的时代悄然到来

当前,大数据引领时代发展已经成为全球共识,数据已经渗透到每一个行业和业务技能领域,成为不可或缺的生产要素,大数据与"互联网+"并驾而至,必将演绎一场产业颠覆与重构,大数据时代的来临,为服务业的转型与创新发展提供了新型利器。由于服务业中汇聚了大量的数据以及大批科研中坚力量,数据产生量和处理能力都更高,因此大数据应用的整体范围从服务业开始,效果也最为突出。目前,大数据对服务业的影响主要体现在以下几个方面[1]:

(一)医疗健康方面

一些贴身设备可以收集用户的健康数据,从而建立一个专属的健康档案,通过运动、呼吸、心率、睡眠等多个角度来确定用户的需求,通过大数据分析为用户建立专属的解决方案。也可以在医院等场所收集患者信息,进行疫情的预测。

(二)交通方面

通过车辆位置、时间等信息确定路况,为驾驶员提供最快捷的路径选择,避免堵车。在普通用户方面,利用手机收集地理位置等数据,结合地铁、公

---

[1] 大数据观察. 大数据应用的第一、二、三产业价值 [EB/OL]. (2017-05-17) [2018-07-20]. http://www.sohu.com/a/141172638_398736.

交等多种手段帮助用户找到最佳出行方式，同时利用这些数据进行数据库的更新，保障数据的完整无误。

（三）金融方面

利用机器学习及大数据对每一个信贷申请人进行全方位分析，对借款人过去的信用资料与数据库中的全体借款人的信用习惯相比较，检查借款人的发展趋势跟经常违约、随意透支的用户进行比较，减少欺诈损失、管理信贷风险以及不良信贷的问题。

（四）电信方面

通过集成数据对客户流失的原因进行综合分析，利用分析结果对网络布局进行优化，为用户提供更好的服务；同时，对用户行为进行分析，及时推出符合用户兴趣的业务解决潜在流失用户问题。企业方面，发挥自身优势帮助企业收集、管理和评估大数据集，然后以可视化的方式将这些数据呈现给企业，帮助企业改进决策。

此外，目前在零售、媒体、能源、金融等服务行业也有成功的大数据应用。大数据的高容量、多样性、存取速度快、应用价值高等特性都有助于传统服务业的转型升级。一方面，大数据作为决策依据的属性，能够精准分析供给与需求，减少服务供给中的盲目性，创新传统服务业的服务模式，实现智能服务；另一方面，大数据作为新型经济资源的属性，能够与传统服务业融合而产生新型的服务业态，推动服务业升级。大数据对传统服务业的改变将不只是服务环节，而是进行全面的"流程再造"，大数据重构传统服务链条的时代正悄然到来。

二、产业服务大数据挖掘与应用前景无限

产业服务大数据的挖掘和利用，是产业服务伴随新技术革新开启，实现服务迭代升级的必然选择。"互联网+"产业服务新模式，会在服务落地实践的过程中沉淀出体量巨大、类型繁多的产业服务大数据。基于不同服务应用场景，动态采集园区运营、资产管理、财务信息、企业发展、市场营销、员工消费等方面的最新数据，通过数据挖掘技术，分析各个场景中产业服务用户行为，得到一个多场景下的用户需求全貌，进而建立以用户为中心的新产业服务体系，从而让服务变得更为有效、便捷、准确、优质。

（一）建立产业服务大数据利用机制，推动产业服务迭代升级

随着数据体量的不断增加和处理数据能力的提升，大数据已经成为一类新的资产，其应用场景正不断拓宽，除了传统的决策支持、提高效率等发现

价值的功能之外，大数据还有创造价值的功能❶：

其一，大数据可以帮助提供传统模式下所无法提供的产品，满足用户需求。过去由于缺乏有效的技术手段，导致市场参与者无法提供合适的产品迎合已存在的市场需求。大数据技术兴起后，将带动一系列创新产品推出市场，这在各行各业都能找到案例，如交通领域的实时交通信息服务和车险定价、金融领域的个人征信体系等，考虑到传统产业的广度，这将是一个等待挖掘的巨大市场。

其二，大数据创造价值功能除了满足市场已经存在的需求外，还可以创造需求，如大数据可以助力人工智能，这是新技术创造新需求。基于大数据的创新产品将创造新供给，带动新需求，打破原有的市场边界，想象空间巨大：

一方面，大数据能够前所未有地精准洞悉现状，深入挖掘现有商业价值。例如，Airbnb 拥有海量的独有数据，包括旅游地、用户评论、房源描述、社区信息以及相关历史信息等。当用户在搜寻一个住宿的地方时，Airbnb 利用大数据分析帮助用户选择最佳的住宿地，甚至能够帮助用户更深入地了解当地，包括地理无法描述的文化或宗教上的区分。又如 Uber 则利用地理位置和其用户的综合数据，大大缩短司机空车接客的时间和乘客等待的时间。

另一方面，大数据能够空前准确地预测未来，从而获得商业前瞻性。例如，社交数据分析公司 Topsy 准确预测了 iPhone 4S 上市后的市场表现，同时还成功预测了美国大选结果和奥斯卡颁奖结果。它在商业分析、市场销售、新闻等领域拥有很高的价值，因而苹果以 2 亿美元的价格收购了 Topsy。预测是大数据的核心价值之一，从大数据中挖掘出特点，通过科学地建立模型，之后便可以通过模型产生新的数据，从而预测未来的发展轨迹。

在为园区小镇企业提供产业服务的过程中，紧跟智慧园区建设步伐，依托"线上网络平台+线下园区小镇"服务模式，打破时空限制，通过企业在平台上的操作和消费，逐渐积累形成面向园区小镇企业的产业服务大数据。充分发挥大数据在"互联网+"产业服务迭代升级中的驱动作用，用数据流引领技术流、物质流、资金流、人才流，强化统筹衔接和条块结合，实现跨园区、跨领域、跨层级、跨系统的数据交换与共享，构建全流程、全覆盖、全模式、全响应的园区小镇信息化管理与产业服务体系。通过对海量数据的发掘，深刻推动服务改进与体验优化，引导和帮助产业服务供应商发现新需求、创造新价值、提升

---

❶ 36大数据. 大数据应用现状：从发现价值到创造价值［EB/OL］.（2015-07-29）［2018-10-14］. http://www.cbdio.com/BigData/2015-07/29/content_ 3584235.htm.

新能力、培育新业态，探索提供主动式、个性化、体验式的服务。

（二）借助大数据推动产业园区精准招商

随着我国经济发展进入新常态以及投资环境的新变化，目前，产业园区、特色小镇等企业空间普遍存在招商成本上升、传统招商手段失效、服务缺乏人力物力等问题，产业园区招商必须转变思维方式、寻求创新发展。如何推动产业园区精准招商，将成为园区运营管理主体必须面临的一个重大课题，而大数据技术的日臻成熟，为解决类似问题提供了新的思路和方法。

首先，利用大数据思维解决产业招商信息不对称。产业园区招商是一项专业性很强的系统工程，园区与企业双方在信息和知识方面均存在不对称性，园区需要有价值、有精准投资意向的企业画像；企业在投资时，希望能最大程度降低因信息不对称而产生的风险。解决产业招商双方的信息不对称是第一要务。大数据在解决信息不对称方面可以发挥很好的作用。线上线下融合的服务平台能快速沉淀出大量有价值的园区产业发展和企业生产经营数据，通过对这些大数据的挖掘分析，不仅能准确描绘出园区和企业良好经营的优秀经验，同时也能准确找到园区和企业的相关需求，打通信息不对称壁垒，让供需双方高效对接。

其次，通过大数据推动基于产业链的智能精准招商。大数据的应用将彻底改变传统的、依赖"人脉"招商的低效模式，进入一个全新的数字化、智能化招商时代。对于园区运营管理主体而言，通过产业服务大数据的挖掘分析，洞察园区动态和产业情报，了解企业相关需求，一方面能够有针对性地完善已有的产业服务体系；另一方面也可结合相关产业链分析，更准确地定位产业招商目标，实现基于产业链的智能精准招商，提升园区产业链竞争力。在具体招商过程中，围绕产业招商构建全方位的服务能力，细化产业项目的招商流程和规范，促进招商工作更加系统、有序。从项目洽谈开始，建立涵盖企业类别、企业选址、融资信息、员工规模等科目的招商企业数据库，开展产业链定向招商，并将招商数据集中体现，实时掌控招商项目概况、洽谈进度、招商绩效，统一招商安排管理，实现招商工作高效运行。

最后，依托大数据驱动产业招商从"大海捞针"变为"精准捕捉"。借助产业服务平台大数据，充分挖掘园区、产业、企业数据信息，描绘出区域发展重点关注的产业和技术在全国的分布与趋势，解构出细分技术领域的关联图谱，构建涵盖园区、产业、企业的全产业链图谱，结合当地的产业特点、区域优势，分析出亟须解决的关键技术瓶颈和所需引入的互补性产业，最终将招商目标从"面"精准定位到"点"，锁定潜在的目标企业、机构或领军型人才。

当前，大数据已经上升到国家战略层面，成为推动经济转型发展的新动力，各类产业园区都在积极探索运用大数据开展智慧化产业招商，依托线上产业服务综合平台的信息共享、数据分析，实现线下的精准招商，立足区域定位，科学运用大数据招商引资的时代已经到来。

(三) 用大数据帮助企业建立科学决策机制

数据价值在企业决策领域的典型应用是商业智能（BI，Business Intelligence），即通过数据收集、分析和应用等方法，将数据转化为知识（图6-21），发现数据的价值，进而提供决策支持❶。在人口红利逐渐消失的背景下，我国企业传统的粗放型模式受到了越来越大的挑战，产业服务大数据分析结果能够为园区企业经营管理决策提供支持，帮助其提高效率，助力企业经营从粗放型向集约型转型，这实际上是传统BI范畴的延伸。

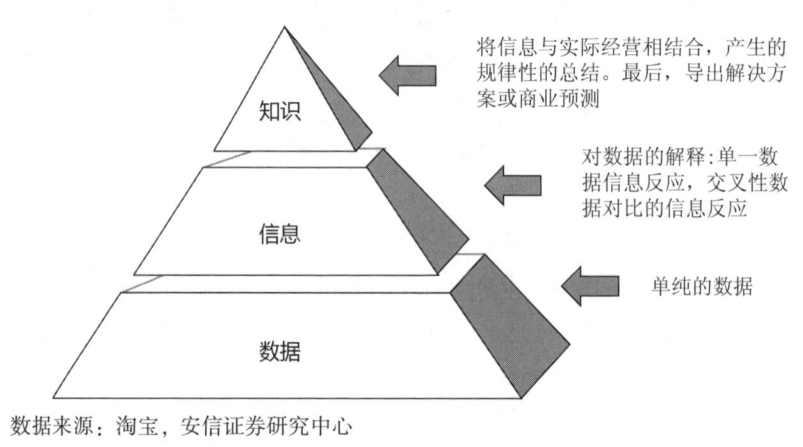

数据来源：淘宝，安信证券研究中心

图 6-21 商业智能将数据转变为知识

大数据促进商业智能的加速发展，一是大数据的分析过程和结果更具有灵活性、可靠性和价值性；二是大数据的存在提高了企业的商业智能意识，引导企业主动寻找商业智能的帮助。产业服务大数据的应用将从以下几个主要方面为企业的科学决策提供支撑，如图6-22所示。

(1) 强化经营管理。基于产业服务大数据的挖掘分析，在成本控制方面，根据统计信息优化流程，如降低库存、减少损耗等，有助于企业控制成本；在盈利能力分析方面，帮助企业分析利润来源、各类产品盈利能力、费用支出是否与销售成正比等；在绩效管理方面，有利于商业智能确立对员工的期

---

❶ 36大数据. 大数据应用现状：从发现价值到创造价值 [EB/OL]. (2015-07-29) [2018-10-14]. http://www.cbdio.com/BigData/2015-07/29/content_ 3584235.htm.

望，帮助他们跟踪并管理其绩效；在客户关系管理方面，使企业有针对性地根据客户需求来定制产品和服务，提高客户忠诚度，还可以通过用户行为预测，挖掘潜在客户。

（2）了解竞争对手。通过产业服务大数据捕捉企业竞争对手的各项信息（如运营产品种类、产品价格、市场比重等）以及运营现状，通过特定技术和算法分析以后，对竞争对手的产品价格、竞争性等进行明确评价，发现竞争对手的经营策略。另外，企业也可针对自身的产品，通过精准的算法进行评价，从而为改进或者优化产品营销方案提供决策依据。

（3）实现精准营销。园区企业可通过产业服务平台搜集消费者大数据，并基于特定技术和算法分析，进行客户画像，进而根据目标群体的特征，不断优化企业产业或服务质量，实现精准营销、实时营销和个性化推荐，为提出适用于目标消费群体的营销策略和方案提供决策辅助。

（4）政府政策对接。在大数据背景下，公司能够利用大数据进行决策管理，政府也将起到一定的作用。一方面，通过智慧云图服务实现园区业务可视化，将园区的创新成果、特色企业等情况通过数据的形式展示出来，政府可出台针对性的政策；另一方面，政府要结合商业及个人隐私的法律法规，合理制定数据共享机制，加强信息管理安全措施以及构建知识产权体系，从而保障企业管理工作健康运行的同时，维护企业与公众的平衡关系。

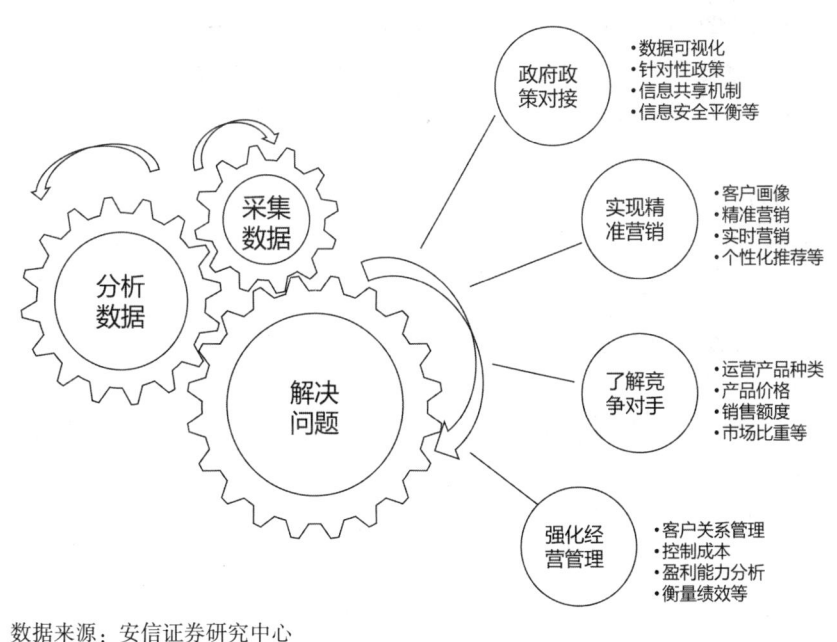

数据来源：安信证券研究中心

图 6-22　产业服务大数据实现面向企业决策的多种功能

三、产业服务大数据挖掘困难不容小觑

大数据挖掘是指从大量的、不完全的、有噪声的、模糊的、随机的数据中提取隐含在其中的、人们事先不知道的、但又是潜在有用的信息和知识的过程。随着接入产业服务平台的园区和企业数量不断增加，平台积累的产业服务数据量将急剧增长，如何从海量的产业服务数据中提取有用的知识就成为当务之急。但目前产业服务大数据的挖掘仍面临诸多挑战：

一是运用大数据的意识差异大。从产业服务需求者的角度来看，虽然园区企业对数据的重视程度正逐步提高，但是范围更多地局限于对内部的数据认知。从总体来看，园区企业的管理人员并没有意识到外部数据如互联网数据与内部数据的结合所产生的价值，而是更多地把数据进行了存储，没有进行分析。这也加重了现有的数据孤岛问题和数据闲置现象。

二是数据格式和采集标准不统一。大数据预处理阶段需要抽取数据并把数据转化为方便处理的数据类型，对数据进行清洗和去噪，以提取有效的数据等操作。园区企业每天都在产生大量的数据，但不同企业的数据格式、采集标准也非常不同，很多数据是非结构化的，在数据的预处理阶段不重视，导致数据的可用性差，数据质量差，数据处理很不规范，直接影响产业服务大数据价值挖掘的有效性。

三是大数据专业人才缺乏。近年来大数据产业发展进入爆发期，由于成熟的人才培训体系尚未建立，直接导致人才短缺的问题日益突出。大数据行业选才的标准从初期主要集中在 ETL 研发、系统架构开发、数据仓库研究等偏硬件领域，以 IT、计算机背景的人才居多，而随着大数据往各垂直领域的延伸发展，发展成为对统计学、数学专业的人才，主要从事数据分析、数据挖掘、人工智能等偏软件领域的需求。针对大数据人才供应不足的现象，各大高校和培训机构也开始强化大数据人才的培养。但人才培育需要时间，在短期内对于大数据领域的高端人才仍然会呈现出供不应求的现象。

四是大数据相关技术架构挑战。大数据技术架构的挑战主要包含以下几方面：首先，大数据是 TB 级别的数据量，传统的数据库部署无法处理，如何构建分布式数据仓库将是产业服务大数据存储面临的挑战；其次，产业服务大数据类别多样，如何实现对结构化数据、半结构化数据和非结构化数据的兼容，是产业服务大数据挖掘面临的又一大难题；再次，传统企业的数据库，对数据处理时间要求不高，但大数据需要实时处理数据；最后，海量的数据需要坚强的网络架构和强大的数据中心来支撑，数据中心的运维也成为挑战。

五是数据开放与隐私的权衡。由于企业信息化系统建设往往缺乏统一规划、统一标准，形成了众多的"信息孤岛"，数据开放程度较低。此外，目前政策法规还不完善，大数据挖掘缺乏相应的立法保障，无法既保证共享又防止滥用。如何在推动数据全面开放、应用和共享的同时有效保护企业隐私，将是产业服务大数据挖掘面临的重大挑战。此外，大数据可视化应用需求、大数据应用的安全性风险、大数据分析模型的建立等也是产业服务大数据挖掘中比较大的挑战，对产业服务大数据潜在价值的深度挖掘分析任重而道远。

第四节　一站式产业智慧服务平台

互联网时代的产业服务需秉持广域化、平台化、智慧化、生态化的发展思路，基于产业创新发展的客观需求，运用物联网、云计算、大数据等新一代信息技术和智能设备，打造一个综合性的在线智慧服务平台，打破传统服务弊端，开辟"互联网+"服务新模式，实现服务成本降低和效率品质提升的"双赢"。绿城产业服务基于新时代产业服务模式革新的新趋势，围绕产业园区及特色小镇建设运营、企业生产运营和员工工作生活中所面临的需求痛点，着重打造了一个一站式产业智慧服务平台——"云助"，如图6-23所示。提供全方位的一站式在线服务，通过线上线下结合的方式，更好地推动各项产业服务落地。

一、"云助"平台理念

随着科技的不断发展，通过信息化手段来建设一个完整的公共服务平台，实现技术、数据、业务、服务的融合与协同，打造"智慧化、数据化、一体化、移动化"的产业服务"互联网+"平台，是顺应时代发展、具有重大创新意义的有效路径。云助的开发运营遵循了"需求导向、质效为先、多端融合、开放共享"的理念，是一个集成了多元需求、品质服务、先进技术、众多资源的综合性服务平台，既是绿城产业服务落地的重要载体，也是满足产业发展各方需求的重要窗口，是"互联网+"产业服务的重要实践与探索。

（一）需求导向

平台开发以满足用户需求为出发点，分主次、分时序、分模块推进服务功能的开发运营，优先解决最急需的服务需求。同时，通过平台版本的不断迭代更新，逐步补充完善其他服务模块，努力保持平台服务能力与服务需求相匹配。此外，根据平台在不同园区小镇落地运营的实际要求，提供平台功能模块定制化开发，确保服务平台满足不同发展阶段的园区小镇的实际需要。

(二) 质效为先

突出平台服务的质量管控和效率提升，通过技术手段和管理机制，推动平台利用先进的服务手段和高效的服务模式，提供高品质的即时服务。同时，根据用户使用反馈，及时做出平台功能优化和版本迭代，努力给予用户最优质的平台使用体验。

(三) 多端融合

产业服务需求是多维度的，平台需能够广泛地接入各种物联网传感器和智能硬件设备，提供开放的第三方信息系统接入能力，融合不同服务数据和第三方服务数据，能够整合接入园区小镇既有的综合设施管理、智慧消防监控、智慧环保与能效等管理系统，实现一个平台、一张服务网、一套服务标准，满足多元化服务需求。

(四) 开放共享

基于服务需求的多元化、专业化特性，以平台为载体，在严格把控服务质量的前提下，聚合更多专业的服务资源，提升平台服务的丰富度和能力。同时，预设第三方专业服务平台对接端口，基于服务互补协同的需要，导入第三方专业平台资源，扩大平台服务边界和服务需求响应度。

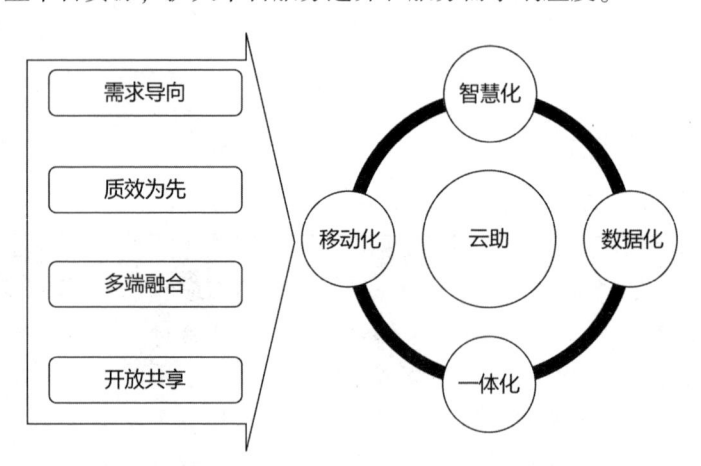

图 6-23 "云助" 产业智慧服务平台理念

二、"云助" 平台定位

平台利用移动互联网、物联网、大数据、云计算等新科技，针对园区小镇管委会、企业、员工、物业、服务商等不同用户的需求特征，通过整合各类服务资源，将产业服务搬到线上，用线上服务促进线下服务效率提升。"云助"平台深入分析各类用户群体的核心需求，以提供综合性专业服务为目标，重点突出信息服务、管理服务、电商交易、社交互动等功能属性，有机整合了园区及物业智慧管理、商品及服务高效采购、企业及人才线上互动、专业信息检索浏览等服务，实现了用一个平台提供多种服务的建设初衷。

（一）信息服务

重点围绕产业园区、特色小镇的产业发展，通过首页发布、精准推送、速递浏览、检索查询等功能，为园区小镇内的企业提供产业政策、行业动态、行业研究、技术前沿等专业信息服务，为企业员工和居民提供园区小镇动态、活动通知、意见征集、咨询问事、招聘信息等日常信息服务，同时，向外提供园区小镇的品牌宣传、推广营销、招商推介等信息服务，真正让平台成为园区小镇的信息中枢。

（二）管理服务

重点围绕园区小镇的综合管理需要，通过平台在线管理系统和智能终端相结合的方式，针对园区小镇物业及资产管理，开辟智慧安防监控、智慧门禁、智慧停车、智慧巡检等智慧安全管控功能，以及智慧能效管理、智慧消防监控等其他功能；针对企业和个人提供在线缴费、报事维修、场地预定、投诉建议等线上服务功能，推动园区小镇真正实现智慧化管理。

（三）电商交易

重点围绕企业发展所需和个人生活配套，通过产品及服务在线展示销售、需求在线提报、供需在线匹配等功能，针对企业开辟一站式办公用品线上采购服务，以及金融、科技（知识产权）、商务等服务在线委托及交易；针对各类服务商提供产品及服务上线、开设线上门店、后台管理等服务；针对个人提供食品外卖、在线购物、房屋租赁、共享出行等线上生活服务，让平台真正成为链接企业、个人、服务商的服务交易中心。

（四）社交互动

重点围绕园区小镇内企业联谊及员工社交活动，通过提供兴趣话题讨论、活动发布及邀约、互动交友等功能，为园区小镇内各类人群搭建一个交流活动的网上社区。

三、"云助"平台架构

（一）战略架构

"云助"平台针对国内不同地区的各种产业园区、特色小镇、写字楼群等产业发展空间载体提供智慧服务，每个园区小镇都将是一个独立的子系统，不仅包含了园区小镇内的企业、员工及服务商，也接受来自云平台的服务及资源辐射。同一区域的多个产业园区、特色小镇等构成区域系统，多个区域系统组成"云助"平台大体系，如图6-24所示。通过平台内部链接，所有接入使用"云助"平台的产业园区、特色小镇和写字楼群将组成一个互联互通的生态网络系统，不同产业载体之间可以互相协作、优势互补、资源共享、学习借鉴，优质服务资源和产业要素可以在系统内自由流转，进而形成相互促进、共同发展的良性发展生态。

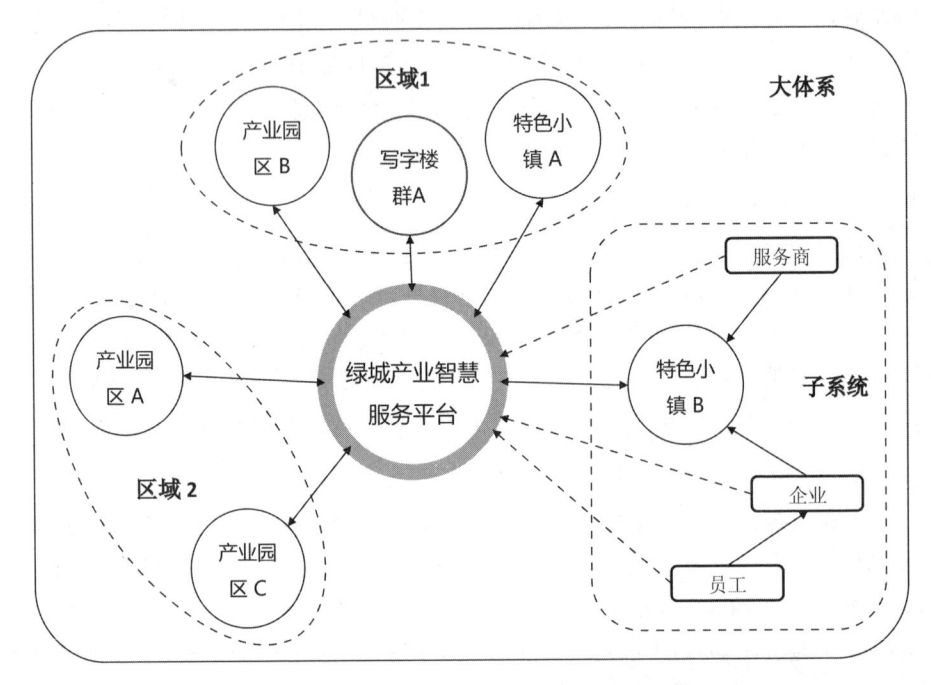

图6-24 "云助"产业智慧服务战略架构

(二) 产品架构

平台从产品构成看，可以分成管理平台、智能硬件、园区官网和移动终端应用APP四个组成部分。"云助"产业智慧服务平台产品架构如图6-25所示。

(1) 管理平台是指智慧服务平台的"大脑"，一方面要连接智能硬件终端，实时自动获取硬件数据，集中展示、处理并反馈终端执行；另一方面要连接用户交互界面，响应并收集用户需求指令，经数据处理后反馈给用户，实现用户人机交互。

(2)智能硬件主要包括智慧停车系统、智慧访客系统、视频监控、设备监控等,是实现园区智慧服务、智慧管理的基础。通过智能硬件,将园区内的设备与设备、设备与物业、设备和人以及人和人之间全部连接起来,将园区的设备数字化、物业数字化、业主数字化,由管理平台进行统一的管理,实现所有的数据互联互通。

(3)园区官网是指在"云助"平台 web 网站里,为已接入平台的各个园区小镇设立专属的官网页面,实现"一园一网"。园区官网主要起到信息门户、办公门户、服务门户的重要作用,重点用于展示和传播园区资讯信息、资源信息,更好地让园区内部和外界企业、单位了解园区的整体发展动向。

(4)移动终端应用 APP 由客户端 APP、管理端 APP、商家端 APP 共同组成,是不同用户对象与云助平台系统开展人机交互的主界面。其中,客户端 APP 是用户前端主界面,是面向企业、员工等服务消费方的主应用,用户可以从各大应用商店下载安装并注册使用,通过此应用获取相关信息和服务。管理端 APP 和商家端 APP 是用户后端主界面,是面向园区管理方、物业管理方和服务供应商的主应用,用户可以从专属下载通道获取并安装使用,通过此端口可以实现园区的综合管理和服务产品的上线管理。

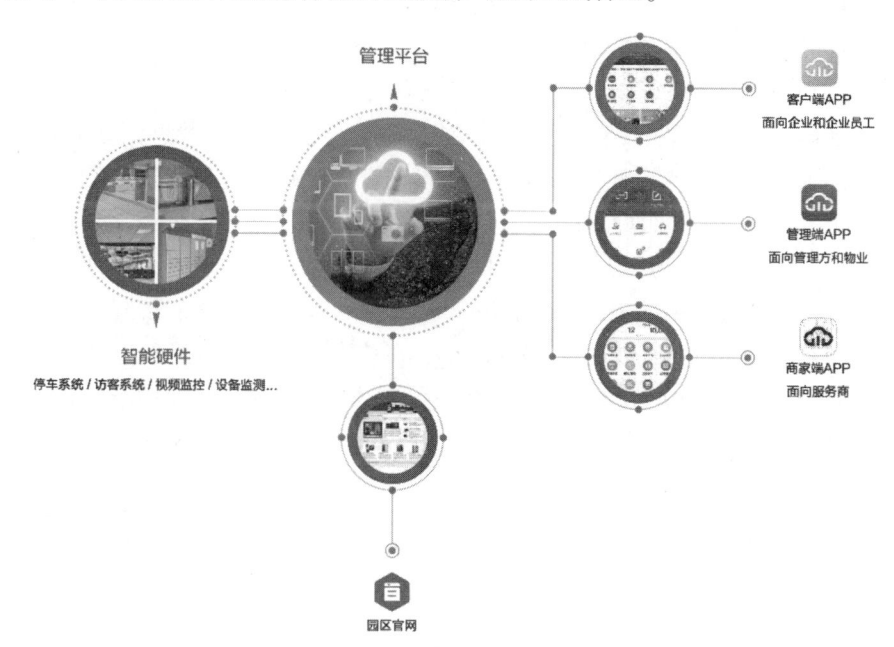

图 6-25 "云助"产业智慧服务平台产品架构

(三) 系统架构

"云助"采用业界最为流行的 SOA（面向服务的架构）框架，遵循统一技术路线，架构设计注重层间的松耦合与层内的高内聚，通过对业务的抽象、映射实现业务对象组件化和统一的服务调用，充分考虑了系统的可扩展性、可复用性、可配置性，降低开发和维护成本使得系统能够随需而变，快速灵活满足业务变化的需要。"云助"平台系统架构分为四层，分别是基础层、数据层、应用层、交互层，如图 6-26 所示。

（1）基础层是承载"云助"产业智慧服务平台的物质基础，由硬件设施和网络系统组成，具体包括智能硬件、机房及设备、服务器集群、光纤网络等。

（2）数据层是"云助"内生发展的土壤。平台的用户数据、业务数据、运营数据等汇聚成大数据集，通过数据挖掘、清洗算法等反哺平台业务，支持决策。

（3）应用层是"云助"产业智慧服务平台的核心，由园区运营子平台、企业服务子平台、生活服务子平台以及对接平台组成。其中，园区运营子平台板块包含政策贯宣、政务党务、园区热点、交流合作、知识产权、物业管理、资产管理等服务内容；企业服务子平台板块包含通知公告、物业服务、行政后勤、代办服务、企业招聘、企业合作、融资贷款等服务内容；生活服务子平台板块包含园区班车、停车申请、餐饮美食、周边楼盘、园区租房、社交娱乐、园区活动等服务内容；对接平台是"云助"接入政务服务、产业公共服务等第三方平台的入口。

（4）交互层是指用户触达"云助"系统的终端。针对不同用户对象开发了相应终端系统，帮助用户轻松获取"云助"服务。企业及企业员工可通过官网与客户端 APP 浏览信息、服务下单、在线交友等；园区管理方和运营方通过管理端 APP 和 Web 管理平台注册后可便捷地获取园区企业动态信息，处理政务；物业和服务商通过商家端 APP 和 Web 管理平台，可快速地响应和处理服务需求。

| 01 交互层 | APP 官网【面向企业/企业员工】 | APP Web管理平台【面向管理方/运营方】 | APP Web管理平台【面向物业/服务商】 |

02 应用层

园区运营子平台	企业服务子平台	生活服务子平台	对接平台
政策宣贯	通知公告	园区班车	政务服务
政务党务	物业服务	停车申请	产业公共服务
园区热点	行政后勤	餐饮美食	其他专业服务
交流合作	代办服务	周边楼盘	……
知识产权	企业招聘	园区租房	
物业管理	企业合作	社交娱乐	
资产管理	融资贷款	园区活动	

03 数据层

数据流：业务数据/用户数据/运营数据　　　基于云架构的大数据集

数据中心：数据接口/数据库/搜索引擎/挖掘引擎/清洗算法……

04 基础层

智能硬件　　网络系统　　服务器集群　　机房及设备　　……

图 6-26 "云助"产业智慧服务平台系统架构

第七章 创新构建产业服务新生态

以绿城为代表的服务业龙头企业，敏锐洞察行业发展大势，紧抓产业服务需求关键，通过发挥自身优势，创新业务模式，率先开启了产业服务业态的实践探索，通过实践来积累服务经验，努力建立独具特色的服务模式和服务体系，不仅为园区小镇产业的发展贡献了力量，也为自身转型发展开辟了新道路。对产业服务行业的发展而言，每一次探索和实践都具有重要意义。

第一节 产业服务生态的实践探索

一、产业服务行业的倡导者

随着企业对产业园区、特色小镇等专业空间载体的营商环境的要求不断提升，想方设法提升服务水平成为重要任务。物业服务企业作为在产业空间载体中提供基础服务的服务商，率先感受到了这一变化。在新兴科技与资本力量的推动下，物业服务行业本身也在加速转型，行业整合速度明显加快、整合力度显著增强。市场集中度的大幅提升，为大型优质物业服务企业开展业务创新，开辟产业服务这一中高端服务业态，创造了有力条件。凭借其良好的市场口碑、规模效应、盈利能力及资本实力，龙头物业服务企业成为优质营商环境营造中的一支重要力量。

绿城物业服务集团有限公司（以下简称"绿城服务"）作为国内物业服务行业领军企业，不仅在住宅服务领域树立了行业标准，也已在众多产业园区、特色小镇等开展了服务探索。伴随国内园区小镇建设的热潮，绿城服务率先开启了产业服务的创新与探索。产业服务作为服务政府、企业、员工的新业态，是物业服务和园区生活服务在服务空间、服务对象和服务内容上的"一次延伸"，即服务空间从生活区向工作区扩展，服务对象从居民向员工、从家庭向企业延伸，服务内容从基础物业服务向"资产管理、信息管理、企业行政后勤"等增值服务延伸，有效提升了非住宅项目的服务广度、深度、效率、效益。产业服务使绿城服务实现了服务能级"大提升"，从过去劳动密集型的低层次物业服务，跨入了智力密集型、技术密集型的科技服务新领域。产业服务犹如非住宅版的"园区生活服务体系"，为绿城服务业态升级、"物业+"服务模式升级打开了突破口。

绿城服务集团专门成立了绿城科技产业服务公司（以下简称"绿城产业服务"），担当产业服务新业务的实施主体，通过整合多方产业资源和服务资源，借助"互联网+服务"模式，聚焦服务产业创新发展，帮助中国产业园区（特色小镇）构建完善产业生态圈。目前，绿城产业服务已在产业服务体系构建、服务模式创新、实施路径探索、服务标准制定等方面展开了大量的实践探索，为产业服务行业发展起到了良好的带头示范作用。通过样板示范园区建设、平台运营推广、不断业务试错等实际运营探索，不断优化调整和迭代更新服务内容、服务方式、服务标准，绿城产业服务正在努力打造出一套真正满足园区发展实际需求，并具有行业引领能力的产业服务体系，既为自身业绩持续增长培育增长极，也为产业服务行业发展壮大贡献绿城智慧。

二、产业服务理念与发展愿景

绿城产业服务将秉持"创新、高效、开放、共赢"的发展理念，通过线上线下服务的深度融合，重塑服务新流程、新模式，让产业服务更智慧、更高效；通过众多优质资源的跨界整合，推动服务生态化、体系化，让服务更优质、更完善；通过遍及企业园区的服务足迹，使绿城人更知企、懂企、亲企，让服务更落地、更到位。绿城服务围绕"助力中国产业园区（特色小镇）创新发展"的使命追求，坚持与园区和企业共进退、同担当、齐发展，努力成为"中国领先的产业生态运营商"。

（一）产业服务聚焦产业发展痛点，为园区小镇发展添砖加瓦

过去，工业园区、经开区、高新区等大型产业园区开发建设是主流，其开发建设和运营管理主要由地方政府直接主导，或通过设立下属国有平台公司进行开发运营。随着产业结构的加速转型升级，以高新技术产业为核心的中小型科技园区，以特色产业为核心的特色小镇，以创新创业为核心的创业孵化园区等大量涌现，其开发经营主体加速多元化，涌现出了以华夏幸福基业、中关村发展集团等为典型代表的开发和运营商。加速涌入产业园区、特色小镇等开发运营热潮之中的社会资本，促进了新一轮园区小镇建设的热潮，"重房产开发、轻产业运营"而带来的潜在风险正在加剧。为了让园区小镇开发建设能更好地服务产业发展，需要从前期规划建设、中期产业培育、后期运营管理等环节加强管控，加强产业发展服务能力，为产业发展构筑生态圈，进而提升园区持续发展能力和对外竞争力。绿城产业服务从服务的视角审视

园区小镇发展产业所面临的痛点，用服务的方式帮助园区小镇管理方、开发方解决发展难题，为园区小镇发展贡献力量。

(二) 产业服务紧扣企业成长痛点，为企业发展壮大雪中送炭

企业既是产业发展的主体，也是创新创业的主体。过去产业发展以大型制造企业、大型国有企业为主导，大企业组织机构完善、资源整合能力强，除需政府提供的部分产业公共服务以外，绝大部分保持自主发展、自我服务。随着新经济、新业态、新模式、新科技的加速发展，创新创业成为产业发展的主要驱动力，高新技术企业、科技型中小企业等成为产业发展的主导力量。这些企业以主攻主营业务为导向，内部组织架构相对精简，核心业务以外的服务需要由政府、园区或第三方服务机构提供，服务获取效率和成本对企业正常发展影响较大。受制于自身人员组成和运营成本压力，即便是细分领域的第三方专业服务商提供的服务也很难真正解决企业发展所需。集多种服务于一体的综合型服务平台，才能有效解决企业高效率、低成本获取高品质服务的需求。绿城产业服务紧紧围绕降低企业获取外部服务所支付的时间成本和经济成本，以智慧化、大服务、高品质、低成本为导向，为企业提供零时间、零距离、全方位、标准化、一站式的伙伴服务，为企业发展排忧解难。

(三) 产业服务直击产城融合痛点，为员工安居乐业添衣加被

人才成为当下企业发展的最核心资源，吸引优秀人才加盟并长久留在企业发展，无论是对企业还是对园区都至关重要。吸引人才入职企业的因素中，企业所在园区的生活配套服务完善程度是一个不可忽视的重要因素。过去产业园区大多远离主城区，建设重心多集中在产业发展设施方面，城市配套和生活服务被轻视或被遗忘，"重生产、轻配套"的发展方式造成产业园区不宜居，对人才尤其是高端人才的引留带来了很大的负面影响。即便是如杭州未来科技城这样紧邻主城区，且高水平开发建设多年的高科技园区，其在企业员工生活配套服务方面仍存在很多不足。随着新兴产业的快速发展，产城融合发展对产业园区建设的重要性日渐凸显，众多产业园区纷纷开始弥补生活服务配套短板。城市配套及生活服务的提升非一己之力、一朝一夕所能解决，需要政府和社会服务机构共同努力。绿城产业服务围绕吃、住、行、社交等企业员工日常所需，通过提供更灵活、更人性、更便捷、更优质的服务，提升员工在企业工作、在园区生活的归属感、幸福感和获得感。

三、产业服务"三箭齐发"

绿城产业服务从满足园区管委（开发方）、企业、员工等不同服务对象的

核心需求出发，通过整合各类产业资源和服务资源，依靠产业智慧服务云平台（云助），重点打造园区运营、企业服务和生活服务三大业务品类，实现线上线下相融合的全方位产业服务体系，如图7-1所示。

（一）园区运营服务

涵盖园区规划建设和发展运营全过程，重点打造"规划咨询+产业引培+人才、科技、金融等产业要素导入+园区物业管理"的全链条服务体系，形成园区产业选择和培育能力、产业创新发展服务能力、产业资源导入能力等核心服务能力，为产业园区（特色小镇）发展增添动力，为产业项目落地营造一流、智慧、安全、舒适、便捷、高效的发展软环境。

（二）企业服务

覆盖企业全生命周期，围绕企业非核心业务，提供办公空间定制一条龙服务和日常办公及行政后勤服务，解决企业后顾之忧；围绕企业发展，提供人才招聘、企业融资、知识产权、商务服务、科技中介服务等一系列成长促进服务，帮助企业不断成长壮大，进而使企业在园区引得进、留得下、干得好。

（三）生活服务

重点围绕员工"刚需、高频、定制、黏性"的服务需求，以快速弥补园区生活服务短板为导向，借助智慧服务云平台（云助），重点打造饮食、居住、出行、社交等服务，既为园区和企业留住人才做出贡献，也使传统产业服务外延得到进一步扩大。

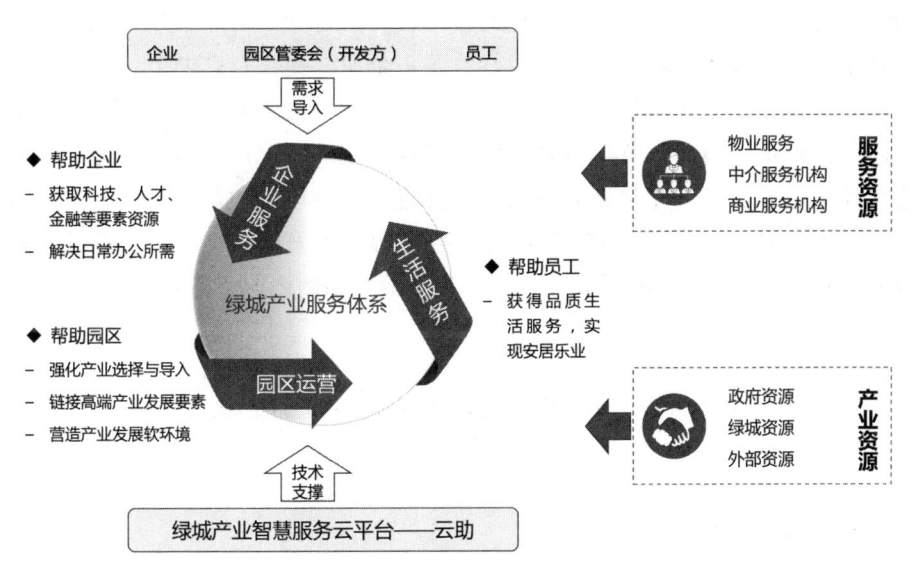

图7-1 绿城产业服务体系

四、打造开放共赢的大服务生态

产业生态圈的构筑,需要有机排列组合人才、技术、资金、信息、物流和配套企业等要素,需要促进产业链、创新链、生产链、价值链、供应链等链接成网,需要推动生产性服务、生活服务、基础设施等关联配套。完善的产业服务对构筑产业生态圈不可或缺。产业服务涉及面宽、专业性强,客户对象具有多元性,不同类型的用户对服务的需求方向不一,同一类型的处在不同发展阶段的用户对同一服务的关注点也会有所不同,因此要想满足多元化、个性化、专业化的服务需求,实现服务的高品质与全面性的有机统一,必须建立一个具有更强服务能力、更广服务范围的综合性产业服务平台。绿城产业服务遵循"共创方能共赢,共赢方得长久"的发展思路,坚持以做园区企业发展好伙伴为目标,致力于打造开放型的综合服务平台,通过聚合多领域、多层级的专业服务资源,与众多来自细分领域的专业服务商一道,强强联合、优势互补,共同构建包容开放的园区小镇产业服务生态。

在园区运营服务领域,与国内知名高校、知识产权服务机构、金融投资机构等合作,联合开展顶层设计、科技创新、成果转化等服务;与行业龙头创业孵化机构紧密合作,共同开展创业孵化服务;与专业招商机构、产业协会、行业组织等合作,联合开展产业招商服务;聚合各类产业公共技术服务资源,联合提供产业公共技术服务。在企业服务领域,更多地依托平台来整合第三方服务资源,打造服务信息对接平台,聚合第三方专业服务商,提供企业成长促进服务;联合企业采购行业龙头企业,提供行政办公用品采购服务;整合办公空间装修设计供应商,提供一条龙办公入驻服务。在生活服务领域,立足于为园区小镇生活服务商开辟社交化的线上服务渠道,通过就近整合服务资源,导入龙头服务商资源,打造开放共享的生活服务生态。通过"自有服务能力+专业服务资源+信息服务平台"的发展模式,力争打造形成具有绿城特色、符合园区小镇发展需要的开放共赢的产业服务大生态。

第二节 园区运营服务推动园区发展

一、顶层规划设计服务

产业园区的规划设计,既是战略上的指导,也是战术上的需要。产业园区建设实践经验表明，顶层规划设计是园区建设发展的起点，决定了园区建设的规模、方向和品位，对园区能否实现持续快速健康发展等具有重要意义。如果产业园区没有明晰的规划，而是"走一步算一步"，那这个园区很可能将面临"出师未捷身先死"的发展窘境。产业规划为园区小镇实现核心价值使命指明了方向，是园区规划中首要的规划内容，产业规划是其他规划的基础，只有产业规划清晰了，其他规划才可以按图索骥、按部就班地顺利开展。

顶层规划设计咨询服务是绿城"产业顶层规划+产业资源导入+招商孵化落地"一体化服务的重要组成部分。绿城产业服务立足产业生态运营商的战略定位，从园区运营服务需求出发，着重为园区小镇提供"行业研究、产业规划、园区小镇发展规划"等规划咨询服务和"政策研究、政策宣贯、项目申报"等政策研究咨询服务。行业研究主要围绕战略性新兴产业、现代服务业、数字经济等领域，对行业发展现状、市场竞争格局、创业投资热点、行业龙头企业、未来发展趋势、典型案例借鉴等开展研究，为园区小镇提供最新的产业发展关键信息。产业规划以前瞻的眼光、科学的理论、翔实的数据、严密的分析和丰富的经验为依托，精准把握产业发展机遇和挑战，仔细分析园区发展基础、资源要素条件和存在的问题，对园区小镇产业发展方向、战略定位、发展目标、发展路径、主要任务、重点项目等做出详细谋划和安排，为园区小镇绘制产业发展蓝图。政策研究主要通过对比研究发达地区和同类园区政策，为园区小镇政策制定提供建议；政策申报咨询以促进政策落地为目标，为企业提供包括政策解读宣讲、各类专项资金申请、高新技术企业申请、小巨人科技企业申请认定等相关政策咨询服务，为各行业客户提供相关的政策咨询服务，致力于协助科技型企业获得一定的资金、信贷、税收优惠等政策性扶助。

绿城产业服务联合浙江大学中国科教战略研究院，合作成立产业创新研究中心，发挥浙江大学学科优势，整合经济学、管理学、城乡规划及相关行业专家学者，重点围绕推动地方及产业园区转变经济发展方式、调整产业结构、培育发展新动能、发展战略性新兴产业、园区小镇"浙江模式"等，联合开展相关理论和实际应用研究，共同为园区小镇和企业提供产业研究及规划咨询服务。同时，聘请了来自清华、北大、中科院等国内知名高校院所的数百名行业技术专家，为规划咨询服务提供外部智力支撑；与国内专业咨询机构和规划设计院开展紧密合作，联合开展产业规划服务，协同开展园区总体规划、建筑景观规划等其他规划业务，进一步拓展规划咨询服务边界。此外，绿城产业服务注重打造自身规划咨询服务能力，组建专业精干的规划咨询服务团队，积极吸纳具有丰富规划咨询经验的专业人才，通过"内外兼修"，确保规划咨询服务的品质。绿城产业规划及政策咨询服务目录见表7-1。

表 7-1 绿城产业规划及政策咨询服务目录

服务大项	服务内容	服务方式
规划咨询	行业研究	1. 独立撰写专业行业研究报告和规划咨询服务 2. 联合国内知名的专业规划咨询机构，共同编写研究报告和规划方案
	产业规划	
	园区小镇概念性规划	
	园区小镇总体发展规划	
政策咨询	政策研究及宣贯	1. 撰写政策研究报告 2. 举办政策宣讲活动 3. 借助云助 APP，提供政策线上宣传 4. 产业服务中心提供线下咨询及申报服务受理
	政策绩效评估	
	项目申报	

二、产业导入与培育服务

"内生"和"外源"是园区小镇产业发展的两个关键词，也是暗合园区小镇的发展脉络，即内涵式发展到外延式发展；也是发展模式，内生式发展模式和外源式发展模式；同时也是发展阶段，从外源式发展阶段到内生式发展阶段。"内生"发展手段主要是创业孵化，而"外源"发展的主要手段则为产业招商。绿城产业服务以产业招商服务、创业孵化服务为核心，打造产业导入和培育服务能力。

（一）产业招商服务

产业招商是园区小镇"外源式"发展的关键，其成败直接影响"外生"式园区小镇产业发展的水平。招商引资难是园区小镇共同面临的一个棘手问题，随着区域投资环境的层次分化，招商引资竞争也日趋激烈。面对"僧多粥少"的现实，各地园区小镇纷纷出台优惠政策降低投资商成本，并不断优化园区内部环境提升竞争力，同时纷纷创新招商引资方式，以求在招商引资中占据竞争优势。园区营商环境的改善和产业招商模式的创新，在一定程度上提高了园区产业招商的成功率，但依然存在招商效率低、成本高、成功率不高等难题。如何提高对园区产业招商水平，实现快速、精准、高效、优质的招商引资，依然是摆在产业园区面前的待解难题。

产业招商归根结底还是应该"在商言商"，密切跟踪研究产业发展新动向，科学细致地制订产业招商计划，不断完善产业招商的长效引导机制，方能在逆境中捕捉商机，在竞争中赢得主动。针对目前招商引资的发展趋势，招商引资要由"政策招商"转变为"产业招商"，即由过去单纯的优惠政策吸引招商转变成现在的细化到各产业的针对性招商；同时充分发挥行业协会、中介组织、专业招商服务企业等社会力量的桥梁纽带作用、组织协调作用、行业带动作用和相关服务作用，创新招商引资体制机制，提升招商效率和招商水平。绿城产业招商服务是针对新时期产业园区招商面临的主要困境，创新探索市场化运营的专业招商服务，帮助园区小镇等产业发展新载体、新空间建立完善"外源式"发展渠道。

■ 常见的产业招商方式

推介会招商：针对园区重点项目，通过"走出去"举办专场推介会进行专项招商，全面展示项目的投资前景和园区良好的发展环境，提高招商的针对性和目的性。

会展招商：通过主办各类展会活动，提升园区知名度，吸引潜在客商，扩大招商选择范围。

以商招商：充分发挥客商之间信息灵敏、联系面广的优势，借助已落户园区的企业的信息渠道、商务渠道、人脉资源，向外推介园区的招商信息和招商政策，加强与相关企业的沟通联系，带动更多客商到园区来投资发展。

网络招商：建立专门的招商网站，与政府网站或专业网站联动，全面推介园区的投资环境和项目信息；通过网页广告、搜索引擎、友情链接等形式，在知名门户网站发布重大项目招商信息，扩大招商信息的传播范围和传播力度。

中介招商：发挥专业招商机构、相关行业主管单位及行业协会的信息整合和人脉资源优势，通过建立合作关系进行委托招商，拓宽招商的视野，提高招商的针对性。

捆绑招商：将园区内的产业项目（例如，旅游开发、农业开发、工业开发、地产开发等）进行捆绑销售，降低招商难度，提高招商效率。

服务招商：建立领导问责制，为投资者提供从项目申报、注册登记到员工招聘、信贷审批、产品检验等在内的全程"保姆式"服务。通过优质、高效、主动的服务营造良好的投资环境，解除客商的后顾之忧。

定向招商：瞄准相关发达地区进行定点定向招商，重点引进知名度高、经营模式成熟的相关企业等落户，以名企业、大项目带动园区产业发展。

产业链招商：指围绕一个产业的主导产品，与之配套相关的原材料、辅料、零部件和包装件等产品，形成供需"上下游"的产业链条关系，吸引投资谋求共同发展，形成倍增效应，以增强产品、企业、产业乃至整个地区综合竞争力的一种招商模式。

绿城产业招商服务重点是为园区小镇提供招商方案策划、招商信息服务、招商活动策划实施、园区招商宣传推广等专项服务，以及招商外包服务一体化解决方案。招商方案策划是产业招商的前提，其核心是按照园区小镇发展规划和行业发展动态信息,确定产业招商的方向、目标、路径和任务,策划可落地执行的具体招商项目,明确相对应的招商目标区域和潜在招商企业,为产业招商工作落地实施提供指导。招商信息服务主要包括招商大数据分析、招商目标企业检索、招商项目信息发布推广、招商信息化管理平台搭建等专项服务,通过大数据分析、舆情监控、新媒体推广、信息匹配核心算法,精准获取招商项目线索,为园区小镇开展招商行动提供精准的信息对接,有效提升招商的成功率和实效性。招商活动策划与实施服务主要提供异地招商推介会、本地招商洽谈会、招商展会等活动策划及执行服务,以及在产业发展先进地区、园区开展招商考察的接待服务,搭建完善的会议会展招商渠道。园区宣传推广主要提供园区小镇品牌设计包装及宣传、营销推广方案策划及实施、新媒体运营等专项服务,提升园区小镇品牌知名度和行业影响力,增加招商吸引力。招商外包服务主要是为园区小镇提供商业化招商服务,实现从招商策划到招商项目落地的全流程委托外包。绿城产业招商服务目录见表7-2。

表7-2 绿城产业招商服务目录

服务大项	服务内容	服务方式
招商策划	招商项目库策划	研究编制专业的招商策划报告
	招商引资手册	
	招商宣传策划	
	招商政策咨询	1. 产业服务中心提供窗口咨询办理 2. 招商活动宣贯 3. 云助APP在线查询
招商信息服务	招商引资信息发布	1. 云助APP在线信息发布、检索及查询 2. 提供大数据研究报告
	招商企业数据库信息检索	
	招商大数据	
招商活动策划举办	招商推介会/洽谈会/展会	各类专项招商活动
	招商考察接待	一站式参观考察服务
园区宣传推广	园区小镇品牌设计推广	1. 提供定制化品牌服务 2. 云助APP提供消息定点推送
	营销推广方案策划实施	
	新媒体运营	通过公众号、官网、微博等新媒体工具

绿城产业服务把规划咨询与产业招商有机衔接、融为一体,实现产业规划向招商计划转变,强化园区小镇产业发展的可操作性和落地性,依托扎实

的产业研究规划能力和丰富的园区运营管理经验，为产业招商策划奠定了研究和实践基础。借助绿城智慧服务云平台——云助，整合绿城在服的所有园区内的入驻企业信息，对接行业协会、产业联盟等产业组织内的企业信息，建立了超过10万家企业的招商企业信息库；批量导入上千家园区小镇建设信息和数万个招商项目信息，建立了覆盖多个省市的招商项目库和产业发展载体库，为产业招商信息服务奠定了坚实基础。大力组建专业的招商团队并不断壮大队伍规模，团队核心人员主要来自政府招商部门、专业招商机构、知名企业、产业联盟、行业协会等，专职负责受托园区小镇的产业招商工作，为招商外包服务的落地奠定了基础。此外，绿城产业服务遍及全国15个省市，尤其是在长三角地区拥有众多的服务项目，长三角地区是我国中西部地区开展产业招商的首选区域之一，浙江拥有超百万家各类企业，这些资源为绿城策划和承办中西部地区的产业招商活动，以及开展招商考察接待等服务发挥了优势。

(二) 创业孵化服务

创业孵化是实现园区小镇"内生式"发展的关键所在。随着"大众创业、万众创新"战略的深入实施，鼓励引导和促进创业孵化成为诸多地区政府的重要任务，创业苗圃、众创空间、孵化器、加速器等一批创业孵化载体遍地开花，成为创业孵化服务的首选空间载体。社会资本积极涌入创业孵化领域，已形成了一批各具特色的专业孵化器运营企业，创业孵化服务行业进入火热发展期。已有的诸多创业孵化平台中，绝大部分平台和运营企业缺乏真正的创业孵化服务能力，创业孵化空间沦为单纯物业空间的现象并不鲜见。如何为创业企业提供完善的创业服务，让创业孵化空间真正实现建设初衷，让创业孵化成为园区小镇发展的强大动力，既是广大园区小镇建设者和创业孵化平台运营者面临的重要课题，也是绿城产业服务打造创业孵化服务的初衷。

绿城产业创业孵化服务致力于打造"特色服务和托管式运营"的创业孵化服务，帮助园区小镇提升中小企业孵化培育能力。一是为园区小镇内已建创业孵化载体导入关键性创业服务，主要包括创业导师辅导、创业活动举办、创业项目路演、创业项目融资、营销推广支持等特色服务，技术、财务、法务、工商注册、人力资源、知识产权、政策申报等软性基础服务，由绿城企业成长促进服务板块提供。二是帮助园区小镇搭建专业创业孵化载体，联合专业创业孵化载体建设企业，实现"建设+运营"的全方位一体化服务。绿城产业创业孵化服务目录见表7-3。

表 7-3　绿城产业创业孵化服务目录

服务大项	服务内容	服务方式
特色创业服务	创业辅导	创业导师一对一
	创业活动策划举办	创业大赛、创业沙龙、创业论坛等
	创业项目路演	通过创业活动、投资人引荐等方式
	创业项目融资	
	营销推广支持	线上线下推广营销
双创空间托管运营	众创空间引进	招引国内知名创业咖啡、联合办公进驻
	孵化器托管运营	一体化委托运营服务

绿城产业创业孵化服务的推出与浙江及杭州大湾区创业热潮息息相关。浙江和杭州是全国创新创业的热点地区，集聚了以浙江大学为代表的高校系、以原阿里员工离职创业为代表的阿里系、以千人计划人才为代表的海归系，以及以创二代、新生代为代表的浙商系等一大批创业者和创业团队，形成了一批具有行业代表性和影响力的创业孵化载体，创业孵化服务需求旺盛。绿城产业服务从需求出发，在服务实践中总结经验，不断提升创业孵化服务能力和水平。绿城产业服务已与多家国内知名的创业咖啡、众创空间开发建设企业达成战略合作伙伴关系，为绿城特色创业服务落地提供了空间，也为园区小镇引建创业孵化载体奠定了基础。

三、产业创新发展服务

随着产业发展动力的加速转换，创新日益成为影响一个国家、地区、产业园区产业发展水平的关键因素。习近平总书记曾指出，"创新是一个民族进步的灵魂，是一个国家兴旺发达的不竭动力，也是中华民族最深沉的民族禀赋"。史蒂夫·乔布斯曾经说，"领袖和跟风者的区别就在于是否创新"。未来，产业园区、特色小镇要想实现后发赶超，尤其要注重"产业创新生态"的建设，营造优越的创新发展环境，最大限度激发企业创新活力，强化企业的创新主体地位。如何提升创新发展服务能力，关系到"产业创新生态"建设的成败。为此，浙江省于 2017 年 10 月发布《浙江省产业创新服务综合体建设行动计划（2017—2020 年）》（浙政办发〔2017〕107 号），明确提出要集聚公共科技创新资源，打造一批为中小企业提供技术创新、业态创新、营销模式创新等产业公共服务的创新服务综合体。这一重要战略布局便是产业创新服务重要性的集中体现。绿城产业服务重点围绕技术、人才、资本等创新关键要素，以如何帮助企业更有效、更便捷地获取上述要素为目标，着力打造以科技成果转化、人才引培、科技金融、产业公共技术服务平台为核心的产业创新发展服务能力，努力做新时代"产业创新生态"的服务者。

（一）科技成果转化服务

绿城产业科技成果转化服务依托自主开发运营的"知识创新平台"，以科技研发供需精准匹配为核心，以已有技术成果产业化落地、关键技术委托研发为服务主线，着重提供科技信息服务、知识产权服务、产学研合作对接三类特色服务，实现"找专家、找产品、找技术、找服务"于一体，为企业、科研机构、专家学者、服务机构提供科技成果转化一体化解决方案，如图7-2所示。

◆ 科技信息服务
- 科技资源匹配服务
- 科技成果展示推广
- 技术经纪人服务
- 企业科技项目申报
- 创新券服务

◆ 产学研合作对接服务
- 技术转让
- 委托研发
- 联合开发
- 共建科研基地
- 产业技术联盟
- 科技金融对接

◆ 知识产权服务
- 知识产权交易
- 知识产权代理
- 企业知识管家服务
- 第三方中介服务

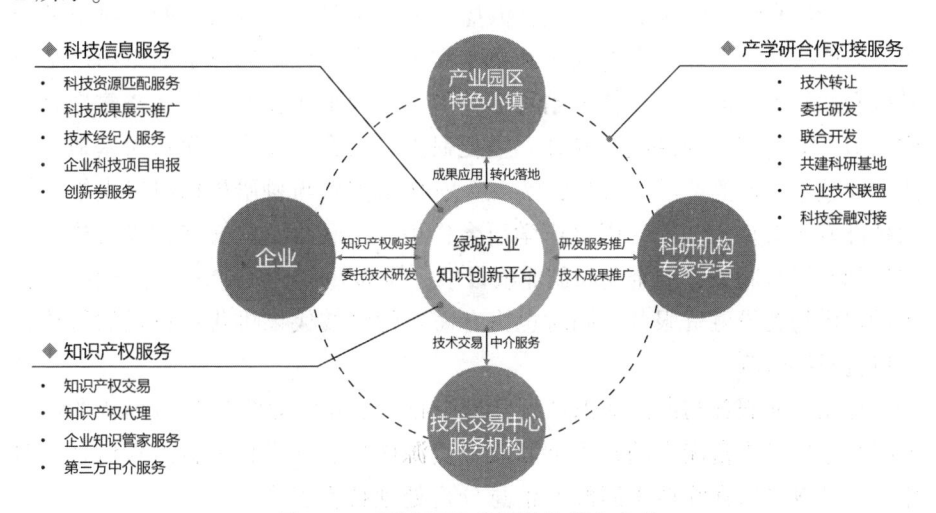

图7-2 绿城科技成果转化服务架构

科技信息服务。一是，利用"知识创新平台"所拥有的知识创新服务资源库，包含知识产权（专利）信息、研发团队信息、行业专家信息、中介服务机构信息、技术经纪人信息等，以及已有的政府性数据库、科技文献数据库等，通过供需在线搜索匹配及信息分析处理技术，为科技创新各参与主体提供智能自动匹配、自动精准推送、人工检索查询、在线交流洽谈、在线交易等科技资源匹配对接服务，打通知识创新服务供给方与企业技术需求方之间的信息对接通道，为线上交易、线下服务提供技术支持。二是，借助"知识创新平台"上的科技信息发布中心，以及其他新媒体渠道，对外发布企业知识产权（专利）购买需求、定制技术研发外包需求、知识产权代理需求、知识产权融资需求等，通过需求在线填报、信息滚动展示、定向推送等形式，开展科技成果展示及营销推广。三是，借助"知识创新平台"提供技术转移中介服务（技术经纪人）、企业科技项目申报、创新券服务等特色化定制服务。

  知识产权服务。一是，联合浙江知识产权交易中心，结合"知识创新平台"科技信息匹配对接功能，为企业、科研机构和科研团队提供知识产权交易服务。二是，围绕解决企业的知识产权服务需求和技术科研需求，通过线上线下相结合，为企业提供知识产权托管、技术预警、技术精准推送、技术难题解决、知识产权培训等全方位的知识管家服务。三是，通过整合优质的第三方知识产权中介服务商，为企业优选推荐专利代理、法律诉讼等合作机构，并为企业提供知识产权分析评议、知识管理咨询、技术创新咨询等中介增值服务。

  产学研合作对接服务。一是，依托知识创新服务平台入驻的科研服务资源，以解决企业实际存在的问题和技术需求为出发点，通过定期组织产学研对接会、技术路演推介、技术拍卖会等形式，为企业和科研机构搭建推介合作渠道，促进双方开展技术转让、委托研发、联合开发、共建科研基地、共建产业技术联盟等产学研合作，实现企业技术需求与科研机构研发供给之间的精准有效对接。二是，围绕产学研合作项目，联合国内知名创投机构，从知识创新平台服务过的企业和创业项目中，筛选具有投资前景的企业和项目，主动提供相关投融资服务，同时也为有需要的科技成果孵化项目提供科技金融机构对接服务。

  绿城产业服务与浙江知识产权交易中心联合开发运营"知识创新平台"，通过自建信息丰富庞大的知识创新服务资源库，建立科技创新需求信息发布中心，开发供需在线搜索匹配及信息分析处理技术引擎，整合技术经纪人和第三方专业知识产权中介服务机构，打造一个集需求在线收集、成果滚动展示、信息定向推送、供需精准匹配、成果交易转化、服务全套代理等功能于一体的综合性知识创新服务平台，为科技成果转化服务的落地奠定基础。其首个落地项目——杭州未来科技城企业知识创新平台已于2017年年底正式启动，平台由绿城产业服务、浙江知识产权交易中心和杭州未来科技城管委会三方联合开发运营，主要面向未来科技城内广大中小微企业提供全方位的科技成果转化服务，通过服务试点不断完善平台服务功能，力争打造一个企业知识创新服务模式样板，为后续在其他产业园区和特色小镇推广运营创造可以试验、示范、复制的模式。绿城产业创新发展服务目录见表7-4。

表 7-4　绿城产业创新发展服务目录

服务大项	服务内容	服务方式
科技信息服务	科技资源匹配服务	查询、检索、推送
	科技成果展示推广	科技信息发布服务
	技术转移中介服务	技术经纪人
	企业科技项目申报	一站式申报服务
	创新券服务	一站式智慧服务平台
知识产权服务	知识产权交易	提供一站式在线服务
	知识产权代理	
	企业知识管家服务	
产学研合作对接服务	产学研活动策划与举办	通过技术经纪人、产学研论坛活动、线上服务平台等
	委托研发/联合开发	
	科技金融对接	

（二）人才引培服务

人才高度决定发展高度，人才规模决定发展规模。人才不仅是一个城市、一个园区发展的关键所在，也是一个企业赖以生存的最宝贵资源。以人才为第一资源，让人才成为决胜未来的最大优势，成为当前发展的普遍共识。当下，各个城市、园区、企业间的人才争夺已日趋白热化，各种优惠扶持政策层出不穷，各式引才措施轮番上场。如何更有效、更快捷、更大规模地引进人才和留住人才，并使其发挥最大效能，成为人才引培工作面临的重要课题。绿城产业服务以帮助园区小镇和企业解决人才需求痛点为目标，采用市场化、平台化服务手段，为广大中小企业提供人才招聘、人才培训、人事代理等特色服务，帮助企业降低引才用人成本，提升招贤纳士效率，帮助中小企业解决人才短缺难题。绿城产业人才引培服务目录见表 7-5。

表 7-5　绿城产业人才引培服务目录

服务大项	服务内容	服务方式
人才招聘	高端人才引进	1. 产业服务中心提供窗口咨询 2. 专场招聘会、中高端人才洽谈会、企业进校园等活动 3. 云助 APP 上的人人都是猎头等功能模块 4. 自媒体矩阵：官方微信公众号招聘板块
	普通员工招聘	
	人才招聘活动策划及举办	

续表

服务大项	服务内容	服务方式
人才培训	员工技能培训	1. 产业服务中心提供窗口咨询 2. 专项培训活动、人才培训活动、企业拓展/团建等活动 3. 定期的学习培训交流
	学习培训	
人事服务	人事代理	1. 一站式服务中心：窗口咨询办理 1. 云助APP的代办服务板块 2. 自媒体矩阵：官网代办服务板块
	社保/公积金代缴	
	党群社群服务	
	薪酬管理	
	人才派遣	

绿城产业服务借助园区智慧服务云平台，整合人才市场、第三方人力资源机构、政府人才服务机构资源，聚合园区企业人才招聘需求，建立人才服务机构库、高端人才库、人才招聘需求库，开辟线上人才交流论坛，策划举办线下人才招聘、交流会等活动，为企业招聘、人才求职、人事服务提供多样化的线上线下服务。创新人才招聘模式，整合园区中小微企业人才招聘需求，对接国内专业第三方猎头公司，提供共享猎头招聘服务，为企业中高级人才获取开辟低成本、高效率的招聘新渠道。整合高校专家及社会培训机构，邀请行业专家、企业家、技能大师、注册企业培训师等，为企业提供专业的员工培训服务。优选一批专业的第三方人事服务机构，通过平台为中小微企业提供人事代理、社保/公积金代缴、党群服务、人力资源咨询等多元化服务。

（三）产业公共（技术）服务

产业公共（技术）服务平台以企业发展和产业升级共性需求为导向，通过组织整合、集成优化各类资源，提供可共享共用的基础设施、设备和信息资源等，为同一产业领域内的企业提供统一的公共技术需求辅助解决方案，达到减少重复投入、提高资源效率、加强公共信息共享的目的。产业公共（技术）服务平台能够实现产业要素的跨时间和空间聚合，在推动产业快速发展和企业服务方面具有无可比拟的优势和重要作用。因此，产业公共（技术）服务平台建设备受政策扶植，国务院在《关于加快培育和发展战略性新兴产业的决定》（国发〔2010〕32号）中明确提出，要加强产业集聚区公共技术服务平台建设，围绕关键核心技术的研发和系统集成，建设若干具有世界先进水平的工程化平台；科技部在《关于发挥国家高新技术产业开发区作用,促进经济平稳较快发展的若干意见》(国科发高〔2009〕379号)中指出,要大力支持国家级高新技术产业开发区公共创新平台建设,切实增强为企业技术创新的服务能力;工业和信息化部在《关于进一步做好国家新型工业化产业示范基地创建工作的指导意见》(工信部联规〔2012〕47号)中指出,要以关键共性技术研发应用及公共设施共享为重点,着力发展一批运作规范、支撑力强、业绩突出、信誉良好的公共服务平台,重点增强公共服务平台在研究开发、工业设计、检验检测、试验验证、科技成果转化、设施共享、知识产权服务、信息服务等方面的服务支撑能力。据不完全数据统计,当前我国各类产业公共服务平台数量共计40多万个,为促进国家和地区产业健康发展发挥了重要作用❶。

■ 产业公共服务平台发展模式

目前我国产业公共服务平台的建设和运营主要分为三种模式。近年来,"政府引导、企业共建"成为我国产业公共服务平台建设和运营的主流理念,采取"政府扶持中介、中介服务企业"的管理模式,"公益服务+商业服务"的经营模式成为产业公共服务平台的主要模式。

政府主导模式:政府主导模式建设的产业公共服务平台能够很好地保障平台的公益性,同时由于政府出资主导,可以保障平台的投入水平,如国家软件与集成电路公共服务平台(CSIP)等。此类平台在资金保障、资源调动等方面具有明显的优势,因而具有较强的稳定性、开放性和公平性。

园区主导模式:依托和支撑产业园区运营发展和环境完善的服务平台。这种模式具有比较明显的地域性,贴近园内企业提供服务,减少了企业获取公共服务的成本,更有效地了解企业需求,如苏州软件园公共技术服务平台等。园区主导模式平台更加重视同企业的互动和服务,在运营过程中往往更加贴近本地企业的独特特征和实际需求。

市场主导模式:通常由高校、协会、企业单独或者共同建设运营的第三方公共服务平台,如中国外包网等,此类平台本身兼具产业公共服务职能以及市场化盈利模式,在某种程度上获得政府资金或者资源支持,具有相对较强的生命力和扩展性。随着共享经济和平台经济时代的到来,越来越多企业朝着平台化模式转型,承担更多的产业公共服务职能。

绿城产业服务根据园区小镇产业集群发展需求,帮助搭建集技术创新研发、检验检测认证、创意设计、科技咨询、政策法律、标准信息、质量管理、成果推广、展览展示、国际合作、人力资源、创业辅导、投资融资等多种公

---

❶ 沙琦,胡雨涵. 我国产业公共服务平台的发展、误区及对策分析[EB/OL]. (2017-09-11)[2018-07-23]. https://www.sohu.com/a/191164717_769933.

共服务功能于一体的产业公共服务平台。按照线上线下的统一和协调发展，打造"线上+线下"一体化的完善产业公共服务平台。一方面，应用云计算、大数据等技术搭建线上服务平台，应用数据分析技术记录分析用户的特征和需求，应用移动互联网实现平台的终端智能化，整合共享全方位、多元化的服务资源，为跨不同地域、跨业务职能的不同主体提供准确、高效、便利的服务。同时，通过开辟专家在线、呼叫中心、智能终端等辅助性互动服务，满足咨询、交流甚至是社群的建立和社交功能的实现，借助线上的优势，让用户更多、更便利地了解平台信息，起到宣传平台的作用。另一方面，通过线下产业服务中心将线上聚合的资源导入本地产业发展的实践中，对接具体的部门和企业，带来更完整、完善的服务体验，也可实地开展一些培训、活动等，丰富服务模式。

四、园区物业管理服务

在产业园区的服务链条中，物业服务作为最重要的软性服务支撑之一，日益成为产业园区服务体系中的一个重要环节。伴随着我国产业园区的快速涌现并发展壮大，产业园区物业服务业也相继诞生并迅速发展，一批先行先试的企业率先在产业园区物业管理中形成了具有自我特色的物业服务体系，有效帮助园区较好地实现了其发展目标，由此也实现了物业服务自身的经济价值。当传统的物业服务踏上产业园区的快速列车，园区物业管理服务就再也不是传统的物业服务，由于入驻园区的企业和客户群体不同，其对物业服务的要求也不尽相同。产业园区物业服务已成为绿城服务集团物业服务增长的重要领地。绿城服务围绕产业园区、特色小镇、写字楼群等产业发展载体对物业服务的特殊需求，借助产业服务中心和云助 APP 的物业管理服务功能，利用智能物管设备和物联网技术，从资产管理、设备管理、信息管理、基础物业等四个方面，为其植入智慧化、高品质、最满意的物业管理服务，全面提升园区小镇的品牌形象。

（一）资产管理服务

针对园区小镇办公楼、综合体、标准厂房、公建设施等资产，提供信息化、专业化的房屋管理与维修养护、房屋销售与租赁服务，实现管理数据界面可视化，租金报表一键生成，提前预警到期合同，有效提升园区小镇物业资产使用效益和服务效率。

房屋管理与维修养护。借助云助 APP 资产管理功能，提供三维可视化的动态房号管理，一键查询房屋建筑技术参数（面积、开间、进深、层高、承重、日照等）、租赁信息（价格、租期等）等信息，自动分析房屋使用效率

(单位面积产值、缴税等),提供园区楼宇信息查询展示、办公场地配租、共享空间借用调配等信息化管理服务,提供资源优化配置建议。提供全方位的房屋维修养护服务,定期检查外墙,确保房屋外观完好、整洁,外墙面砖、涂料等装饰材料无脱落、无污迹;提供在线维修报事服务,提供全方位的房屋内部维修服务,及时通报相关维护检修事项。

房屋销售与租赁服务。通过云助 APP 为园区小镇提供房屋租售信息查询,导入绿城置换提供的优质房屋租售服务,同时提供房地产权证代办、房产评估代办、房屋抵押咨询、金融咨询及政策信息咨询等一条龙专业化服务。

(二) 设备管理服务

针对园区小镇的各类配套服务设备,建设设备远程监控与运营管理系统(EBA),采用先进的自动化检修技术和设备,通过预防维护、日常保养与计划维修,力争对主要公用设备做到"三好""四会"和"五定"(即对重要设备要用好、修好和管理好,物业维修人员对主要设备要会使用、会保养、会检查、会排除故障,对主要设备的清洁、润滑、检修要做到定量、定人、定点、定时和定质),努力使设备始终处于良好状态,确保企业无忧办公。

给排水设备管理,细心保养确保给排水设备、阀门、管道工作正常,无跑冒滴漏,方便员工生活。供电设备管理,建立 24 小时运行和维修值班制度,加强临时施工及住(用)户装修临时用电管理,每天检查供电线路,及时排除故障,确保正常供电。消防设施设备管理,配备接受过严格正规培训的消防管理员,制订突发事件应急方案,建立日常防火检查制度,每周一次检查消防系统设施设备,确保设备齐全、完好无损、可随时起用。特种设备管理,坚持工程技术人员专业化管理,园区特种设施设备外包专业公司维保,工程人员持证上岗。

(三) 信息管理服务

充分发挥云助 APP 平台功能,及时梳理并发布园区小镇日常资讯、通知公告、活动信息、便民信息等,打造线上的园区小镇信息空间,让园区小镇内企业和员工及时、便捷地获取最新消息。采用大数据技术分析企业、员工个性化需求,精准推送行业资讯、产业政策、项目申报、活动娱乐、热点话题等有效信息。依靠专业团队,为园区小镇提供官网代运营、自媒体(公众号、微博等)代运营等信息服务。

(四) 基础物业服务

智慧安保服务。在 20 年的物业管理过程中,绿城服务不断优化完善安保服务,采用先进的智慧化安保设备,建立完善无死角的智能监控系统,配备高素质、专业化的安保服务队伍，采用24小时值班巡逻服务，打造园区智慧安保服务体系，全方位确保园区秩序安全、井然。提供访客管理服务，采用智慧人行道闸及门禁、智能访客机、智能快递柜等先进设备，控制园区内流动人员数量，防止推销人员散发广告传单或无关人员流窜。提供车辆通行管理服务，采用智能车行道闸和智慧停车服务，有效管控机动车辆出入，实现自动停车缴费，确保园区停车场管理有序、排列整齐，引导非机动车车辆按规定位置停放，确保道路通畅、路面平整，井盖无缺损、无丢失。提供入园企业的管理，建立与入园企业的日常沟通机制，及时了解入园企业的需求，并做好入园企业的沟通工作，使之能配合物业管理工作。

保洁绿化服务。配备优秀的专职保洁绿化队伍，采用智能化、专业化的保洁绿化工具和设备，制定高标准的保洁绿化管理制度，提供公共区域全覆盖的标准化保洁服务，实现垃圾日产日清、定期卫生消毒杀菌，定期对园区绿化进行浇水、施肥、修剪、杀虫等工作，对园区绿化进行改进、栽种，确保绿地无破坏、无践踏、无占用、无杂物，确保花草树木长势良好、修剪整齐美观、无病虫害、无折损、无斑秃，给园区小镇企业和员工提供一个清洁宜人的工作、生活环境。

绿城园区小镇物业管理服务目录见表7-6。

表7-6 绿城园区小镇物业管理服务目录

服务大项	服务内容	服务方式
资产管理	房屋管理与维修养护	线上提报需求，专业维修养护
	房屋销售与租赁服务	专业代销、代租服务
设备管理	给排水设备	定期维保 及时处置突发故障
	供电设施	
	消防栓设备	
	特种设备	
信息管理	日常信息发布及推送	线上实时精准推送
	官网及自媒体代运营	专业代运营
基础物业服务	智慧安保服务	全方位专业品质服务
	保洁绿化服务	

第三节 企业服务助力企业成长

我国超过90%的企业为中小微企业，其提供了近85%的全国城镇就业岗位，在推动经济发展和科技进步中发挥着重要和独特的作用。中小微企业核心业务高度聚焦，主营业务能力强，非核心业务自给能力弱，亟须外部服务支持。随着社会分工的细化和企业经营压力的加大，越来越多的企业开始"减负"，将人事、财务、行政等后勤事务外包给相应的专业企业，只留下核心部门，以节省人工成本。绿城产业服务秉持"服务企业就是服务发展"的理念，重点面向科技型企业、中小微企业等群体，主要围绕企业发展过程中面临的外部服务难题和日常办公中面临的各种麻烦，着重从企业成长促进服务、企业行政后勤服务、企业办公空间定制服务等三个方面提供高品质、低成本的全方位服务，有效减少企业入驻园区和日常办公中所面临的困境，确保企业能更专注于自身核心业务，最大限度释放发展活力。

一、企业成长促进服务

针对中小微企业发展壮大过程中所面临的关键需求，严格筛选一批优质的服务供应商进驻园区一站式服务平台——云助，由平台在线收集各类服务需求信息，由园区小镇产业服务中心线下受理相关服务需求，由平台认证的供应商提供包括工商服务、财税服务、知识产权、行政审批、人事社保、法律服务、增值服务等在内的多项企业成长促进服务，确保企业能在最短的时间内，以最低的成本，获取最优质、最专业的全程管家式服务。

绿城企业成长促进服务目录见表7-7。工商代理为中小企业提供公司注册、公司信息变更（名称/法人/股东/工商地址/注册资本等）、增资验资、公司注销、工商年检、工商年报、公司资质办理等代理代办服务。财税服务为中小企业提供代理建账/记账、设计企业财务制度、财务报表分析、财务外包等财会服务，以及代办纳税申报、代理税务登记、变更/注销登记、代办减税/退税/免税事项、税务咨询等税务服务。法律服务为中小企业提供合同文书代写审核、法律咨询、法律顾问、代理诉讼等服务。营销推广为中小企业提供企业宣传、品牌公关、产品包装、产品营销推广、微信营销等一站式营销推广服务。

表 7-7 绿城企业成长促进服务目录

服务大项	服务内容	服务方式
工商代理	公司注册/注销、公司信息变更、工商年检/年报、公司资质办理、增资验资	1. 产业服务中心提供窗口咨询与办理 2. 云助 APP 提供在线受理服务 3. 自媒体矩阵提供官网代办服务
财税服务	代理建账/记账、设计企业财务制度、财务报表分析、财务外包	
	代办纳税申报、代理税务登记、变更/注销登记、代办减税/退税、免税事项、税务咨询	
法律服务	合同文书代写审核、法律咨询、法律顾问、代理诉讼	
营销推广	企业宣传（宣传片拍摄）、品牌公关、产品包装、产品营销推广、微信营销	1. 产业服务中心提供展销推介服务 2. 品牌团队提供一站式服务

二、企业行政后勤服务

中小微企业通常只配备了少量的行政后勤人员，企业规模虽然不大，但对办公后勤用品的需求不小。受制于采购规模达不到集采水平，难以低价格、高效率地获取相关服务，一定程度上失去了降低运营成本的机会。绿城产业服务基于全方位助力企业成长的服务理念，通过与京东企业购建立战略合作关系，通过优选品质服务商，不仅将京东亿元级的办公用品、礼品等优惠集采服务送到企业手中，还将高品质的员工福利、企业团建、日常保洁、商展会议等服务推向企业，真正让广大中小微企业实现轻松无忧办公。绿城企业行政办公后勤服务目录见表 7-8。

表 7-8 绿城企业行政办公后勤服务目录

服务大项	服务内容	服务方式
办公用品采购	桶装水、办公耗材、办公用纸、办公文具等	线上提交订单，线下配送上门
企业员工福利	生日祝福、下午茶、弹性福利、体检服务、劳保用品、主题礼包定制	
商务礼品定制	精美商务礼品、广告赠品、宣传礼品	

续表

服务大项	服务内容	服务方式
企业团建服务	体验培训、户外体育、拓展训练、深度旅行、考察旅游、文化创意体验、主题活动	线上提报需求，专业商家提供服务
商展会议服务	会务策划、场地布置、会议接待、会务礼仪、会议茶歇、活动物料采购	线上场地预订、一体化委托服务

办公用品采购。提供桶装水、办公耗材、办公用纸、办公文具等各类办公用品的供应管理、预算额度管理，通过云助 APP 虚拟储备各类常用办公用品，享受最优惠的京东集采价格和超快捷送达服务，帮助企业把每一分钱都用在刀刃上。员工在移动端随时随地登录申领耗材和设备，自动生成支出报表，实时查看消费记录和成本动态，并及时提醒补货，解决各种琐碎低效的行政难题，方便企业日常管理。

企业员工福利。根据不同企业需求，既提供包括生日祝福、下午茶、弹性福利、体检服务、劳保用品等常规福利服务，也可提供量身制定的专属服务礼包，譬如根据全年不同节日定制不同的主题礼包，并制作企业专属 H5、海报，做到有温度地传递公司心意的同时，让员工能选到心仪的福利产品。

商务礼品定制。联合专业礼品设计企业，通过云助 APP 为企业提供全面且具创意的精美商务礼品、广告赠品、宣传礼品等定制服务，礼品类型涵盖数码电子、户外用品、家居用品、服饰配件、箱包礼品、工艺特色礼品、特色食品、工具套装等众多品类，通过礼品传播企业的文化内涵，帮助企业赢得客户。

企业团建服务。优选本地专业的企业团建服务商，提供体验培训、户外体育、拓展训练、深度旅行、考察旅游、文化创意体验、主题活动等团建方案策划及执行服务，帮助企业激励员工，增强团队凝聚力，传播企业文化。

商展会议服务。重点围绕企业年会、各类交流会、记者招待会、产品发布会、文化节等企业会务活动，由绿城服务提供会务策划、场地布置、会议接待、会务礼仪、会议茶歇、活动物料采购等服务，让中小企业办活动更轻松。

三、企业办公空间定制服务

精选有专业资质的服务商入驻云助 APP，由绿城产业服务受理各类办公空间定制服务需求，由专业服务商提供上门服务，绿城产业服务提供品质监督、沟通协调等后续服务，确保企业获取最优质、便捷的办公入驻一条龙服务，实现限时个性化拎包入住，如图 7-3 所示。

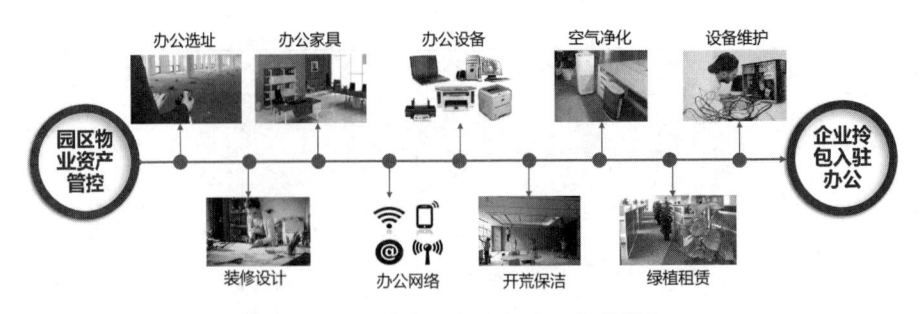

图 7-3　绿城企业办公入驻一条龙服务

办公装修。围绕传统办公装修痛点和难点，绿城产业服务从价格、设计、材料、增项、环保五个层面，严选一批具有专业资质的装修服务商入驻平台，为在服园区小镇内的企业提供集"方案设计—工程施工—软装成设"三位一体的服务，最大限度提升实现办公装修性价比。装修办公空间类型涵盖写字楼、厂房、创意科技园、共享办公空间等，可选择标准套餐、个性化定制、全包装修、半包装修等多种服务方式，所有材料的品牌、型号、价格全部明码标价，确保企业享受省时、省力、省心的服务。

办公家具。由平台提供国内一线品牌办公家具的一站式采购服务，不仅提供多种款式、多种材质的标准办公家具的一键采购，也提供个性化的家具定制服务，提供完善的家具售后服务，确保不同企业办公需求皆能得到有效满足。

办公设备。由平台提供复印机、打印机、扫描仪、投影机、电脑等电子设备采购与租赁服务，设备品牌涵盖主流厂商；租赁服务可提供免押金服务，对处于租赁周期的设备提供免费的维修和日常护理服务，提供免费的机型更换服务，尽可能降低中小微企业办公设备使用成本。

办公网络。由平台入驻的专业办公网络建设运营企业提供一体化的信息化建设整体解决方案，主要包括企业网络布线、无线网络及电话内网搭设、信息安全系统架设、会议系统建设、网络运营商洽谈、网站服务器托管、网站建设托管、办公管理软件的采购与维护等多元服务，为企业信息化建设保驾护航。

办公保洁。由平台优选的专业保洁服务公司，提供专业的开荒保洁和日常保洁服务，可自由选择标准套餐服务或个性化定制服务，为企业营造舒适清洁的办公环境。

空气净化。由平台提供多品牌、多型号的空气净化器采购及租赁服务，由专业服务商提供专业的室内空气检测、室内空气污染治理服务，确保企业入驻办公前室内空气质量达到安全标准要求。

绿植租赁。由平台提供盆栽绿植租赁和采购服务，重点推出多种套餐服务和自选方案，为租期内的绿植提供免费的浇水施肥、修剪、清洁、病虫防治、植物替换或更新等园艺护理服务，为企业营造绿色办公空间。

设备维护。由平台优选的专业设备维护公司，提供专业的质检和正品配件，快速上门提供专业维修服务和定制个性化维保方案，解决设备品牌众多、协调各厂商的麻烦，以远低于原厂的费用享受跟原厂一样的服务。

第四节 生活服务助推园区产城融合

对于园区小镇的建设和运营而言，除了做好产业发展和企业服务之外，如何为园区上班族和居民提供真正"合脚"的生活配套服务也至关重要。目前国内产业园区内部生活服务配套情况差别较大，一些园区内生活配套服务完善，可以满足员工正常的日常生活需求，而有的园区则是"走半天，也买不到一瓶水"。绿城产业服务针对园区生活配套需求重点和发展难点，整合多方服务资源，采用"互联网+"服务和共享经济模式，重点从饮食、居住、出行和社交娱乐四个主要方面，做出服务新探索和新尝试，帮助园区小镇改善和提升生活配套服务能力，助推园区小镇实现产城融合发展。

一、饮食服务

线上餐饮服务。引导园区小镇已有的便利店、咖啡店、奶茶店、水果店、面包店等餐饮服务商入驻云助 APP，提供丰富多样的早中晚餐、下午茶等预订，由绿城服务提供园区小镇内定点配送服务，配备智慧取餐柜，为园区小镇内的餐饮店开辟在线服务渠道。联合外卖行业龙头服务商，在云助 APP 内植入其平台资源和服务端口，进一步丰富在线餐食的选择，扩大配送服务范围。

线下餐饮服务。根据园区小镇配套需求，提供专业的餐饮商家招商服务，重点引进品牌连锁餐饮服务企业，丰富园区餐饮服务配套，助力园区小镇打造多元化的餐饮服务体系。提供专业的食堂托管运营服务，打造菜品丰富、味美价廉、环境优美、干净卫生的食堂，创建最受欢迎的满意食堂；采用智慧餐台、刷脸支付、自助结算、营养价签等先进服务技术和手段，打造智慧食堂，提高就餐效率及改善就餐体验。结合会议会展、企业团建等服务，提供年会用餐、庆典用餐、会议用餐、展会用餐、商务套餐等企业团餐服务，解决企业集体用餐需求。

二、居住服务

在云助 APP 开辟园区房屋自助租赁服务功能板块，同时整合绿城体系内的专业服务资源，为企业员工提供全方位的房屋租赁销售、专属人才公寓等居住服务，全面降低员工租房居住成本。

在线租赁信息服务。开辟个人房源出租、转租、合租等信息交流平台，平台负责核实租赁信息的真实性、准确性，免费向租赁双方提供信息定向匹配、在线看房、合同代理等服务支持，促进个人租赁房源直接出租，节省员工租赁支出，争取管委会向服务平台提供适当的运营服务成本补贴。

中介租赁服务。针对个人租赁需求，由绿城产业服务收集在服企业员工租房需求，由平台集中代理并与现有传统租赁中介服务机构对接，争取团购式中介服务，力争将中介服务费用降至最低。

长租公寓服务。依托优客逸家整合收储长期性社会租赁房源，与居住物业持有企业开展合作，打造规模化、高质量、社交化的长租公寓，由优客逸家提供清水房托管、家居设计、装修施工、房屋租赁、租后管理维护等一站式服务，全面提高租住质量和居住体验。企业员工租住优客逸家提供的长租公寓时，可享受租房免押金、按月分期付款、中介费减免、定期保洁、免费宽带、免费房源调换等安心租房服务，最大限度降低租房成本。

人才公寓服务。企业与绿城优客逸家合作打造低于市场价格的企业专属人才公寓，由优客逸家提供从房源评估、设计装修、入住管理及后续服务，提升企业对人才的吸引力。

绿城优客逸家服务链条如图 7-4 所示。

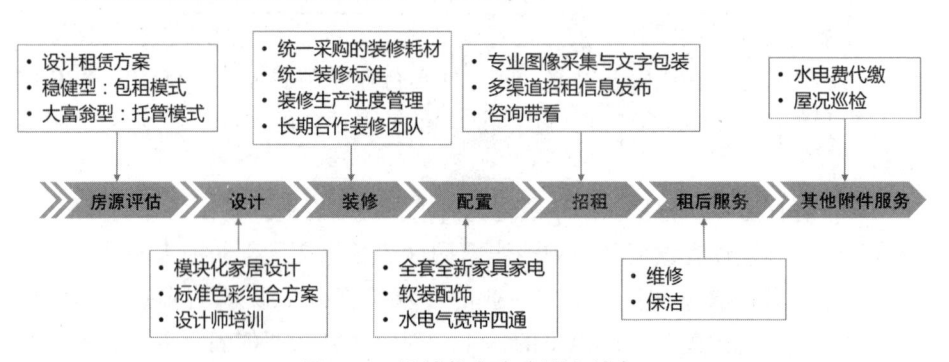

图 7-4 绿城优客逸家服务链条

三、出行服务

员工通勤服务。针对绝大部分园区远离城市中心，企业员工上下班通勤难的问题，联合旅游巴士公司，为员工提供上下班通勤班车定制服务；通过联合共享巴士，为中小微企业打造专属的企业班车，帮助自身员工节约通勤时间和成本。同时，利用云助 APP 出行功能板块，为园区小镇搭建出行供需信息展示与交流平台，促进上下班拼车及结伴出行，在丰富通勤方式选择的同时，促进园区小镇内员工交流。

商务出行服务。针对中小微企业商务出行需求，联合汽车租赁公司，提供企业商务用车、会议接待用车、出差包车、商务代驾、分时租赁等服务。企业可通过云助 APP 在线提交用车需求，也可通过绿城产业服务中心线下提报用车需求。由入驻平台的专业汽车租赁服务企业提供标准化和可定制化的用车服务，满足企业多元化的商务出行需要。

洗车相关服务。针对有车族刚性需求，从省时、省力、省钱的角度出发，为园区引入无人值守智能洗车机，提供 24 小时自助洗车服务，实现爱车就近清洗服务，节约时间和金钱支出。针对停车难的写字楼群及市中心科技园区，提供共享停车服务，吸引周边单位或个人将专有停车位挂到云助 APP，企业员工通过云助 APP 预订附近停车位，停车后及时计费，离场后自动结算，实现自助分时出租，既增加收益，也方便他人，为解决停车难题提供新方案。

四、社交娱乐服务

线上互动交流。在云助 APP 开辟社交互动板块，发起热点话题讨论，发布幽默短文、搞笑视频、周边趣闻等，组建兴趣小组、社团组织，打造园区小镇级互联网社交圈，增进员工跨企业、跨行业交流互动。

线下社交活动。针对企业员工社交、文化体育等精神需求，联合管委会，定时组织举办多样化的文化社交活动，包括摄影大赛、读书会等文化活动，竞走大赛、篮球赛、足球赛等体育活动，吸引更多员工参与其中，为园区增添人文气息。

绿城园区小镇生活服务目录见表 7-9。

表 7-9　绿城园区小镇生活服务目录

服务大项	服务内容	服务方式
饮食服务	线下餐饮服务	食堂托管、餐饮招商、企业团餐等
	在线餐饮服务	云助 APP 点餐、外卖配送
居住服务	在线租赁信息	云助 APP 转租合租信息交流及分发
	中介租赁	线下房屋中介服务
	长租公寓	提供企业员工宿舍
	人才公寓	委托管理服务园区人才公寓
出行服务	园区通勤服务	通勤班车、企业班车、共享出行
	商务出行	企业商务用车、会议接待用车、出差包车、商务代驾、汽车分时租赁
	汽车后服务	无人洗车、共享停车
社交娱乐服务	在线互动交流	云助 APP 提供线上社交服务
	线下社交活动	定期举办线下节日性活动（节日派对、创意集市、DIY 体验活动）、文体活动（读书会、篮球赛等）、公益活动等

第八章 探索实践产业服务标准化

服务业拥有非实物性、不可存储性和生产消费同时性三个特征，服务标准化对提升企业服务质量和服务效率、降低服务成本有着重要推动作用，其深度和广度很大程度上决定着企业的核心竞争力。同时，服务业标准化是推动服务业快速健康发展的基础性技术支撑，标准化越来越成为服务业提高质量、培育品牌、结构升级和提升竞争力的一项重要基础工程。标准已成为企业发展迈向科学化轨道的标尺和依据。随着产业服务行业的快速发展壮大，对服务标准化的需求将越来越明显，产业服务标准化势在必行。

第一节 现代服务业标准化进展

一、现代产业服务标准化发展现状

标准化管理源于工业生产过程中的基本管理模式，随着现代化生产进程的加速推进，标准化活动已经逐渐渗透到了服务经济领域，并构成了现代服务业生产和管理工作的基础。国际上关于服务标准化制定的研究主要来自国际标准化组织（ISO）、英国标准化协会（BSI）和德国标准化协会（DIN）[1]。根据其统计资料显示，目前已经实行国际服务标准化的服务行业主要包括运输仓储、金融保险、邮政服务、信息服务、专业科学技术服务、批发零售等。一些发展速度较快、国际化趋势显著、企业数量较多、市场份额较大的行业正加速制定和完善服务标准。

我国长期重视工业和农业标准化，服务业标准化起步较晚。2005年12月，由科技部、国家质检总局和国家标准委组织的国家"十五"重大科技专项——"重要技术标准研究"专项企业试点验收会上，作为我国现代服务业的唯一试点单位，山东三联集团承担的现代服务业"重要技术标准研究"项目通过专家组验收，代表了我国现代服务业的"标准化时代"的正式开启。2007年国家标准化管理委员会联合国家发改委、民政部、商务部、体育总局和旅游局等部委联合下发了《关于推进服务标准化试点工作的意见》（国标委农联〔2007〕7号），2009年7月国家标准化管理委员会、国家发改委联合发

---

[1] 杨树丰. 深入服务质量标准化理念 [J]. 现代商业, 2008 (11): 28.

布关于印发《服务业标准化试点实施细则》（国标委服务联〔2009〕47号）的通知，正式拉开了服务业标准化的国家级和省级试点，有效推动了服务业标准化的发展。党的十八大以来，习近平总书记就标准化工作做出了一系列重要论述，明确指出"标准决定质量，有什么样的标准就有什么样的质量，只有高标准才有高质量。谁制定标准，谁就拥有话语权；谁掌握标准，谁就占据制高点"，进一步强化了标准化工作的重要性，对新时期服务业标准化发展增强了信心。

■ 标准化工作延伸阅读

标准化：我国国家标准 GB/T 20000.1—2014《标准化工作指南》定义，标准化是指"为了在既定范围内获得最佳秩序，促进共同效益，对现实问题或潜在问题确立共同使用或重复使用的条款以及编制、发布和应用文件的活动。标准化活动所确立的条款，可形成标准和其他标准化文件。标准化的主要效益在于为了产品、过程或服务的预期目的改进它们的实用性，促进贸易、交流以及技术合作"。从定义可以了解到，标准化以"在既定范围内获得最佳秩序"和"促进共同效益"为目的。

标准：通过标准化活动，按照规定的程序经协商一致制定，为各种活动或其结果提供规则、指南或特性，供共同使用和重复使用的文件。依据参与标准制定的主体，可以分为：国际标准、国家标准、行业标准、团体标准、地方标准、企业标准等。其中国际标准和国家标准，由于具有可以公开获得、必要时通过修正或修订保持与最新技术水平同步的特性，被视为公认的技术规则。

标准化可以将产品、过程或服务的规格或类型数量控制在最佳水平，保证可用性、增强互换性、兼容性和互操作性；标准可以保障人类健康和安全，保护环境、促进资源的合理利用；增进相互理解；保障法规的有效实施。可以说标准是经济社会活动的技术依据，是国家基础性制度建设的重要内容。

服务行业量大面广、分类众多，新兴行业不断涌现，行业之间差异性大，在不同的行业试点建设相应的服务业标准，需要一个较长的探索和研究过程。总体来说，我国服务业标准数量较少，且大多停留在商贸金融、交通运输等传统服务业层面❶，知识技术密集型服务业、现代服务业标准严重空缺，现有服务业标准的总体水平偏低，离引领和促进服务业发展的要求还有较大差距。从标准数量和覆盖范围看，发达国家服务业标准几乎涉及服务业的各个领域，我国与西方发达国家相比，尚有较大差距。

我国服务业市场主体主要是数量庞大的中小型企业，其对标准化的自主

---

❶ 沈洪. 标准：促进先进服务业发展［N］. 中国质量报，2017-02-17.

需求欲望不强，其从业人员的标准化意识不高，尤其是中小微服务企业参与服务业标准制定的意识和动力不足，导致服务业标准化在短期内难以取得较明显的成效。现有的部分服务标准十分宽泛，内容简单、不够实际、缺乏科学性和可操作性，没能够很好地反映消费者需求，也未能体现出充分的科学管理办法和人文主义的情怀。在新型服务产业不断涌现的大背景下，很多标准没能反映出实际的服务消费产业需求。缺乏标准导致服务业市场秩序混乱，不仅增加了运行成本，也降低了服务质量和消费者满意度。

服务业领域标准化工作相对滞后的局面急需改变，服务业发展"无标可循"的困局亟待破解，多样化的新型标准亟待建立。到2018年年初，国家标准委先后分2批印发了89个国家级标准化服务业试点项目，各省市推出了一大批省市级服务业标准化试点项目，有力推动了我国服务业的标准化发展。2018年3月，由质检总局、国家标准委委托中国工程院实施的重大咨询研究项目"中国标准2035"项目启动会在中国工程院举行，项目计划2020年结题形成项目报告并向党中央国务院提出实施标准化战略的建议。这标志着我国标准化领域一项重大战略实践、战略举措和战略布局正式启动，现代服务业标准化发展也要迎来全速发展的新时期。

截至2016年年底我国重点领域标准化发展概览见表8-1。

表8-1 截至2016年年底我国重点领域标准化发展概览

大类	中类	标准化进展
生产性服务	金融服务	制定了78项金融国家标准，推进互联网金融、金融风险防范标准化以及标准融资增信等工作，拟在部分城市开展试点，探索标准创新与金融创新融合发展模式
生产性服务	物流服务	2015年7月，17部委联合下发《物流标准化中长期发展规划（2015—2020年）》，持续推进标准化试点。截至2016年年底，已有14个城市、166个企业、24个地方协会参与物流标准化试点工作，涌现出了上海、广州等一批物流标准化典型示范城市
生活性服务	养老服务	发布了国家和地方标准40余项，提高了养老服务水平
生活性服务	家政服务	发布了6项国家标准，推动了行业规范化、产业化发展
生活性服务	旅游服务	制定了旅游饭店星级划分与与评定等31项国家标准，规范了服务流程，促进了服务质量不断提升
生活性服务	休闲服务	制定了16项国家标准，加强对各类露营地指导引导
其他	智慧城市	正在制定31项国家标准，牵头制定2项国际标准

数据来源：中国国家标准化管理委员会官方网站。

二、现代服务业标准化政策导向

党的十九大报告指出，我国经济已由高速增长阶段转向高质量发展阶段，要努力实现更高质量、更有效率、更加公平、更可持续的发展。要实现这个目标，标准尤为重要，只有高标准才有高质量。为推进现代服务业标准化发展，国家部委和诸多省市地方政府先后制定出台了一系列促进政策，见表8-2。政策引导企业积极开展服务标准化提升行动，加快形成政府引导、市场驱动、社会参与、协同推进的标准化建设格局。这些政策明确指出，要加快建立政府主导制定的标准与市场自主制定的标准协同发展、协调配套的新型标准体系，支持社会组织制定团体标准，鼓励企业自主制定企业标准；要推行更高服务标准，推动国际国内标准接轨，鼓励企业制定高于国家标准或行业标准的企业标准，积极创建国际一流标准，要研究建立企业标准领跑者制度，推动全面实施企业服务标准自我声明公开和监督制度，鼓励标准制定专业机构对企业公开的标准开展比对和评价。

表8-2 国家现代服务业标准化发展相关政策

	文件名称	发布单位	文件号
1	关于培育发展标准化服务业的指导意见	国家标准委等十部委	国标委服务联〔2018〕18号
2	关于开展质量提升行动的指导意见	中共中央、国务院	中发〔2017〕24号
3	国家标准化体系建设发展规划（2016—2020年）	国务院办公厅	国办发〔2015〕89号
4	生活性服务业标准化发展"十三五"规划	国家标准委	国标委服务联〔2016〕99号
5	国家级服务业标准化示范项目管理办法（试行）	国家标准委	国标委服务联〔2016〕4号
6	关于加强服务业质量标准化工作的指导意见	国家质检总局、国家标准委	国质检标联〔2013〕546号

随着服务业标准化需求的不断释放发展，结合制造业、农业等领域标准化的持续推进，加快培育发展标准化服务业也上升到国家战略层面，标准化已成为引领产业转型升级发展的重要一环，催生了围绕标准制定、咨询、培训及以标准为核心技术手段提供服务的新兴业态——标准化服务业。2018年3月，国家标准委等十部委联合印发《关于培育发展标准化服务业的指导意

见》(国标委服联〔2018〕18号)，明确提出了要大力培育发展标准化服务业，通过培育发展标准化服务机构，开展标准化服务业试点示范和推动标准化服务业国际化发展，鼓励标准化服业与相关产业融合发展，促进相关产业标准化发展。标准化服务业已被纳入科技部高新技术企业认定管理办法，从事标准化服务的企业将有机会得到税收等方面优惠。2015年，标准化服务业收入规模突破40亿元，全国从业人员达2.6万人次❶。标准化服务业的发展必将大大推动现代服务业标准化速度。

全国主要省市相继出台省级服务业标准化示范政策，与国家级试点示范相配合，形成多级联动的服务业标准化示范体系，为服务业标准化的推进搭建了梯队。一大批来自各个服务行业的地方龙头企业，纷纷加入服务业标准化试点行列当中，为本行业服务标准化探索经验。在地方推进服务业标准化发展中，浙江省属于起步较早的省份，先后印发了《浙江省人民政府关于加强标准化工作的若干意见》(浙政发〔2007〕58号)、《浙江省级服务业标准化试点项目管理办法（试行）》(浙质标发〔2009〕75号)、《浙江省"标准化+"行动计划》(浙政发〔2016〕22号) 等多项扶持政策，着力推动物流、交通、旅游、商贸、养老、物业、公共服务等重点领域服务标准化。与此同时，省内多个县市也相继发布了自己的推进计划，围绕各自重点发展的服务业领域，鼓励扶持一批行业领军企业，探索制定一批地方标准规范，创建了一批服务业品牌，为推动服务业行业标准化打下了良好基础。

三、现代服务业标准化的意义

(一) 标准化有利于优化现代服务业的制度环境

目前，我国现代服务业的发展缺少良好的制度环境，导致市场发展较为无序、混乱，不仅增加了服务的经济成本，也影响到了服务品质的提升。推进现代服务业标准化，明确服务市场的准入条件和门槛，出台完善的管理监督制度，制定发布并贯彻落实服务标准，以标准化引导服务企业走产业化、专业化的道路，用制度规范现代服务业发展，促使服务业组织的健康、可持续发展。

(二) 标准化有利于提高现代服务业的质量水平

我国现代服务业的发展不仅要解决总量不足的问题，更需要解决服务质量不高的问题。服务业供给侧结构性改革是打造高水平现代服务业的关键所在。标准化是进行市场监督、质量认证、资质审查等工作的重要依据，服

---

❶ 郭静原. 标准化服务业迎来政策暖风 [N]. 经济日报, 2017-11-02 (8).

标准中的一系列指标的确定，是提高、保证服务质量的重要基础和条件。通过制定服务标准规范和约束企业的服务行为、服务质量，披露各项服务的质量、安全、环保等重要信息，确保服务以满足客户需求为出发点，以促进服务的高效、高质、低价。

(三) 标准化有利于增强现代服务业的国际竞争力

置身于全球竞争，标准化在保障产品和服务质量，提高企业市场信誉度，维护市场公平竞争秩序以及加速商品流通等方面发挥着不可或缺的作用。标准化的深度和广度很大程度上决定着企业的核心竞争力。标准化对内可以促进企业内功的提升，对外则意味着竞争壁垒的筑高。随着我国现代服务业领域的逐步对外放开，越来越多的国际化、高水平龙头企业进入中国市场，对国内服务企业来说面临巨大的市场考验。加快服务业标准化，可以加速提升我国现代服务业领域企业的核心竞争力，使企业更容易适应全球化的市场竞争，利用国际化的标准打造高品质的服务，推动我国现代服务整体竞争力的提升。

第二节 产业服务行业标准化探索

一、产业服务标准化工作的特殊性

服务产品的基本特征和属性主要包括无形性、不可分离性、不可储存性、所有权缺失、难测度性和不一致性。其中，无形性是指服务不存在所有权交换问题，不能够注册专利，没有存量；不可分离性是指服务的产生和消费是同时进行的，当服务产品被生产出来的时候，其销售、消费也同时在进行；不可储存性是指由于服务固有的性质决定了其不可储存；所有权缺失是指由于服务的无形性，顾客只能获得服务产品的使用权，而无法获得所有权；难测度性是指服务产品很难实现统一的服务产出和服务质量的精确测量；不一致性是指服务是不标准的和非常可变的。其中，无形性是服务产品最根本的特征和属性，服务产品的其他属性可以看作是基于无形性而产生或衍生出来的[1]。

产业服务所提供的正是服务产品，具备了服务产品的基本特征和属性，无法实现统一的服务产出和服务质量的精准测量。同时，产业服务又是一个综合性行业的概念，可进一步解构为多个细分服务领域，且各细分领域的服

---

[1] 杨名. 服务的概念、特征、质量与分类研究 [J]. 郑州航空工业管理学院学报，2010 (10)：15.

务内容、规模、质量等均存在较大的差异。因此，产业服务行业的标准化，要分层分级、分期分批、体系化地推进，应从细分服务领域着手，逐步探索推进服务的标准化，再进行整合归纳，最终构建形成一套体系完整的产业服务行业标准体系框架。

■ 服务质量差距的影响因素解析

服务产品的本质属性和特征决定了其质量概念的特殊性，服务质量差距主要是由服务供给过程中的多种差距导致的❶，具体如图 8-1 所示。

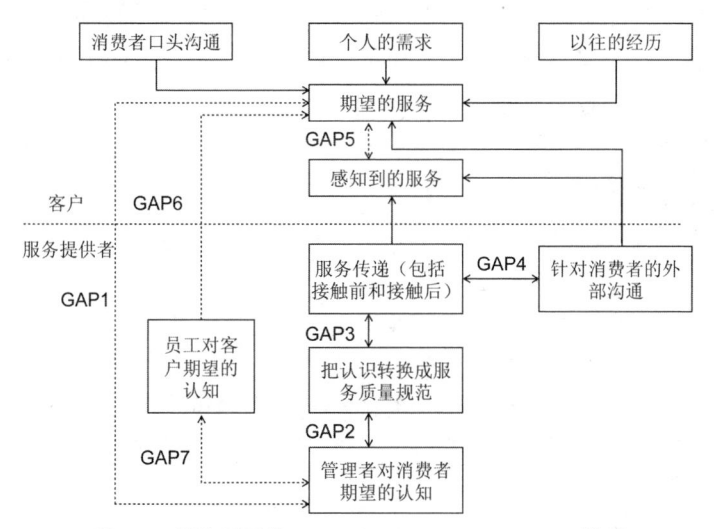

图 8-1 服务质量差距（Gaps in Service Quality）模型

GAP1：管理层感知差距：管理者不能准确地感知顾客服务预期。

GAP2：质量标准差距：所制定的具体质量标准与管理层对顾客的质量预期的认识而出现的差距。

GAP3：服务传递差距：服务生产与传递过程没有按照企业所设定的标准来进行。

GAP4：市场沟通差距：市场宣传中所做出的承诺与企业实际提供的服务不一致。

GAP5：质量服务感知差距：顾客体验和感觉到的服务质量与自己预期的服务质量不一致。其中，客户期望受到个人需求程度、推荐和过去的服务经验等因素影响。

GAP6：客户期望与员工认知的差距：服务提供人员对客户期望认识的偏差。

GAP7：员工与管理者认知的差距：服务提供人员与管理者对客户期望认知的差异。

由于服务产品的无形性，经济学中的供给、需求和成本概念、理论等很难应用于服务行业，服务的价值比价格更受到重视，服务产品的实现是在服务进行的过程中，而不能够

---

❶ 杨名. 服务创新及其对服务经济增长的作用分析 [D]. 大连：大连理工大学，2008.

以实物的形式获得。

资料来源：Arash Shabin. SERVQUAL and Model of service Quality Gaps; A Framework for Determining and Prioritizing Critical Factors in Delivering Quality Services.

二、产业服务细分领域标准化概况

产业服务行业的标准化建立在各细分领域的标准化基础之上，但当前产业服务各细分领域的标准化工作进展不一。在园区物业管理、金融服务、园区（小镇）运营、创业孵化服务等细分领域，因服务的市场化发展程度较高，专业化和标准化起步相对较早且取得了部分成效，目前已形成了多个可供参考借鉴的服务质量评判标准体系，初步实现了有标可依，但具有行业权威性、引领性的公认服务标准依然缺失。此外，知识产权、产业招商、人才引培等领域的标准化工作相对滞后，服务提供的规范化、体系化尚未有效形成。为实现前述细分领域服务的有序、健康、高质量发展，迫切需要发挥标准化的基础性作用，亟须联合专业服务提供方、标准化机构推进服务标准体系的构建和完善。

产业服务主要细分领域相关标准化成果及政策见表8-3。

表8-3 产业服务主要细分领域相关标准化成果及政策

细分领域	相关标准化成果及政策	主要内容
园区物业管理	国家质量监督检验检疫总局《工业园区物业管理服务规范》（DB 31/T 562—2011）	规定了工业园区物业管理服务活动中安全管理与服务、环境卫生管理与服务、绿化管理与服务、建筑物及设施/设备运行维护等内容及要求
	成都市城乡房产管理局《成都市产业园区物业服务等级划分》（DB 510100/T 188—2015）	规定了产业园区物业服务的术语和定义、总则、一般要求、服务项目和延伸服务；适用于成都市行政区域内工业园区、科技研发园区、物流园区、文化园区、商务园区等产业园区物业服务的等级划分
	通宇物业《工业园区物业智能服务标准》	标准主要包括对智能安防及生产型园区综合智能服务标准规范两大部分，是首个工业4.0生产型工业园区物业智能服务标准

续表

细分领域	相关标准化成果及政策	主要内容
金融服务	①根据全国标准信息公共服务平台统计数据，目前金融业已制定发行业标准共计195项；②中国人民银行等五部门联合发布《金融业标准化体系建设发展规划（2016—2020年）》	《规划》提出，要适应普惠金融和移动金融发展的需要，制定互联网支付、网络借贷、股权众筹融资、互联网基金销售、互联网保险、互联网信托、互联网消费金融等互联网金融产品与服务类标准
园区（小镇）运营服务	深圳市《科技产业园区服务标准体系》	适用于全市各类经政府批准设立的从事生产、科研、服务业及其他相关产业开发、建设、经营活动，并为企业提供协调管理、投资运营、创新创业等服务的各类产业园区
	北京市质量监督局《旅游特色小镇设施与服务规范》	《规范》从基本要求、设施要求、交通要求、餐饮住宿及购物标准等提出了具体内容
	杭州拱墅区《文化创意产业园区服务规范》	全国首个文化创意产业园服务规范，《规范》对于园区的基本要求、服务提供要求、服务质量控制等方面都做了详细说明
	江苏省质量技术监督局《人力资源服务产业园服务规范》	规定了人力资源服务产业园的术语和定义、功能区设置、机构要求、服务要求和服务质量控制，填补了国内人力资源服务产业园服务规范空白
创业孵化服务	科技部火炬中心《众创空间服务规范（试行）》和《众创空间（联合办公）服务标准》	对众创空间给予标准定义，规定了众创空间的主要服务功能。"规范"细化了36条服务内容，并由11家国内优质众创空间共同参与起草，形成标准化条款
	上海市《产业园区创业服务体系建设导则》	借鉴硅谷、新竹、张江等国内外优秀园区创业服务体系建设经验，在产业园区创业服务体系建设的服务范畴、重点内容、运营支撑和体系评估等方面制定了相应的操作规范

续表

细分领域	相关标准化成果及政策	主要内容
知识产权服务	国家知识产权局等4部门《关于知识产权服务标准体系建设的指导意见》	《指导意见》提出，到2017年，初步建立知识产权服务标准体系，创建与培育一批知识产权服务标准化示范区和示范机构等。到2020年，建立基本完善的知识产权服务标准体系，形成协调高效的知识产权服务标准化工作机制等

资料来源：作者根据公开资料整理。

三、产业服务细分领域标准体系构建

（一）产业服务细分领域标准体系构建原则与方法

1. 构建原则

（1）全面系统，重点突出。立足产业服务细分领域，把握当前和今后一个时期内其标准化建设工作的重点任务，确保产业服务标准体系的结构完整和重点突出。

（2）层次清晰，避免交叉。基于对产业服务细分领域的科学分类，按照体系协调、职责明确、管理有序的原则构建产业服务标准体系，确保总体系与子体系之间、各子体系之间、标准之间的相互协调，避免交叉与重复。

（3）开放兼容，动态优化。产业服务标准化是制定、发布、实施和改进一次次循环，是不断提高服务质量和标准化程度的循环过程。保持标准体系的开放性和可扩充性，为新的标准项目预留空间，同时结合产业服务细分领域的发展形势需求，定期对标准体系进行修改完善，提高标准体系的适用性。

（4）基于现实，适度超前。立足产业服务细分领域对标准化的现实需求，分析未来发展趋势，建立适度超前、具有可操作性的标准体系。

2. 要素选择

"标准"是"为了在一定范围内获得最佳秩序，经协商一致制定并由公认机构批准，共同使用和重复使用的一种规范性文件"[1] 即标准化的对象是某个范围内共同使用和重复使用的事物。产业服务各细分领域内部组成要素数量巨大、关系复杂，其中具有共同使用和重复使用特点的内容都是标准化的对

---

[1] 《GB/T20000.1—2014 标准化工作指南第一部分：标准化和相关活动的通用词汇》。

象，也是服务标准体系的组成元素，主要包括服务机构、服务人员、服务行为、服务质量、服务设施/设备等。

3. 模型搭建

根据系统工程原理，将产业服务细分领域的标准体系建设定位于分布领域、标准类别、标准级别、标准约束力4个维度，在此基础上构建起产业服务细分领域的标准体系模型❶，如图8-2所示。

（1）分布领域

按照 GB/T 24421《服务业组织标准化工作指南》关于标准体系总体结构的规定，将产业服务细分领域的标准体系分为服务通用基础标准、服务提供标准和服务保障标准3大领域。其中，服务通用基础标准，是指产业服务细分领域范围内，其他标准普遍使用、具有广泛指导意义的标准；服务提供标准，是指涉及产业服务细分领域所提供服务的具体内容及事项；服务保障标准，是指产业服务细分领域服务组织为支撑服务有效提供而制定的规范性文件。

（2）标准类别

从标准类别角度而言，产业服务细分领域标准体系应包括5类标准。其中，服务标准是指针对与服务对象接触面上的各类服务工作而制定的标准；管理标准是指针对产业服务细分领域中需协调统一的管理事项而制定的标准；工作标准是指为实现整个工作过程的协调、提高工作质量和工作效率，针对工作岗位、作业方法、人员资质要求等制定的标准；技术标准是指针对产业服务细分领域标准化工作中需要协调统一的技术事项所制定的标准；产品标准是指针对支撑产业服务细分领域发展的硬件产品而制定的标准。

（3）标准级别

从标准级别角度而言，产业服务细分领域标准体系应由国家标准、行业标准、地方标准、企业标准4类标准组成。其中，对于需要在全国范围内统一的服务质量要求，应制定国家标准；对于没有国家标准而又需要在细分产业服务领域统一的服务标准，可以制定行业标准；除国家标准和行业标准之外，为满足各地区产业服务细分领域的特殊要求，可在充分考虑地方经济社会发展现状与当地细分产业服务需求特点的基础上，制定地方标准；此外，产业服务细分领域提供商亦可针对本单位管理与服务需求，开展标准化建设工作，制定企业标准。

---

❶ 陈银龙，许萌君. 江苏省安全生产标准体系构建初探［J］. 中国标准化，2017（5）：125.

(4) 标准约束力

从标准约束力角度而言，产业服务细分领域的标准体系由强制性标准和推荐性标准 2 类标准组成。《中华人民共和国标准化法》规定国家标准、行业标准分为强制性标准和推荐性标准。保障人体健康，人身、财产安全的标准和法律、行政法规规定强制执行的标准是强制性标准，其他标准是推荐性标准。强制性标准是所有相关方都必须严格遵守的，而推荐性标准则是鼓励各相关方积极采用。作为服务类标准体系，产业服务细分领域的标准体系应以推荐性标准为主。

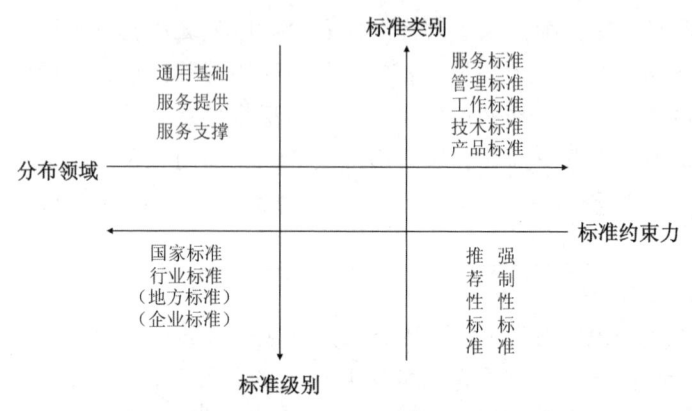

图 8-2 产业服务细分领域标准体系模型

(二) 产业服务细分领域标准体系内容框架

产业服务细分领域标准体系模型明确了构建产业服务细分领域标准体系时应考虑的因素及其内在结构，亦为后续搭建产业服务全行业标准体系结构图奠定基础。基于上述针对产业服务细分领域的标准体系模型，得出各产业服务细分领域的标准体系内容框架如图 8-3 所示。

产业服务细分领域标准体系由服务通用基础标准体系、服务提供标准体系和服务保障标准体系三大子体系组成，其中，服务通用基础标准体系是服务保障标准体系、服务提供标准体系的基础；服务保障标准体系是服务提供标准体系的保障；服务提供标准体系是标准体系的核心，对服务保障标准体系有检验和验证作用，促使服务保障标准体系的完善。

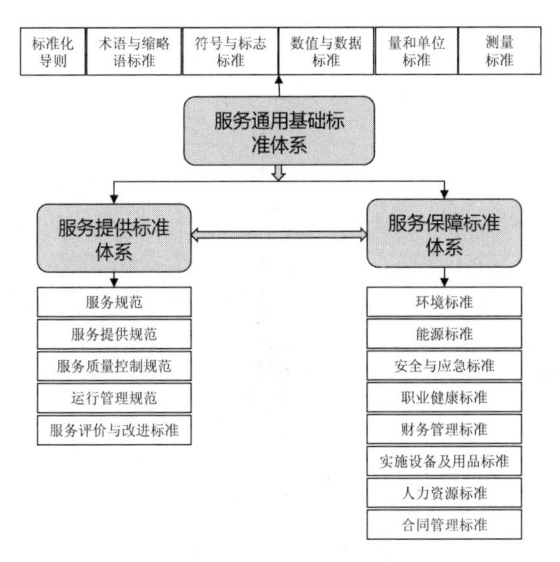

```
标准化  术语与缩略  符号与标志  数值与数据  量和单位  测量
 导则     语标准      标准       标准       标准     标准
                        ↓
                  服务通用基础标
                    准体系
              ↙                    ↘
       服务提供标准  ⟷  服务保障标准
          体系              体系
            │                  │
         服务规范           环境标准
         服务提供规范       能源标准
         服务质量控制规范   安全与应急标准
         运行管理规范       职业健康标准
         服务评价与改进标准 财务管理标准
                            实施设备及用品标准
                            人力资源标准
                            合同管理标准
```

图 8-3　产业服务细分领域标准体系内容框架

四、产业服务全行业标准体系框架

采用分类法与过程法相结合的方法，首先对产业服务的标准化对象进行研究分析，实现产业服务各细分领域的科学分类；然后对照产业服务细分领域标准体系构建模型和内容框架，梳理、完善或新建各细分领域的标准体系，最终归纳构建产业服务全行业的标准体系。其中，对于园区物业管理、园区（小镇）运营、创业孵化服务等细分领域已形成的可供参考借鉴但行业权威性、引领性不足的质量评价标准体系，可结合实践经验进行必要的修订完善后纳入产业服务行业标准体系；对于知识产权等标准化工作刚起步的细分领域，则需联合专业服务领域的合作伙伴和标准化专家探索共建质量评价标准体系后纳入。

产业服务全行业标准体系将是在各细分领域标准化基础上分层分级、分期分批归纳构建的，由此得到产业服务行业"1+N"标准体系框架，其中，"1"指产业服务全行业的标准总体系，"N"是指多个产业服务细分领域的标准子体系。产业服务全行业的标准总体系框架如图 8-4 所示。

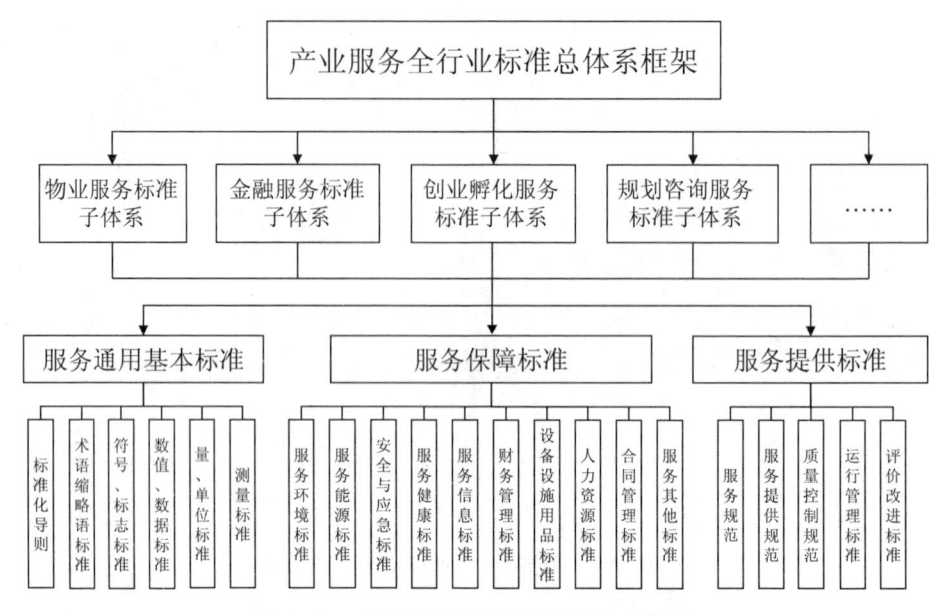

图 8-4　产业服务行业的标准总体系框架

第三节　争创国家级服务业标准化试点

一、服务标准化的先行者

近 20 年来，绿城服务始终以物业服务为本业，视服务品质为物业管理服务的生命线，在传统物业服务基础上，公司建立了质量管理、环境管理、职业健康安全管理保障体系，推行多种形式的业主监督机制及三位一体品质管控体系，并在全公司推行 8S 管理，为业主创造安全、舒适、便捷的生活环境。作为服务行业的领军企业，绿城服务在物业服务、智慧园区服务等方面已代表着国内行业的最高水平。与此同时，在持续推进优质服务输出的过程中，绿城服务高度重视标准化建设，已形成了多项引领行业发展的服务标准。

在园区生活服务体系的标准化建设方面，基于前期实践积累和深入探索，绿城服务先后制定发布了《园区生活服务体系建设管理制度》（GTS06000—2011）、《园区生活服务体系服务内容与标准规定》（GTS06100—2011）、《园区生活服务体系硬件设施配置规定》（GTS06200—2011）、《园区生活服务体系建设管理规定》（GTS06300—2011），四份文件共同构成规划园区生活服务体系建设工作的强制性企业标准，明确了园区生活服务体系服务内容、标准、收费和职责，规范园区生活服务体系的操作程序，建立了与之相适应的审批路径，为规范园区生活服务内容与标准提供了制度依据。

在智慧社区（园区）建设运营服务标准化领域，绿城服务与中国城市科学研究会联合成立国家智慧社区联合实验室，致力于研究智慧社区（园区）相关建设运营服务标准；2017年6月，绿城服务作为主编单位，与国家住建部、中国城市科学研究会共同编写的智慧园区国家行业标准《智慧园区建设指南（试行）》（城科会字〔2017〕17号）正式发布。2018年，绿城服务在国家标准委统筹下，立足智慧社区本身，研究了目前阶段智慧社区体系构成的技术和内涵，与中国城市科学研究会合作，编制出版了《中国智慧社区建设标准体系研究》，为行业服务标准缺失"解渴"。

从基础物业服务，到园区生活服务体系，再到智慧园区（社区）建设运营服务体系，绿城服务不断满足业主需求，应用完整的服务理论研究体系与最新的行业科技手段，持续丰富服务内容、改善服务方式、提升服务品质，实现了服务产品与服务体系的快速迭代和升级。未来，绿城服务将持续推进服务业标准化建设，为服务行业的专业化、标准化发展贡献出新力量。随着产业服务成为绿城服务业务转型升级的重要方向，推进产业服务标准化将是其业务创新的重要一环。

二、产业服务标准体系构建计划

绿城产业服务作为行业探索的先行者，坚持服务标准化与服务落地实践同步推进，通过不断创新、试错和修正，力争探索定制出一套经得起实践检验的标准化服务，为推动和引领产业服务行业的标准化发展树立标杆。绿城产业服务根据产业服务的综合性特征，针对不同类型客户、不同服务场景、不同专项服务的特点，联合专项服务领域合作伙伴和浙江大学等高校院所，共同研究制定一套协调配合、科学合理的标准体系。通过在各园区开展相关试点、示范，在实践中总结经验，不断修订完善相关服务标准，力争尽快形成一套可有效运行的产业服务标准体系，并注重向行业内推广应用，以标准化手段推动自主创新，促进先进经验、技术和管理方式在产业服务过程中的应用，进而提升业务效率、提高服务水平、加强内部管理，为产业服务行业标准化发展探索可行路径。

按照响应提速、服务提质、工作提效、形成长效的原则，围绕服务制度、服务模式、服务管理、服务基础工作等内容，通过准备策划、体系表编制、待制定标准编写与审定发布、实施与改进、省级试点五个阶段，切实推进产业服务标准体系的构建工作，具体如下：

（一）准备策划阶段

1. 建立健全标准化机构

成立绿城产业服务标准化工作领导小组和工作小组。其中，领导小组由绿城服务分管领导任组长，负责标准体系的总体设计、审议、监督、协调等工作。工作小组则由各子公司（部门）负责人及业务骨干组成，负责标准化相关工作的具体落实。各部门配备兼职标准化工作人员。同时，根据实际需要，聘请外部行业专家或标准化专家，为标准体系建设提供咨询和指导。

2. 标准化工作动员培训

由标准化工作领导小组组织召开动员大会，由工作小组牵头，聘请外部标准化专家，分别针对公司管理人员及普通员工开展标准体系相关知识动员培训，营造适于服务标准体系建立运行的氛围和环境，同时也让员工了解标准体系建立实施过程中的职责以及该具备的知识，为标准体系的编制准备骨干力量。

3. 调查研究，全面梳理

由标准化工作小组牵头，按照 GB/T 24421《服务业组织标准化工作指南》的要求，开展产业服务标准化的需求及现状调研，全面收集梳理产业服务目前执行的文件、制度以及通过认证的管理体系，以及与产业服务标准化活动有关的安全、环境卫生、职业健康等相关的国家标准、行业标准、地方标准及贯标情况，为产业服务标准体系的建立提供必要的依据。

（二）标准体系表编制阶段

1. 集思广益，选定体系结构方案

在全面掌握产业服务标准化工作的现状及需求后，着手研究和确定绿城产业服务标准体系结构。在选定体系结构方案时，广泛征集公司内外专家意见，尤其要收集掌握全局或总体情况的有关人员的意见，集思广益，确保选定标准体系结构方案的适应性和可扩展性。

2. 编制服务标准体系表

由标准化工作小组牵头，首先研究标准体系的分类，绘制绿城产业服务标准体系结构图，其次研究具体标准化对象，形成标准明细表，然后进行统计分析，形成标准汇总表，最后编制绿城产业服务标准体系编制说明。

（三）待制定标准编写与审定发布阶段

由标准化工作小组牵头，成立标准编制小组，开展产业服务标准编写培训，可视具体情况，邀请外部行业或标准化专家进行培训和指导，制订待制定标准编写计划，明确分工后着手起草标准草案。在标准编写过程中，起草人要以各细分产业服务行业原有标准、文件、制度、管理体系等为依据，了解其实施情况，并在此基础上进行分析、修改完善。对于涉及多方的事项，标准化领导小组需加以协调。标准初稿形成后，下发各子公司（部门）及相关试点园区广泛征求意见并修改完善，最终由领导小组组织召开内部评审会，审定发布。

（四）实施及改进阶段

1. 召开服务标准体系实施动员会议

由标准化领导小组召开实施标准的动员会议，发布标准体系试运行批准令、标准体系试运行的通知及工作方案、产业服务标准体系明细表及相关标准。同时，由工作小组牵头，组织各部门编制本部门执行标准的明细表。

2. 组织开展服务标准体系培训

由标准化工作小组牵头，在召开服务标准体系动员大会后，分批次对标准进行宣贯培训，培训内容包括：标准化方针、目标、规划和计划；贯彻实施产业服务标准体系的要求；标准体系表，包括结构图、体系表、明细表及使用这些文件的方法、标准体系内的各项指标等内容。

3. 开展标准体系实施监督检查

标准化领导小组和各部门负责人加强经常性督查，采取专项督查、顾客调查、舆论监督等方法，及时发现标准体系实施过程中的突出问题，认真整改提高。同时，标准化工作小组及时收集整理各部门在标准体系实施过程中发现的问题，并形成回执记录，作为实施改进的依据。

三、申报国家级服务业标准化试点项目

在产业服务标准体系试运行一段时间后，绿城服务将基于标准体系的实际运行情况，适时向浙江省质量技术监督局提出试点申请，并严格按照相关文件要求开展省级服务业标准化项目的试点工作，树立"绿城产业服务"品牌。

在省级试点工作成功的基础上，绿城服务将在省、市、区各级质监部门的指导和帮助下，积极申报国家级服务业标准化试点，并严格按照《关于培育发展标准化服务业的指导意见》（国标委服务联〔2018〕18号）等文件要求开展国家级服务业标准化项目的试点工作，力争将绿城产业服务标准体系升格为国家标准。

在省级试点和国家级试点过程中，绿城服务将严格按照各级标准化主管部门及相关文件要求，保质保量完成下列试点工作任务：

（一）成立标准化试点工作领导小组和工作小组

绿城服务将成立由分管领导任组长的标准化试点工作领导小组及工作小组，确定试点工作的具体目标，组织编制试点实施方案，结合实际制定试点工作的规划计划、实施步骤和保障措施；协调部门分工，分解目标和任务，督促任务落实；组织标准的宣传培训，开展标准的实施和实施效果的评价；总结各阶段工作。

（二）开展宣传动员和培训

由标准化试点工作领导小组组织召开动员大会，对公司各部门进行服务标准化试点动员。由标准化试点工作小组聘请标准化专家，有计划地对管理、工作人员开展标准化基本理论和标准化专业知识的培训，使全员了解、熟悉并掌握标准要求，增强执行标准的自觉性。

（三）持续完善标准体系

持续跟踪产业服务发展的新趋势和服务对象的新需求，并基于绿城产业服务提供的实际需要，对运行中的绿城产业服务标准体系进行修改、新增和完善，构建科学合理、层次分明、满足需要的标准体系框架，同时编写并完善标准体系表。

（四）组织标准实施

标准化试点工作领导小组和各部门负责人加强监督，确保纳入绿城产业服务标准体系表的所有标准得到实施，尤其是服务提供过程每个环节的标准均应制定实施方法和措施，确保标准的有效实施。

（五）开展标准实施评价

由标准化领导小组牵头，建立标准体系实施情况的检查、考核机制，在服务标准体系试运行三个月以上时，对照试点任务书和《服务业标准化试点评估计分表》进行认真自查、自评，根据自查、自评情况进行相应的整改和完善。

（六）制定持续改进措施

由标准化试点工作领导小组牵头，建立持续改进的工作机制，定期总结试点工作的方法、经验并在此基础上加以推广应用，对标准实施过程中发现的问题及时提出修订建议，在不断完善标准中改进提升服务质量。

（七）创建行业品牌

积极开展"标准提升服务质量行动"，以标准化、规范化管理为手段，以提高服务质量和水平为目的，争创"绿城产业服务"品牌。

(八) 申请试点工作评估

待绿城产业服务标准体系试点期届满时,根据省级(国家级)服务业标准试点项目验收要求,在自查合格的基础上,适时向浙江省质量技术监督局提出省级(国家级)试点的评估申请,做好工作总结、准备验收材料,完成服务标准化试点验收工作。

参考文献

[1] 金碚. 全球竞争新格局与中国产业发展趋势［J］. 中国工业经济, 2012（05）：5-17.
[2] 徐剑锋. 新工业革命的挑战、机遇与应对［N］. 浙江日报, 2013-03-15.
[3] 李晓华. "新经济"与产业的颠覆性变革［J］. 财经问题研究, 2018（03）：3-17.
[4] 朱小丹. 正确认识新经济，理性发展新经济［A］. "决策论坛——企业管理模式创新学术研讨会"论文集（上），2017.
[5] 陈一新. 浙江现象·浙江模式·浙江经验·浙江精神［J］. 政策瞭望, 2008（12）：10-13.
[6] 周全绍. 新常态下上海产业园区转型升级的思考［J］. 新经济, 2016（27）：35-36.
[7] 魏云, 李佐军. 中国园区转型发展理论框架与评价体系研究［A］. 2013·学术前沿论丛——中国梦：教育变革与人的素质提升（下），2013-12-01.
[8] 刘光宇. 当前中国产业园区10大死法［J］. 安家, 2016（06）：22-27.
[9] 苏杰芹. 推动中关村特色小镇建设发展的措施建议——浙江等地推进特色小镇发展的启示［J］. 科技中国, 2017（10）：15.
[10] 马能, 王昱茹. 生态景观学理念下国内特色小镇建设现状研究［J］. 建材与装饰, 2018（10）：26.
[11] 黄文华, 吴忠荟. 赣州特色文化产业发展路径初探——以特色小镇为例［J］. 农技服务, 2017（10）：8.
[12] 吴立涛. 我国众创空间的发展现状、存在问题及对策建议［N］. 中国高新技术产业导报, 2017-02-20.
[13] 闫傲霜. 众创空间，创新创业的新选择［J］. 中国科技奖励, 2015（4）：27-28.
[14] 刘春晓. 创新2.0时代：众创空间的现状、类型和模式［J］. 互联网经济, 2015（08）：38-43.
[15] 众创空间在中国：模式与案例［J］. 国际融资, 2015（6）：47-51.
[16] 向良玉. 产业地产企业盈利模式影响因素分析［D］. 重庆：重庆大学, 2015.
[17] 丁静秋. 中部六省生产性服务业集聚水平测度及影响因素研究［D］. 太原：中北大学, 2013：12-13.
[18] 马歇尔. 经济学原理（上卷）［M］. 北京：商务印书馆, 1997：279-280.
[19] 褚淑贞, 孙春梅. 增长极理论及其应用研究综述［J］. 经济研究, 2011（1）：4-7.
[20] 金明. 基于汽车产业的生态圈研究［D］. 济南：山东师范大学, 2012：11-18.
[21] 单文, 韩福荣. 三维空间企业生命周期模型［J］. 北京工业大学学报, 2002（1）：117-120.

[22] 杨西春. 基于产业生态理论的技术创新联盟研究 [J]. 人民论坛, 2015 (1): 86-89.
[23] 李颖. 要素替代效应下中国金融深化对技术进步的影响研究 [D]. 长沙: 湖南大学, 2009.
[24] 黄琳. 我国区域创新系统创新绩效评价分析 [D]. 泉州: 华侨大学, 2009: 4.
[25] Ronald Coase. The Nature of the Firm [J]. Economics, 1937 (4): 387-391.
[26] 郭丽娟. 我国生产性服务业的地区发展差异及影响因素分析 [D]. 杭州: 浙江工商大学, 2010: 11-21.
[27] 梁学成. 服务价值链视角下的服务业多元化发展路径探究 [J]. 中国软科学, 2016 (6): 171-179.
[28] 郭怀英. "十二五"大力发展生产性服务业的思路与策略 [J]. 中国科学院院刊, 2010 (25): 368-373.
[29] 佟明亮. 基于产业链整合的产业园区生产性服务业发展研究 [J]. 学习与探索, 2015 (3): 114-117.
[30] 毕晓嘉, 赵四东, 孙祥龙, 龙洁, 贺仁飞. 从"二元分离"到"有机集中"——产业园区转型升级过程中的服务业发展对策研究 [J]. 现代城市研究, 2016 (12): 92-97.
[31] 王晶晶. 产业服务业将是经济发展主驱动力——访东亚智库首席经济学家、北京东亚汇智经济咨询中心主任李继凯 [EB/OL]. (2018-01-08) [2018-9-20]. http://www.cet.com.cn/ycpd/sdyd/1997384.shtml.
[32] 俞晓晶. 产业发展的中国经验: 政府-产业-国民经济的发展范式研究 [J]. 社会科学, 2012 (12): 53-61.
[33] 申亮、王玉燕. 公共服务外包的协作机制研究: 一个演化博弈分析 [J]. 管理评论, 2017, 29 (3): 219-230.
[34] 潘明韬. 跨国公司价值活动垂直分解和重组研究 [D]. 武汉: 华中科技大学, 2012.
[35] 孙雪. 服务业分工演进的困境与服务外包组织模式的兴起 [J]. 哈尔滨商业大学学报 (社会科学版), 2010 (6): 45-49.
[36] 史秋实. 清华科技园: 打造创新服务体系鲜活样本 [N]. 中国高新技术产业导报, 2009-12-28 (8).
[37] 谢立群. 农村公共产品供给主体多元化分析 [J]. 管理与财富, 2009 (9): 106-107.
[38] 周师迅. 专业化分工对生产性服务业发展的驱动效应 [J]. 上海经济研究, 2013 (6): 94-101.
[39] 金鑫. 现代企业服务外包决策研究——基于厦门区域优势的分析 [D]. 泉州: 华侨大学, 2014.
[40] 周静. 生产性服务业的发展模式 [J]. 财经科学, 2014 (11): 102-109.
[41] 刘建兵, 柳卸林. 企业研究与开发的外部化及对中国的启示 [J]. 科学学研究, 2005 (6): 366-371.
[42] 张驰. 中国三大经济圈: 珠三角与长三角、京津冀的比较 [EB/OL]. (2017-03-31)

[2018-11-20]. http://www.csjrw.cn/2017/0331/42467.shtml.

[43] 严洲. 上海市发布全国首份产业园区创业服务体系建设导则［EB/OL］.（2015-03-24）[2018-10-15]. http://www.cnstock.com/v_news/sns_bwkx/201503/3377808.htm.

[44] 王政淇, 曹昆.《中国科技金融生态年度观察（2017）》报告发布［EB/OL］.（2017-09-22）[2018-9-20]. http://money.people.com.cn/n1/2017/0922/c42877-29553297.html.

[45] 赵霞. 莫让"外包"成为政府的懒政缺口［EB/OL］.（2016-08-30）[2018-9-20]. http://news.hnjy.com.cn/jyts/146270.jhtml.

[46] 安徽省财政厅. 合肥市政府购买服务跟踪调查报告［EB/OL］.（2017-06-30）[2018-9-20]. http://www.ahcz.gov.cn/portal/zdzt/gmfw/gzdt/1498789982534262.htm.

[47] 北京今年购买500项社会服务［N］. 人民日报, 2015-01-06（8）.

[48] 山西省民政厅. 关于改革社会组织管理制度促进社会组织健康有序发展的实施意见［EB/OL］.（2017-09-29）[2018-10-11]. http://www.sxmz.gov.cn/newsshow/3483.html.

[49] 惠俊娥. 江苏省科技园区中小企业供应链融资研究［D］. 南京：中共江苏省委党校, 2018.

[50] 贾康, 孟艳, 赵雅敬."珍珠项链"模式、科技金融生态创新与新供给管理——基于浙江中新力合公司调研［J］. 经济研究参考, 2014（25）：3-14.

[51] 高蕊. 服务业企业发展新趋势值得关注［N］. 经济日报, 2018-04-12（15）.

[52] 华青剑. 从满足需求到创造需求, 伊利演绎品质消费时代的"创新进化论"［EB/OL］.（2018-04-18）[2018-11-10]. http://finance.ifeng.com/a/20180418/16127785_0.shtml.

[53] 刘三明, 雷治策, 云佩. 物联网平台与智慧建筑［J］. 智能建筑, 2013（7）：66-69.

[54] 罗超. 互联网+为防盗报警带来新活力［J］. 中国公共安全, 2016（18）：113-117.

[55] 陈膴, 浅谈生物识别技术及其在门禁中的应用［J］. 建筑创作, 2010（12）：76-78.

[56] 陈清泉, 包顺强."互联网+"背景下出入口控制系统技术热点及发展趋势［J］. 现代建筑电气, 2017（5）：30.

[57] 大数据观察. 大数据应用的第一、二、三产业价值［EB/OL］.（2017-05-17）[2018-07-20]. http://www.sohu.com/a/141172638_398736.

[58] 36大数据. 大数据应用现状：从发现价值到创造价值［EB/OL］.（2015-07-29）[2018-10-14]. http://www.cbdio.com/BigData/2015-07/29/content_3584235.htm.

[59] 杨树丰. 深入服务质量标准化理念［J］. 现代商业, 2008（11）：28.

[60] 沈洪. 标准：促进先进服务业发展［N］. 中国质量报, 2017-02-17.

[61] 杨名. 服务的概念、特征、质量与分类研究［J］. 郑州航空工业管理学院学报, 2010（10）：15.

[62] 杨名. 服务创新及其对服务经济增长的作用分析［D］. 大连：大连理工大学, 2008.

[63] 《GB/T 20000.1—2014标准化工作指南第一部分：标准化和相关活动的通用词汇》

[64] 陈银龙, 许萌君. 江苏省安全生产标准体系构建初探［J］. 中国标准化, 2017（5）：125.